Hitler beging keinen Selbstmord

# ADOLF HITLER

Chronik seiner Flucht aus Berlin mit Hilfe des britischen Geheimdienstes

Robin de Ruiter

Hitler beging keinen Selbstmord

# ADOLF HITLER

Chronik seiner Flucht aus Berlin mit Hilfe des britischen Geheimdienstes

Mayra Publications

Titel der Originalausgabe: *Adolf Hitler no se suicidó: Crónica de su fuga con la ayuda del Servicio de Inteligencia Británico*

Copyright: © 1989, 1994, 2003, 2011, 2015 by Robin de Ruiter

Erste deutsche Veröffentlichung: 2011
ISBN: 907968029X
ISBN: 13: 978-90-79680-29-0
ISBN Ebook: 978-90-79680-45-0
4. Auflage: Mayra Publications
Überarbeitung 2014: Robin de Ruiter

All rights reserved. No part of this work may be reproduced in any form by print, photo print, microfilm or any other means without written permission of the author and the publisher.

Alle Rechte vorbehalten. Weder der Inhalt der vorliegenden Ausgabe oder Teile daraus dürfen ohne die vorherige schriftlich Genehmigung des Herausgebers vervielfältigt, in einer automatisierten Datenbank gespeichert oder in sonst irgendeiner Weise elektronisch, mechanisch, z. B. durch Fotokopieren, oder durch andere Medien veröffentlicht werden.

Dieses Buch ist mit größtmöglicher Sorgfalt geschrieben geworden. Weder der Autor noch der Herausgeber sind jedoch verantwortlich für mögliche Konsequenzen oder Schäden, die aus möglichen Fehlern oder Unvollständigkeiten in diesem Buch entstehen. Ebenfalls sind sie nicht verantwortlich für die Folgen der Entscheidungen, die Menschen nach dem Lesen dieses Buchs treffen.

# Inhalt

| | |
|---|---|
| Danksagungen | 7 |
| Einleitung | 9 |
| 1 Verschwiegene Familiengeschichte | 11 |
| 2 Spurlos | 20 |
| 3 Bausteine eines neuen Krieges | 26 |
| 4 Hitler und die Errichtung des Staates Israel | 46 |
| 5 Der Führerbunker | 64 |
| 6 Hitlers Selbstmord | 69 |
| 7 Hitlers Doppelgänger | 91 |
| 8 Operation Testament | 101 |
| 9 Dresden | 113 |
| 10 Entkommen | 116 |
| 11 Russische Skepsis | 145 |
| 12 Geheimdienste | 158 |
| 13 Martin Bormann starb nicht in Berlin | 164 |
| 14 Rockefellers geheime Mission | 172 |
| 15 Kriegsverbrechen | 177 |
| 16 Das Dritte Reich | 185 |

**Appendix**

| | |
|---|---|
| Erklärung | 227 |
| Teilnehmer an der "Operation Testament" | 231 |
| Literatur | 233 |
| Zeitungen und Nachrichtenagenturen | 241 |
| Abbildungen | 243 |

Dieses Buch ist dem Andenken
an meinem verstorbenen Freund,
der Botschafter von Ecuador,
Francisco Suéscum Ottati
gewidmet

# Danksagung

Wenn ich alle, die mir bei der Abfassung dieses Buches irgendwie geholfen haben, erwähnen wollte, käme ich an kein Ende. Dennoch sollen zwei Namen ausdrücklich genannt werden.

Mein Dank gilt Eberhard Krehl und meinem Vater Cebastiaan Henny de Ruiter, die mir mit hilfreichen Informationen hinsichtlich des Lebens in den Konzentrationslagern während und nach dem Zweiten Weltkrieg zur Seite standen. Beide haben mehrere Konzentrationslager überlebt.

**Robin de Ruiter**

# Einleitung

Adolf Hitler ist eine der meist besprochenen Figuren der Weltgeschichte. Sein Leben ist die Grundlage zahlreicher Dokumentationen, Bücher und Filme. Zu oft lässt man hierbei die gleichen Bilder und Themen Revue passieren. Sie bringen meist wenig Neues zum Vorschein.

Dem begegnet der Autor in diesem Buch mit nie zuvor veröffentlichten Tatsachen und Kriegsberichten. Diese entstammen unter Anderem dem Archiv des *Amerikanischen Office of Strategic Services* (OSS), dem Vorgänger der *CIA*, sowie dem Archiv der *Stasi* und *KGB*.

Adolf Hitler beging keinen Selbstmord! Der Leser findet in diesem Buch ein detailliertes und so wahrheitsgetreues Bild wie nur möglich von Hitlers Flucht aus dem Berliner Führerbunker am 30. April 1945.

Anhand von Dokumenten verschiedener Geheimdienste, geheimen Kriegsberichten und persönlichen Interviews des Autors mit Augenzeugen in Deutschland und Spanien, worunter sich auch zwei ehemalige sehr enge Mitarbeiter Hitlers befinden (sie waren in den letzten Tagen des Dritten Reiches bei Hitler im Führerbunker), wird deutlich gemacht, dass es Hitler mit Hilfe des britischen Geheimdienstes gelang zu entkommen. Der Autor rekonstruiert nicht nur die Geschehnisse rund um den Tod Hitlers. Er liefert ebenfalls Beweise über die tatsächliche Herkunft Adolf Hitlers. Desweiteren berichtet er auch von seiner sorgfältigen Recherche nach Hitlers Geldgebern im Ausland. Die Rothschilds, die Rockefellers, die Warburgs und Mitglieder der Familie Bush unterstützten Hitler in großem Stil.

Es wird anhand exklusiver Quellen zum ersten Mal auf Hitlers Vorbereitung auf seine Rolle als zukünftiger Diktator eingegangen. Von Februar bis November 1912 nahm Hitler an einem Training an der von den Rothschilds kontrollierten Britischen Military Psych-Ops War School in Devon (England) und Irland teil.

Mehrere herausragende Wissenschaftler arbeiteten jahrelang mit dem Autor zusammen um in Stapeln von Dokumenten Spuren zu finden und Verknüpfungen herzustellen. Desweiteren haben einige führende Wissenschaftler und Historiker mit ihren Ratschlägen maßgeblich zu diesem Buch beigetragen.

Einige Teilstücke dieses Buches sind bereits früher erschienen in *Die 13 satanischen Blutlinien - Ursache vielen Elends und Übels auf Erden* und *Der 11. September 2001: Der Reichstag des George Bush* (Frontier Award 2005). Der ursprüngliche Text dieses Buches ist erstmals 1989 in Chihuahua (Mexico) erschienen.

Diese Taschenbuchausgabe ist durch neues, aufsehenerregendes Material ergänzt.

## Kapitel 1
# Verschwiegene Familiengeschichte

"Meine Gegner dürfen nicht wissen, wer ich bin. Sie dürfen nicht wissen, woher ich komme und aus welcher Familie ich stamme." *Adolf Hitler*[1]

Man spekuliert schon lange über Hitlers mögliche jüdische Abstammung. War Adolf Hitler wirklich mit den Menschen verwandt, die er so verabscheute?

In einem Interview mit den 101st Airborne Division im Jahr 1945 sagte Paula Hitler:

*"Die Schmieds und die Oppensteins sind geliebte Familienmitglieder von uns, insbesondere eine Nichte der Familie Schmied, die einen Mann der Familie Oppenstein heiratete. Ich kenne niemanden aus der Familie meines Vaters. Meine Schwester Angela und ich sagten oft zu einander: Vater muss doch sicher Familie haben, aber wir kennen sie nicht einmal."*

Es ist bewiesen, dass Adolf Hitlers Großmutter Maria Anna Schicklgruber, für die Familie eines reichen jüdischen Bankiers gearbeitet hatte. Der Österreichische Minister Dolfuss beauftragte 1934 die Polizei damit, geheime Ermittlungen zu Hitlers familiärem Hintergrund anzustellen. Die Polizei fand heraus, dass Hitlers Großmutter als Bedienstete bei der Familie Rothschild tätig gewesen war.

1837 soll Anna Schicklgruber vom 19-jährigen Sohn des Bankiers schwanger geworden sein. Als die Familie Rothschild dies erfuhr schickte man sie zurück in ihr Geburtsdorf Strones. Hier brachte Anna Schicklgruber einen Sohn (Hitlers Vater) mit Namen

---

1. Christian Graf von Krockow: *Hitler und seine Deutschen*, München 2001, 33.

Alois zur Welt. Sie weigerte sich jedoch den Ämtern den Namen des Vaters zu nennen.

Zwischen 1837 und 1851 bezahlten die Rothschilds unter falschem Namen Alimente für Hitlers Vater. Von seiner Geburt bis zu seinem 14-ten Lebensjahr sollen nicht die Rothschilds, sondern ein Jude namens Frankenberger aus Graz Anna Schicklgruber finanzielle Unterstützung geleistet haben. Damals gab es aber in Graz (seit dem Ende des 15. Jahrhundert) keinen einzigen ansässigen Juden. Der Grund war eine kaiserliche Verfügung, die es Juden verboten hat in Graz zu wohnen.

Der Schriftsteller und bekannte Psychoanalytiker Walter Lange erwähnt in seinem Buch *The Secret Wartime Report: The Mind of Adolf Hitler* (New York, 1972)ebenfalls den Namen Baron Rothschild aus Wien. Walter Lange macht einige Enthüllungen die bestätigen, dass es sich bei Hitlers Vater höchstwahrscheinlich um den Sohn des oben genannten Barons handelt. Das Buch Walter Langes basiert auf einem geheimen Bericht des Amerikanischen Office of Strategic Services (OSS), dem Vorgänger der CIA.

Es wird behauptet, dass Anna Schicklgruber und die Rothschilds noch jahrelang miteinander in Kontakt standen.

Im Jahre 1842 heiratete Anna Schicklgruber einen Müller, Georg Hiedler. Anlässlich einer Erbschaftsangelegenheit lässt sich Hitlers Vater am 6. Juni 1876 umtaufen und nimmt den Namen seines Stiefvaters Georg Hiedler – in neuer Schreibweise – an.[2] Gleichzeitig bekundet Georg Hiedler seine Vaterschaft amtlich auf dem Notariat in Weitra. Damals war Georg Hiedler bereits 84 Jahre alt. Anna Schicklgruber war schon seit nahezu dreißig Jahren tot.

Der Vater von Adolf Hitler heiratete drei Mal. Seine dritte Frau, Klara Plötzl (25), die Mutter Adolfs, war 23 Jahre jünger als Alois Hitler (48). Einige Autoren behaupten, Adolf Hitler sei aus einem Inzestverhältnis geboren worden.

Auch der Historiker Werner Maser enthüllte in seinem Buch *Adolf Hitler* dass Hitler das Produkt einer besonders dichten Inzucht war. Johann Hiedler, der Großvater von Hitlers Mutter Klara sei zugleich der Vater von Hitlers Vater gewesen. Hitlers Mutter Klara sei die Nichte seines Vaters Alois gewesen, der dem-

---

2. Kirchenbuch des Pfarramtes Döllersheim.

zufolge ihr Onkel war. Wirft man einen Blick auf Hitler Stammbaum erweist sich dies als falsch.

Die einzige Verwandtschaftsbeziehung zwischen beide Familien entstand 1842 als Georg Hiedler, Hitlers "Großmutter" Maria Anna Schicklgruber heiratete.³ Nicht Johann Hiedler, der Großvater von Hitlers Mutter Klara, sondern sein Bruder Georg Hiedler war der Stiefvater von Hitlers Vater Alois.

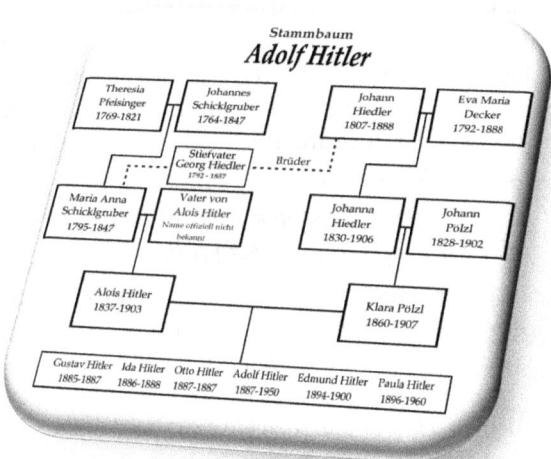

1906 hält sich der junge Hitler zwei Wochen in Wien auf (vermutlich auf Einladung der Rothschilds). Später erzählt er seinen Freunden, dass er große Bewunderung für die Rothschilds hegt.

Während seines Urlaubs wird deutlich, dass Hitler sich schon in jungen Jahren für Musik, die Oper, sowie verschiedene Formen der Kunst und Architektur begeistert.

Nach seinem Urlaub kauft Hitlers Mutter ihm ein Klavier. Jedoch hört er nach vier Monaten wieder auf Unterrichtsstunden zu nehmen.

---

3. Gemäß dem aufgefundenen Taufbuch der einstigen Gemeinde Döllersheim.

Hitlers Tante Johanna Pölzl gab ihm im Sommer 1907 einen Studienkredit von beinahe 1000 Kronen, sodass er ein Studium aufnehmen konnte. Hitler entschied sich für die renommierte Wiener Akademie der schönen Künste. Der Betrag, den er von seiner Tante bekam, hatte damals den Wert des Jahreslohns eines Anwalts oder Lehrers. Oft wird vermutet, dass das Geld nicht von seiner Tante sondern jemand anderem, wahrscheinlich seinem Großvater, bezahlt wurde. In Wien mietet Hitler sich ein Zimmer, wird jedoch nicht zur Kunstakademie zugelassen. Seine Ausbildung reichte nicht aus. Die Ablehnung an der Akademie hält er vor jedem geheim. Im Oktober 1907 erfährt er, dass seine Mutter schwer an Krebs erkrankt ist und kehrt in aller Eile zurück nach Hause. Bis zu ihrem Tod bleibt er bei ihr und weicht keinem Moment von ihrer Seite. Er kümmert sich um den Haushalt, versorgt seine Mutter und kocht ihr Lieblingsessen. Klara stirbt am 21. Dezember 1907 in Hitlers Armen. Dr. Eduard Bloch, der jüdische Hausarzt der Familie, ist geschockt und sagt:

*Während meiner gesamten Laufbahn habe ich noch nie jemanden gesehen der so voller Schmerz war wie Adolf Hitler.*[4]

Hitlers Mutter wurde am Weihnachtsabend beigesetzt. Hitler war am Boden zerstört und stand noch lange nachdem der Rest der Familie gegangen war an ihrem Grab. Für ihn brach eine Welt zusammen. Von diesem Tag an trug er stets ein Foto seiner Mutter bei sich. Auch zu Hause, auf seiner Arbeit, und später im Berliner Bunker hingen Porträts von ihr.

Im Februar 1908 reiste Adolf Hitler zum dritten Mal nach Wien und verschwand für zehn Monate in der Anonymität.

Es wäre interessant zu wissen, wo und mit wem Hitler die zehn Monate verbrachte. Es gibt keinen Beweis dafür, dass er in dieser Zeit gearbeitet hat. Was er während seines Aufenthaltes in Wien gemacht hat bleibt ein Rätsel.

Manchmal werden selbst in den Geschichtsbüchern vorsätzlich Daten verändert um bestimmte Dinge zu vertuschen. Auch die "ersten zehn Monate" von Hitlers drittem Aufenthalt in Wien wer-

---

[4] Interview mit Hitlers jüdischer Arzt Eduard Bloch im *Collier's* vom 15. März 1941. Dr. Bloch wurde von Hitler gegen die Gestapo beschützt. Hitler sorgte dafür, dass er in die Vereinigten Staaten auswandern konnte.

den verschleiert. In den Geschichtsbüchern wird behauptet, dass Hitlers Mutter erst im Dezember 1908 anstatt 1907 verstorben ist, und dass Hitler bis zu diesem Zeitpunkt zu Hause gewohnt hat.

Warum wurde/wird das "Todesdatum" seiner Mutter in den Geschichtsbüchern mit Absicht geändert? Warum will man zehn Monate in Hitlers Leben vertuschen?

Hitlers Freund Reinhold Hanisch liefert Beweise für die Hypothese als hätte Hitler während dieser Zeit Kontakt zu seinem Großvater gehabt.

### Sterbeurkunde von Hitlers Mutter (21. Dezember 1907)

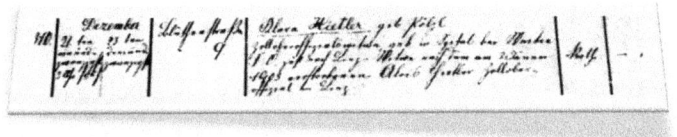

In seinem Buch *I was Hitler's Buddy* erzählt Hanisch, dass Hitler einen reichen Juden kannte den er "Vati" nannte. Dies weist darauf hin, dass Hitler höchstwahrscheinlich Kontakt zu seinen Großeltern hatte.[5]

Im Oktober 1908 hört man erneut von Hitler, als er einen zweiten Versuch unternimmt an der Kunstakademie und später auch an der Akademie für Architektur zugelassen zu werden. Er wurde wiederum abgewiesen. Hierauf verschwindet er erneut in der Anonymität. In seinem Buch *Mein Kampf* schreibt Hitler, dass er in einigen Heimen untergekommen war und zwischen Landstreichern und Obdachlosen gewohnt hatte.

Hitler beschreibt diese Zeit als "*den Tiefpunkt seines Lebens.*"

In Wirklichkeit hielt Hitler sich ab September 1908 in dem von den Rothschilds finanzierten jüdischen Männerhaus an der Meldemannstrasse auf. Unter den Bewohnern befanden sich Akademiker, Schriftsteller, Künstler und pensionierte Militärs.

Hatten die Rothschilds für Hitlers Unterkunft gesorgt?

---

5. Walter C. Lange, *The Secret Wartime Report: The Mind of Adolf Hitler*, New York 1972, 132. Zitiert nach dem *Archiv des Amerikanischen Office of Strategic Service*.

Bei dem Männerhaus hatte Hitler sich unter dem Namen seines verstorbenen Bruders Edmund gemeldet.[6] Während dieser Zeit versuchte Hitler dem österreichischen Militärdienst zu entkommen. Mit der Geburtsurkunde seines Bruders gelang es ihm, sich als sein verstorbener jüngerer Bruder auszugeben. Während er dem Militärdienst entkam, da er nun offiziell Edmund Hitler hieß, suchte die Polizei nach Adolf Hitler.[7]

Hitler bewunderte bekanntermaßen nicht nur die Kunst, sondern griff auch gerne einmal selbst zum Pinsel. Sein Freund Reinhold Hanisch half ihm beim Verkauf seiner Malereien. Hanisch schrieb in seinem Buch, dass Hitler absolut keinerlei Abneigungen gegen Juden hatte. Die meisten Freunde Hitlers waren Juden. Auch seine Kunden waren hauptsächlich jüdische Geschäftsleute.

Gemäß Hanisch musste Hitler selbst auch wohl von jüdischem Blut sein. Er hänselte Hitler oft mit seinen großen Füßen und Bart:

*Ich hänselte Hitler oft indem ich sagte, dass er wohl von jüdischem Blut sein musste. Ein derart großer Bart kann kaum an einem christlichen Kinn wachsen. Er hatte auch enorm große Füße, fast wie ein Wüstennomade.*

Nachdem Hitler an die Macht gekommen war wurden nicht nur alle Hinweise auf eine Verwandtschaft mit den Rothschilds ausgelöscht, auch alle Spuren die in Hitlers Vergangenheit führen wurden verwischt. Geburts-, Tauf- und Sterbebücher, sowie Gerichts- und andere Behördenakten, die authentisch über Hitlers Herkunft hätten Auskunft geben können, wurden vernichtet.

Am 2. Dezember 1936 befahl Hitler die Festnahme seines jüdischen Freundes Hanisch. Offiziell verstarb Hanisch am 4. Februar 1937 in einem Wiener Gefängnis an einem Herzinfarkt. Um genealogische Markierungen auszulöschen ließ Hitler 1938 das Geburtsdorf seines Vaters dem Erdboden gleich machen. Hitlers Aussage zufolge um Platz zu schaffen für ein militärisches Trainingsgelände.

---

6. Adolf Hitlers jüngerer Bruder Edmund, wahrscheinlich benannt nach dem Baron Edmond James Rothschild, starb an Masern als Adolf Hitler gerade einmal elf Jahre alt war.
7. Reinhold Hanisch, *I was Hitler's Buddy* in *The New Republic* vom 5. April 1939, 240. Alle von Reinhold Hanisch genannten Daten, Fakten und Namen werden vom Register des Männerheims bestätigt.

Eines der ersten Hitler-Biographen unter dem Namen Müller, veröffentlichte nach Kriegsende hochinteressanten Informationen über Hitlers Familiengeschichte in der unter amerikanischer Aufsicht stehenden Zeitung *Neues Deutschland*. Hitler hatte Müller damals beauftragt, eine Führerbiographie zu verfassen. Bei seinen Nachforschungen hatte auch Müller die Entdeckung gemacht, dass Hitler von den Rothschilds abstammt. Hitler hat ihm daraufhin verboten, seine Familiengeschichte in der Biographie zu berücksichtigen.[8]

Seinem persönlichen Anwalt, Hans Frank, bestätigte Hitler, dass es zwischen seiner Großmutter und ihrem jüdischen Arbeitgeber eine sexuelle Beziehung gegeben hat:

*Mein Großvater ist kein Jude. Meine Großmutter war sehr arm und hat den Juden, für den sie arbeitete, angelogen. Sie hat ihm erzählt, dass er der Vater meines Vaters sei. Der Jude hatte genug Geld, darum hat sie ihn für meinen Vater bezahlen lassen.*[9]

Der Arbeitgeber seiner Großmutter glaubte, der Vater ihres Sohnes zu sein! Das heißt, eine sexuelle Beziehung hat es logischerweise gegeben. Um zu verhindern, dass Deutsche Mädchen und Frauen im Dienst jüdischer Familien von ihren Arbeitgebern schwanger werden, ließ Hitler 1935 folgenden Text in die Nürnberger Rassengesetze aufnehmen:

*Ab sofort ist es arischen Frauen unter fünfundvierzig verboten, als Dienstmädchen bei jüdischen Familien tätig zu sein*[10]

## Hitlers jüdische Abstammung

Der belgische Journalist Jean-Paul Mulders kam in den Besitz der DNA-Proben von Hitlers Verwandten in den Vereinigten Staaten und Österreich. Auf diese Weise kam er in den Besitz von Hitlers Y-Chromosom, das vom Vater an den Sohn weitergegeben wird.[11]

---

8. *Neues Deutschland* (September 1945).
9. Hans Frank, *Im Angesicht des Galgens*, Gräfelfing 1953, 331.
10. Im § 3 des Gesetzes, der am 1. Januar 1936 in Kraft trat, wurde es Juden untersagt, deutschblütige Dienstmädchen unter 45 Jahren zu beschäftigen.
11. *De Telegraaf* vom 18. August 2010.

Aus DNA-Analysen ging hervor, dass Vater Alois Hitler und sein Sohn Adolf Hitler zu der sogenannten Haplogruppe E1b1b gehören. Diese Gruppe ist in Westeuropa sehr selten und kommt unter anderem bei aschkenasischen Juden vor.

Ist es Zufall, dass auch die Rothschild Familie zu den aschkenasischen Juden gehört?

Obwohl aus den DNA-Analysen hervor geht, dass Hitlers Vater Alois zu den aschkenasischen Juden gehört, ist die Behauptung, Hitler war ein Jude, ein weitverbreiteter Irrtum. Die aschkenasischen Juden stammen nämlich nicht von der ursprüngliche jüdische Rasse (Israelischen Stammes Juda) ab. Die aschkenasischen Juden sind verwandt mit heidnischen Völkern, die erst im Nachhinein den jüdischen Glauben angenommen haben. Sie sind insbesondere mit den Chazaren verwandt. Diese wiederum sind mit den Tartaren und Mongolen verwandt.

Hitlers Vater Alois und seine Nachkommen sind aschkenasischen Juden. Sie sind mit den Chazaren, den Tartaren und Mongolen verwandt.

Es ist wichtig darauf hinzuweisen, dass die ursprüngliche jüdische Rasse heute nicht länger existiert.[12] Sämtliche von berühmten jüdischen und israelischen Schriftstellern sowie von Historikern verfassten Standardwerke über das Judentum sind sich darin einig, dass die heutigen Juden keine eigenständige Rasse bilden. Weder biologisch, noch genetisch, ethnologisch oder anthropologisch bilden sie eine Einheit. Es gibt keine Hinweise darauf, dass es sich bei ihnen um die Nachfahren des israelischen Stammes Juda handelt.

Raphael Patai schreibt in der *Encyclopaedia Brittanica* von 1973:

*Die Ergebnisse der Anthropologie zeigen, dass, entgegen der landläufigen Meinung, eine jüdische Rasse nicht existiert. Anthropometrische Messungen jüdischer Gruppen an vielen Orten der Welt ergeben, dass sie hinsichtlich aller wichtigen physischen Charakteristika voneinander sehr weit differieren.*

---

12. Vgl. Robin de Ruiter, *Die 13 satanischen Blutlinien - Das Ende der Freiheit der Völker nähert sich*, Durach 2009, Kapitel 13, *Israel oder Juda?*

Bei einer Konferenz in Tripoli warf der orthodoxe Rabbi Neuberger die Frage nach der jüdischen Rasse auf:
*Wer ist Jude?*

Neuberger beantwortete die von ihm gestellte Frage selbst: *Diejenigen (sind Juden), die in Übereinstimmung mit dem jüdischen Religionsgesetz, der Halacha, zum Judentum übergetreten sind.*

Der Friedenspreisträger des Deutschen Buchhandels Saul Friedländer sagte:
*Jeder kann durch Konversion Jude werden. Es ist eine persönliche Entscheidung.*[13]

Ein Jude ist ein Anhänger des Jüdischen Glaubens, des Judaismus (Pharisäismus). Die heutige jüdische Religion verfolgt die Spuren ihrer Abstammung ununterbrochen durch alle Jahrhunderte bis auf die Pharisäer zurück.[14]

Das heutige Judentum unterschied sich sehr stark von der Religion (Hebräismus) der alten Israeliten. Nebukadnezar verschleppte zwischen 598 und 586 v. Chr. einen Großteil der Einwohner von Juda nach Babylonien. Cyrus, der Perser gestattete Judas Einwohner im Jahre 539 v. Chr. ihr Land wieder zu besiedeln. Judas Rückkehr aus Babylon, und die Akzeptanz des babylonischen Talmud, markiert das Ende des Hebräismus und den Beginn des Judentums (Pharisäismus).

Nur Hitler und die Zionisten haben die Juden immer wieder als Rasse definiert. Weshalb? Wir kommen im weiteren Verlauf dieses Buches noch ausführlich hierauf zurück.

---

13. *Frankfurter Allgemeine Sonntagszeitung* von 14. Oktober 2007.
14. Laut der *Universellen jüdischen Enzyklopädie* (Vol. VIII), 1942, 474.

## Kapitel 2
# Spurlos

Wie bereits zuvor erwähnt verschwand Adolf Hitler nach seiner Ankunft in Wien Anfang 1908 bis zum September 1908 von der Bildfläche. Es war nicht das letzte Mal, dass dies geschah. Vom Januar 1912 bis einschließlich Mai 1913 fehlt erneut jede Spur von ihm. Historiker stehen vor einem Rätsel. Es ist nicht klar, wo Hitler sich in dieser Zeit aufhielt. Wie wir sehen werden behauptet nicht nur Hitlers Schwägerin, sondern auch andere, dass Hitler sich während dieser Zeit in England aufhielt.

In seinem Buch *Hitler was a British Agent* erzählt Greg Hallett, dass Hitler vom Februar bis November 1912 neun Monate lang in der britischen Military Psych-Ops War School in Devon (England) und später in einer anderen Psych-Ops War School in Irland auf seine zukünftige Rolle als Diktator vorbereitet wurde.[15]

Die verschiedenen Psych-Ops War Schools standen unter der Schirmherrschaft des Tavistock Instituts, dass sich 1913 offiziell im Wellington House in London niederließ. Das Institut ist nicht allein die Mutter aller Denktanks, es ist auch das weltweit wichtigste Institut auf dem Gebiet der Mind Control. Es gibt nahezu keinen Aspekt des Lebens in Europa und den Vereinigten Staaten, auf den das Tavistock Institut keinen Einfluss hatte. Dies beinhaltet die Bundes-, Landes- und lokalen Regierungen, die Industrie, den Handel, das Bildungswesen und die politischen Instanzen der Nationen. Jedes mentale oder psychische Detail jedweder westlichen Nation wird analysiert, registriert, begutachtet und in Datenbanken abgespeichert.

---

15. Beide Schulen wurden nach dem Zweiten Weltkrieg geschlossen.

Eine der vom Tavistock Institut angewendeten Techniken ist unter dem Namen "profiling" bekannt. Diese Technik kann sowohl auf Personen, kleine und größere Menschengruppen, sowie auf Menschenmassen und Organisationen jeder Größe angewendet werden. Das Tavistock Institut hat wieder und wieder bewiesen, dass eine erfolgreich "profilierte" Gruppe von Menschen auf praktisch jedem Aspekt des politischen oder sozialen Lebens manipuliert werden kann.[16] Seit der Errichtung hat das Institut einen verheerenden Einfluss auf die Welt ausgeübt.[17]

John Colemans schockierendes Buch *Tavistock Institute of Human Relations: Shaping the Moral, Spiritual, Cultural, Political and Economic Decline of the United States of America* ist das wichtigste Buch bezüglich der Offenlegung der Methoden zur Gehirnwäsche des Tavistock Instituts. Zum Beispiel erhielt das Institut 1913 unter anderem den Auftrag eine Propagandamaschinerie zu erschaffen, die dazu imstande war die öffentliche Meinung dahingehend zu manipulieren, dass man die Kriegserklärung des Vereinigten Königreichs an Deutschland unterstützte. Der Widerstand, der in England gegen den bevorstehenden Krieg mit Deutschland bestand, musste gebrochen werden.[18]

Das Projekt stand unter der Leitung von Lord Northcliffe und Marcus Raskin. Das Geld wurde nicht allein von den Rothschilds bereit gestellt, mit denen Northcliff über eine Heirat verbunden war, sondern auch von den Rockefellers und den Warburgs.

Hitler begann sein Training in England und Irland im Jahr 1912. Wer ihn von Wien nach England schickte ist nicht bekannt. Die Antwort liegt jedoch auf der Hand, nun da wir wissen, dass ein Mitglied der Familie Rothschild sein Großvater war und dass diese Familie ebenfalls eine bedeutende Rolle im Tavistock Institut spielte.

Hitler wurde während seiner Zeit bei Tavistock "profiliert" und auf seine zukünftige Rolle als Diktator vorbereitet. Hierbei setzte man absichtlich hervorgerufene traumatische Erlebnisse ein.

---

16. John Coleman, *Tavistock Institute of Human Relations: Shaping the Moral, Spiritual, Cultural, Political and Economic Decline of the United States of America*, London 2005, 188.
17. Ibidem, Seite 34.
18. Ibidem, Seite IX.

Da unser Gehirn darauf ausgelegt ist sich selbst vor extremen Traumata zu schützen, ist es möglich, mutwillig verschiedene Persönlichkeiten in einer Person zu kreieren.[19] Bei einem traumatischen Erlebnis errichtet der menschliche Geist im wahrsten Sinne des Wortes eine Mauer um diese schmerzliche Erinnerung abzuschirmen. Diese Mauer dient dem betreffenden Individuum als eine Art Schutzschild. Die eigentliche Persönlichkeit dieser Person weiß nicht mehr, was sich in ihrem Unterbewusstsein abspielt. Die primäre Persönlichkeit wird zu ihrem eigenen Schutz in den Hintergrund gedrängt und muss einer neuen Identität weichen, dem "Alter". Bei anhaltendem Missbrauch entsteht stets eine neue Persönlichkeit. Oftmals treten auch mehrere neue Persönlichkeiten auf.

Ein "Alter" ist ein abgespaltener Teil des Gedächtnisses und besitzt eine völlig selbstständige Identität. Jedes "Alter" wird vom Gehirn als eine eigenständige Person angesehen und ist dazu imstande völlige Kontrolle über das Handeln einer Person zu übernehmen.[20] Diese neue Persönlichkeit weiß nichts von der Existenz der anderen Persönlichkeiten.

Der rund um die traumatischen Erlebnisse errichtete Schutzschild sorgt dafür, dass die Person ein völlig normales Leben führen kann und von seinem Umfeld nicht als solches erkannt wird.

Die Existenz von zwei oder mehreren Persönlichkeiten innerhalb einer Person bezeichnet man als "Multiple Personality Disorder" oder aber auch MPD. Im deutschen Sprachgebrauch bezeichnen wir dies auch als multiple Persönlichkeiten.

Im neueren Sprachgebrauch wird MPD zusammen mit anderen Persönlichkeitsstörungen auch als DID oder "Dissociative Identity Disorder" (Dissoziative Identitätsstörung) genannt.[21]

Das Gehirn Hitlers wurde Schritt für Schritt wie ein Computer programmiert und seine Psyche in verschiedene Persönlichkeiten unterteilt. Hitler lebte in einer Phantasiewelt die andere für ihn

---

19. Hierzu werden eine Vielzahl an Methoden angewendet und miteinander kombiniert, beispielsweise Manipulation, Programmierung, Indoktrination, Gehirnwäsche, Konditionierung und Codierung.
20. Ulla Fröhling, *Vater unser in der Hölle*, Hamburg 1996, 18.
21. Michaela Huber, *Multiple Persönlichkeiten: Überlebende extremer Gewalt*, Frankfurt am Main 1995, 24.

geschaffen hatten um, wie wir noch sehen werden, ihre eigenen Ziele zu verwirklichen.

Während seiner Zeit in Großbritannien und Irland wurde Hitler darin geschult öffentliche Reden zu halten, beispielsweise im Gebrauch seiner Hände um gewisse Punkte zu verdeutlichen und zu betonen. Er entwickelte seinen eigenen Stil hierin, der sich als äußerst effektiv erwies. Sein Sprachtalent wurde später zu seinem größten Trumpf. Der Britische Geheimdienst MI6 erteilte Hitler Rhetorik-Kurse am Trinity College in Dublin und brachte ihm bei, mit seiner Stimme den maximalen Effekt zu erzielen.

Adolf Hitler besaß eine charismatische Überzeugungskraft, sprach logisch, in zusammenhängenden Sätzen und sehr überzeugend. Außerdem hatte er ein phänomenales Gedächtnis, ein außergewöhnliches Detailwissen und ein sehr gutes Konzentrationsvermögen.[22]

Wie bereits gesagt, bestätigt auch Hitlers Schwägerin seinen Aufenthalt in England. Vom November 1912 bis zum April 1913 wohnte Hitler in Liverpool zusammen mit seinem Halbbruder Alois und dessen Frau Bridget.[23]

Laut Bridget Hitlers Buch *My Brother in Law Hitler* (1979) erreichte Hitler Liverpool mit dem Zug und kam nicht aus Wien.

Hitler hatte nur eine kurze Reise hinter sich. Dennoch war er schwer erschöpft, als hätte er eine außerordentlich schwere Zeit hinter sich (vermutlich Symptome von Mind-Control Programmierungen). Hitlers Schwägerin behaupt, dass Hitler sich während seiner Zeit in Liverpool mit psycho-politischer Kriegsführung beschäftigte. Das Lernmaterial soll vom Tavistock gestammt haben.

Im April 1913 kehrte Hitler, wiederum unter dem Namen seines verstorbenen Bruders Edmund, nach Wien zurück. Von einem Tiefpunkt kann nicht länger die Rede sein. Am 16. Mai 1913 erhielt er 820 Kronen aus dem Erbe seines Vaters.

Außerdem erhielt er mehrmals stattliche Summen aus unbekannter Quelle, wahrscheinlich von seinem Großvater.

---

22. Marc Vermeeren, *De jeugd van Adolf Hitler (1889-1907)*, Soesterberg, 2007, 10.
23. Bridget E. Dowling, *The Memoirs of Bridget Hitler*, Duckworth, 1979, 27.

So konnte er ein sorgenfreies Leben führen. Er verfügte über genügend Geld und zahlte von seiner Waisenrente freiwillig einen monatlichen Beitrag an seine Schwester Paula.

Am 24. Mai 1913 zog Hitler nach München. Hier wurde er der Fahnenflucht angeklagt, wurde jedoch freigesprochen. Ironischer weise meldete er sich ein Jahr später freiwillig zum Wehrdienst. Ende 1918 wurde Hitler mit dem Ausspionieren von Soldaten betraut. Er agierte als verdeckter Ermittler, sprach in den Militär-Baracken von Revolution und machte auf diese Weise Soldaten ausfindig, die ihm zustimmten.

## Hitlers Halbbruder

Im Mai 1914 ließ Hitlers Halbbruder Alois Hitler seine Frau Bridget und seinen jungen Sohne William Patrick in Liverpool zurück und zog nach Deutschland, wo er einen Laden für Rasierklingen eröffnete. Kurz nachdem er England verlassen hatte brach der erste Weltkrieg aus. Nach Ende des ersten Weltkriegs ließ er seine Frau Bridget eine gefälschte Sterbeurkunde zukommen und heiratete erneut. Als die Deutsche Regierung dies mitbekam wurde er zunächst verfolgt, durch Bridgets Hilfe jedoch später freigesprochen.

Von diesen Geschehnissen drang zu seiner Zeit jedoch nichts an die Öffentlichkeit.[24] Während Hitlers Regime betrieb Alois ein Restaurant in Berlin. Es gelang ihm, dieses Restaurant während der gesamten Kriegszeit zu betreiben. Gegen Ende des Krieges wurde er von den Briten gefangen genommen, jedoch später wieder freigelassen als deutlich wurde, dass man ihm nichts anlasten konnte.

1929 kam sein Sohn William Patrick Hitler, damals achtzehn, nach Berlin um seinen Vater zu suchen. Während seines Aufenthaltes bei seinem Vater und dessen neuer Familie besuchte er auch seinen Onkel Adolf. Als Hitler erfuhr, dass Alois seine Frau Bridget verlassen hatte, tat er, als gehöre er nicht mehr zur Familie. Er sagte seinem Neffen dass er nach England zurückkehren müsse um jedem zu erzählen, dass Alois ein Waisenkind war.[25]

---

24. Tony McCarthy, *Irish Roots*, Issue No. I, 1992. First Quarter, *Hitler: His Irish Relatives.*
25. Ibidem.

Hitler versuchte seiner Familie zu entkommen, doch sein Neffe und seine Schwägerin spürten ihn auf und erpressten ihn damit Informationen über seinen Aufenthalt in England an die Britische Presse durchzugeben, wenn er ihnen kein Geld gäbe.

Hitler war besorgt, dass seine Ausbildung im Tavistock Institut an die Öffentlichkeit gelangen könnte. Er musste um jeden Preis verhindern, dass dies eintraf. Die Geschehnisse in der Familie vertrugen sich nur sehr schlecht mit seinem puritanischen Lebensstil zu einer Zeit, in der er damit beschäftigt war seine Beliebtheit in Deutschland voran zu treiben und eine Kriegsindustrie zu errichten. Hitler verschaffte Patrick einige unbedeutende Büroarbeiten. Dieser jedoch stürzte sich ins Berliner Partyleben und profitierte vom Namen seines Onkels.

Mit der Zeit wendet sich Patrick von Hitler und Deutschland ab und flieht zusammen mit seiner Mutter nach Nordamerika, wo er am 30. März 1939 ankam. Er lebte in New York, wo er seinen Namen in William Hiller änderte, und arbeitete von 1946 bis 1977 als Urologe in Manhattan. Seine Mutter Bridget war für den Britischen Geheimdienst tätig, genauer gesagt für das "British War Relief" in New York.

Kapitel 3

# Bausteine eines neuen Krieges

Nach dem Ende des ersten Weltkrieges wurden vier Friedensverträge unterzeichnet, von Deutschland, Österreich, Bulgarien und Ungarn. Der Vertrag mit Deutschland wurde am 18. Juni 1919 in Versailles unterzeichnet und war nie auf einen langfristigen Frieden ausgelegt.

Deutschland wehrte sich gegen den Vertrag, da er beinhaltete, dass vierundsiebzigtausend Quadratkilometer Land abgegeben werden mussten – ein Gebiet in dem Millionen von Menschen wohnten. Die Region Posen wurde an Polen zurückgegeben und Frankreich erhielt die Herrschaft über Elsass-Lothringen zurück. Außerdem sollte eine fünfzig Kilometer breite Entmilitarisierungszone entlang des Rheins errichtet werden. Ein Teil des deutschen Grundgebietes sollte unter militärische Aufsicht gestellt werden. Die Deutsche Armee wurde aufgelöst und militärische Ausbildungen eingestellt. Schlussendlich war alles, was man über behielt, eine kleine Armee bestehend aus hunderttausend Freiwilligen.

Der erste Weltkrieg warf seine Schatten und schnell sprach man von einer Wirtschaftskrise. Der erste Weltkrieg hatte jedes beteiligte Land mit Ausnahme der Vereinigten Staaten, diese hatten einen enormen Gewinn verzeichnen können, ruiniert. 1921 beliefen sich die Kriegskredite, gegeben von den Rothschilds und anderen Mitgliedern der elitären Elite unserer Machthaber, auf sagenhafte 12 Milliarden Dollar. Und wer sollte das alles bezahlen? Die Französische Antwort hierauf lautete: Die Deutschen.

1921 erlegte man Deutschland eine Schuld von 33 Milliarden Dollar auf, was von 1923 zu einer fortwährenden Inflation der Reichsmark führte.

1929 hatten die Rothschilds eine derartige Inflation verursacht, dass ein wirtschaftlicher Zusammenbruch unvermeidbar war.

Während die amerikanische Wirtschaft aufblühte entzogen die Rothschilds und Konsorten dem Markt unerwartet acht Milliarden Dollar, was im "Schwarzen Freitag" resultierte. Die Börse brach zusammen und eine Weltkrise folgte.

In seine Enzyklika *Quadragesimo Anno* (Über die Anpassung der sozialen Ordnung) aus dem Jahr 1931 schreibt Papst Pius XII, dass die Kirche den mächtigen Systemen und reichen Individuen die unter dem Deckmantel der Wirtschaft Böses tun nicht länger selbstverständlichen Schutz bietet. Pius XII schneidet auch einige brisante wirtschaftliche Themen an:

*Was einem am stärksten ins Auge springt ist der Umstand, dass sich in unserer Zeit nicht nur der Reichtum sondern auch unsägliche Macht aufhäufen. Eine despotische wirtschaftliche Übermacht liegt in den Händen einiger weniger, die meist nicht einmal Eigentümer sondern lediglich Verwalter oder Bewacher von ihnen anvertrautem Kapital sind, über das sie nach Gutdünken verfügen. Diese Diktatur äußert sich in ihrer schlimmsten Form bei denen, die, da sie den Geldmarkt beherrschen, auch die Macht über das Kreditwesen in Händen haben und über die Vergabe von Krediten eigenmächtig entscheiden. Sie regeln sozusagen den Blutkreislauf des wirtschaftlichen Organismus und haben eine derartige Macht über das wirtschaftliche Leben, das gegen ihren Willen niemand mehr atmen kann.*[26]

Seit mehr als hundert Jahren befinden sich nahezu alle zentralen Banken jedes Landes in Privatbesitz. Ohne Ausnahme sind sie alle Diener der Rothschilds. Der Geldstrom, der durch die zentralen Banken fließt, ist vergleichbar mit einem Damm mit einigen Schleusen.

Der Eigentümer der Bank ist Wächter über diese Schleusen, er kann sie weiter öffnen und mehr Geld "hindurchfließen" lassen (Inflation) oder weiter "schließen" und den Strom verringern (Verzinsung).

Die Gemeinschaft die von diesem "Geldstrom" abhängig ist kann dank des "Schleusenwächters" entweder ertrinken (Weimarer

---

26. Bernhard W. Dempsey, *Interest and Usury*, London 1948, 334.

Republik 1923) oder ausgetrocknet werden (Wirtschaftskrise in den dreißiger Jahren).

Es liegt auf der Hand, dass man auf diese einfache Art und Weise nicht nur Verschiebungen im sozialen Zusammenhang der betroffenen Gemeinschaft oder Nation hervorrufen kann. Es ist ebenfalls möglich diesen Zusammenhang vollständig zu zerstören.

Der Zusammenbruch der New Yorker Börse hatte auch verheerende Folgen für die deutsche Wirtschaft, er schuf die Voraussetzung für die Machtergreifung Adolf Hitlers.

Deutschland verlor in kürzester Zeit all seinen Besitz, da dieser für einen lächerlichen Preis von den Rothschilds und Konsorten aufgekauft wurde. Die Deutschen konnten ihren Lohn mit einem Heuwagen abholen, wenn sie denn noch Arbeit hatten. Es kam zu einer Hungersnot, bei der 1,5 Millionen Deutsche ihr Leben verloren. Die Rothschilds haben so den Weg weiter geebnet für einen ihrer Hauptakteure: Adolf Hitler.[27]

Dank der Hilfe Rothschilds und Konsorten konnte Hitler, jemand der die Mittelschule nie abgeschlossen hatte und es im ersten Weltkrieg nicht weiter als bis zum Gefreiten gebracht hatte, Deutscher Reichskanzler werden.

Das Verhältnis und das rätselhafte Zusammenspiel zwischen Hitler und seinen Gegnern ist ebenfalls Interessant. Bei einer näheren Betrachtung desselben kann man ein eigenartiges Schema in der Abfolge der Ereignisse entdecken. Jedesmal, wenn Hitler in Schwierigkeiten war, erhielt er nicht nur Unterstützung von außen, in gewissem Sinn zeigten ihm sogar seine Feinde einen Ausweg auf. Wenn es etwas Geheimnisvolles an Hitler gibt, dann ist es sicher dieses seltsame Ereignismuster und Zusammenspiel.

Nur diejenigen, die verstanden haben, dass die Rothschilds und Konsorten schon damals bestimmten was führende Politiker in England, Frankreich und Deutschland tun und lassen sollen, werden das Geheimnis im Geheimnis aufdecken können.

Die puren Tatsachen sprechen dafür, dass es einen Generalplan gegeben hat, in dem auch ein Zweiter Weltkrieg vorkam.

---

27. Robin de Ruiter, *Die kommende Transition - Der globale Zusammenbruch des gegenwärtigen Weltsystems steht unmittelbar bevor*, Enschede 2009, 32.

Gudula Rothschild, Witwe von Meyer Amschel Rothschild offenbarte bei Gelegenheit einmal: *Wenn meine Söhne es nicht wollen, so gibt es keinen Krieg.*[28]

Umgekehrt bedeutet das, wenn die Rothschilds es wollen, so gibt es Krieg.

### 1933

| PARTEIEN | MANDATEN |
|---|---|
| Nationalsozialisten | 196 |
| Sozialdemokraten | 121 |
| Kommunisten | 100 |
| Zentrum | 70 |
| Deutschnationale Partei | 52 |
| Restlichen Parteien | 45 |
| Mandate | 584 |

## Mit Hilfe der Kommunisten

Nur wenige wissen, dass Hitler nicht aufgrund eines überragenden Wahlergebnisses der NSDAP an die Macht kam, sondern mit Hilfe der Kommunisten und Sozialdemokraten.

Werfen wir einen kritischen Blick auf die Zahlen, werden wir uns sogleich fragen, warum die marxistischen Parteien SPD und KPD den Aufstieg Hitlers zur Macht nicht verhindert haben. Immerhin waren es bis zuletzt 12 Millionen Wähler, die diese beiden Parteien unter stützten. Die meisten von ihnen waren Arbeiter, die bewusst die Kommunisten und Sozialisten wählten, von denen sie am ehesten erwarteten, dass sie sich um ihre politischen Belange kümmerten.

---

28. Dr. Bertha Badt-Strauß, *Der Aufstieg der Rothschilds*, in der Zeitschrift *Menora*, Mai 1928.

Wo war denn nun die Rotfront, der Erzfeind der Nationalsozialisten, geblieben? 14 Jahre lang hatten sie sich in allen Teilen Deutschlands in Protestkundgebungen und Krawallen geübt. Es war ihnen sogar gelungen, 1920 der ersten Versuch Hitlers, an die Macht zu gelangen, zu vereiteln.

Was war geschehen, dass die mächtigen Marxistenparteien die gesamte politische Macht völlig freiwillig und kampflos Hitler überließen?[29]

Am 29. Januar 1933 trat Reichspräsident Paul von Hindenburg von seinem Amt zurück, am Tag darauf ernannte er Hitler zu seinem Nachfolger. Was an diesem Vorgang erstaunt, ist die Tatsache, dass er nicht von einer Mehrheit aus Rechtsparteien und Zentrum herbeigeführt, sondern erst durch die KPD und die SPD ermöglicht wurde, die auch jetzt wieder kampflos ihre Waffen streckten.

Berücksichtigen wir die Tatsache, dass keine dieser politischen Parteien im eigentlichen Sinn demokratisch war, drängt sich uns eine andere Erklärung auf:

*Die marxistischen Parteien versagten, weil sie von unserer "Weltfinanzelite" zu diesem Verhalten angehalten worden waren. Hitler sollte freie Hand bekommen!*[30]

## Mit der Hilfe Chamberlains und Daladiers

Iwan Maiski war zwischen 1932 und 1943 sowjetischer Botschafter in London. Nach seinen Worten war es niemand anderes als der englische Premierminister Neville Chamberlain und sein französischer Kollege Edouard Daladier, die Hitler und seine reaktionäre Politik unterstützten![31]

Als Folge des zunehmenden Drucks aus der britischen Bevölkerung und von Ländern, denen eine Annexion durch Hitler oder Mussolini drohte, wurden die Politiker gezwungen, den Schein zu wahren. Sie taten nach außen hin alles, was sie konnten, um den Frieden zu wahren.

---

29. Zitiert nach Dieter Rüggeberg "Anmerkungen und Ergänzungen" in Ivan Maiski, *Wer half Hitler?* Wuppertal 1992, 233-249.
30. Emil Aretz, *Hexen einmal eins einer Lüge*, Pähl 1970, 122.
31. Ivan Maiski, *Wer half Hitler?* Wuppertal 1992, 222.

Ein Bündnis zwischen der Sowjetunion, England und Frankreich zur Verteidigung gegen mögliche Aggressionen durch die faschistischen Staaten Deutschland und Italien misslang wie viele Vereinbarungen zwischen diesen Ländern in der Vergangenheit, weil sie bewusst sabotiert wurden.

Die Regierung Chamberlains hatte genauso wenig wie die französische Regierung Daladiers die Absicht, einem solchen Bündnis beizutreten. Mit allen Mitteln versuchten sie, ein solches zu verhindern. Als Folge des Verhaltens dieser beiden Länder wurden die Verhandlungen im August 1939 eingestellt. Chamberlain und Daladier tragen dafür die Verantwortung. Dies ist ein schlüssiger Beweis für die systematische Verschwörung, die zu diesem schrecklichen Krieg geführt hat.

Es gab damals über 50 Friedensinitiativen von neutraler oder internationaler Seite mit dem Ziel, einen Weltkrieg zu verhindern.[32] Es wäre möglich gewesen, den Ausbruch des Zweiten Weltkriegs aufgrund dieser Initiativen zu verhindern. Die Macht hinter den Kulissen in Berlin, Washington und London hatte jedoch anders entschieden. Es wäre möglich gewesen, den Zweiten Weltkrieg zu vermeiden, wenn man eine schnell und effektiv agierende Front gegen die faschistischen Länder aufgebaut hätte. Doch wer stand einer solchen Front im Weg?

## Mit Hilfe unsere Globalen Elite

Wurde Adolf Hitler wirklich zur Macht verholfen? War Hitler möglicherweise Teil eines detaillierten Plans? Warum musste ein zweiter Weltkrieg geführt werden? Um diese Fragen zu beantworten müssen wir uns zunächst in die Menschen hinter der Bühne und ihre Interessen hineinversetzen.

Die elitäre Gruppe im Hintergrund des dritten Reiches besteht aus einigen anonymen, sehr exklusiven Familiendynastien. Sie leben in allen Teilen der Welt und behalten ihre Machtposition für sich, in dem sie nur ihres Gleichen heiraten. Wir haben es mit einer geopolitischen, übernationalen Weltmacht zu tun. Diese geopolitische Macht geht von den reichsten Familien wie die Rothschilds und die Rockefellers aus. Heute beherrschen und kontrollieren sie zusam-

---

32. Hans Meier, *Gescheiterte Friedensinitiativen 1939-1945*, Tübingen 2004, 33.

men mit den mächtigsten Multis alle Länder und internationalen Zusammenschlüsse. Das eigentliche Ziel dieser elitären Gruppe ist die vollständige Kontrolle über den Planeten Erde.[33]

Dank des Zweiten Weltkrieges haben diese Familien es zu immensem Reichtum und großer Macht gebracht. Mit Hilfe dieser wirtschaftlichen Macht haben sie einen großen Teil der Welt mittlerweise aufgekauft und unter ihre eigene Herrschaft gestellt. Seit Jahren versuchen sie die heutige Weltordnung abzuschaffen, um einen weltweit diktatorisch geführten Überwachungsstaat zu errichten. Der bekannte Erforscher Berry Smith behauptet in seinem Buch *Final Notice* (Melbourne 1980, S. 9):

*Es sind 13 Familien, auf die der Plan einer Weltregierung zurückgeht. Diese Familien hat man auch schon mit den 13 Stufen der Pyramide in dem merkwürdigen Siegel in Verbindung gebracht, das auf der Rückseite der amerikanischen Ein-Dollar-Note abgebildet ist.*

Die meisten Forscher, die die mächtigsten Familien-Sippen der Erde intensiv erforscht haben, nennen unter anderem folgende Namen: Warburg, Rothschild, Rockefeller, DuPont, Russell, Astor, Onassis, Collins, Morgan, Kennedy, Hapsburg, Li und Bundy. Folgende Sippen arbeiten eng mit ihnen zusammen: Vanderbilt, Bauer, Whitney, Duke, Oppenheim, Grey, Sinclair, Schiff, Solvay, Oppenheimer, Sassoon, Wheeler, Todd, Clinton, Taft, Goldschmidt, Wallenberg, Habsburg, Guggenheim, Bush, Van Duyn und viele andere.[34]

Mit der Zeit haben diese Sippen das meiste Geld und die Macht über weite Teile der Welt in ihre Hände gebracht. Diese Familien haben ihren Einfluss über die ganze Welt ausgedehnt, so dass ihr Netz bis in die hintersten Winkel reicht. Ihre Fangarme umfassen alle Aspekte der menschlichen Existenz, ihr Einfluss reicht unvorstellbar weit in die führenden Organisationen und Institutionen hinein in den Bereichen Politik, Erziehung, Religion, Finanzwelt und Massenmedien. Auch die Wissenschaft wurde von ihnen infiltriert, ist finanziell von ihnen abhängig und somit mani-

---

33. *Targets*, erstes Quartal 2005.
34. Natürlich gehört nicht jeder, der den Namen einer dieser mächtigen Familien trägt, damit auch schon zu der betreffenden Sippe. Andererseits wissen viele nicht, was in der Welt wirklich vor sich geht.

pulierbar (denken Sie hier beispielsweise an die Carnegie-, die Guggenheim- oder die Rockefeller Stiftung).

Edward Bernays, ein Neffe Sigmund Freuds, sagt in seinem Buch *Propaganda* (1929):

*Wir werden regiert, unser Verstand geformt, unsere Geschmäcker gebildet, unsere Ideen größtenteils von Männern suggeriert, von denen wir nie gehört haben. In beinahe jeder Handlung unseres Lebens, ob in der Sphäre der Politik oder bei Geschäften, in unserem sozialen Verhalten und unserem ethischen Denken werden wir durch eine relativ geringe Zahl an Personen dominiert.*

Bei einem 1978 in Lindau stattfindenden Nobelpreisträgertreffen sagte der namhafte jüdische Biochemiker George Wald, ein emeritierter Harvard-Professor für Biologie, der 1967 mit anderen zusammen den Nobelpreis für Medizin erhalten hatte:

*Ich glaube nicht, dass in der westlichen Welt die Regierungen wirklich regieren. Ich glaube, sie dienen als 'Handlanger' großen finanziellen und industriellen Mächten. Es gibt Dutzende multinationaler, transnationaler Riesen, die größten Konzentrationen der Macht und des Reichtums, die es jemals in der menschlichen Geschichte gegeben hat. Das sind nicht nur Geschäftsunternehmen, das sind Weltmächte! Haben sie denn auch militärische Macht? Natürlich haben sie unsere militärische Macht. Haben sie Kontroll- und Lenksysteme? Natürlich! Sie haben unsere Regierungen.*[35]

Die zentralen Gestalten der Geschichte sind nichts anderes als Marionetten, die aus dem Hintergrund heraus dirigiert werden. Nicht nur in der Gegenwart, sondern schon seit die verschiedenen Französischen Revolutionen, die im Jahr 1789 begannen.

Die Mächtigen unseres Planeten beherrschen derzeit den globalen Geldstrom und die Zentralbanken. Sie bilden die unsichtbare Macht hinter den wichtigen Unternehmen und den Mediengesellschaften. Wie bereits zuvor erwähnt, bestimmen sie, was führende Politiker tun und lassen sollen. Keine einzige Regierung kontrolliert sie oder zieht sie für ihr Handeln zur Verantwortung. Dank ihrer unvorstellbaren Finanzreserven verfügen diese Familien über ein

---

35. Persönliches Schreiben von Elijah Wald (George Wald Sohn). Er war damals in Lindau dabei.

weltweites Kontrollsystem, mit dem sie das politische System jedes Landes der Welt unabhängig von der allgemeinen Lage der Weltwirtschaft beherrschen können.

Außerdem besitzen sie alle großen multinationalen Konzerne der Welt. Diese globalen Riesen sind nicht nur Unternehmen, sie sind Weltmächte. Wir leben nicht länger in einer Welt von Nationen und Ideologien. Es gibt keine Nationen mehr. Es gibt nur noch multinationale Konzerne wie IBM, ITT, AT&T, DuPont, Dow, Shell, Nestlé, Unilever, Union Carbide, Chevron und Exxon. Sie sind die Nationen unserer Zeit. Die Macht der Besitztümer dieser Konzerne überschreitet alle Grenzen.

Wie wir demnächst sehen werden sorgten die obengenannten Familien-Sippen ebenfalls dafür, dass die wirtschaftlichen und finanziellen Voraussetzungen für Hitlers Aufstieg zur Macht geschaffen wurden.

Aus detaillierten Aussagen vor dem Kilgore Committee of the US Senate, 1945, Hearing über Elimination of German Resources for War (Beseitigung von Kriegsführungsquellen in Deutschland), geht hervor, dass als die Nazis 1933 an die Macht kamen, sie feststellen konnten, dass man seit 1918 enorme Fortschritte in der Vorbereitung Deutschlands für den Krieg in wirtschaftlicher und industrieller Hinsicht gemacht hatte. Die gewaltigen Beträge amerikanischen Kapitals, die unter dem Dawes-Plan ab 1924 nach Deutschland geflossen waren, hatten die Grundlage gebildet, auf der Adolf Hitlers Kriegsmaschinerie aufgebaut worden war.[36] Schon unter der Regierung Brüning hatte das Kanzleramt die Entdeckung gemacht, dass beträchtliche Geldbeträge aus dem Ausland auf scheinbar unverdächtige Konten Hitlers bei der Bayerischen Vereinsbank geflossen waren.[37]

Wir wollen nicht unerwähnt lassen, dass Hitler zu einem gewissen Teil auch von deutschen Industriellen und den verschiedenen Organisationen, denen diese angehörten, gefördert wurde. Diese Gelder entstammten zum einen Teil aus Fonds zur Terrorbekämpfung, zum anderen Teil aus Versicherungsgeldern, die jetzt dazu

---

36. Der Dawes-Plan geht hauptsächlich auf Rothschild-Agent John Pierpont Morgan zurück.
37. Des Griffin schreibt in *Wer regiert die Welt?*: Düsseldorf 1996, 233.

verwendet wurden, sich Hitlers Gunst zu erkaufen. Die Finanzhilfe von 1932 ging übrigens weder direkt an Hitler noch an seinen Treuhänder, sondern an die Deutschnationale Volkspartei (DNVP) und die Deutsche Nationalpartei (DNP). Der deutsche Schriftsteller und Historiker Walter Görlitz weist nach, dass Hitler bis 1928 kein Geld von der deutschen Stahlindustrie erhalten hat.

Es wird behauptet, Hitler habe von der höchsten Finanzinstitution Frankreichs Fördergelder erhalten. Die höchste Finanzinstitution bestand damals aber aus genau einem Mann: dem Baron Rothschild!

Otto Rudolf Braun weiß in seinem Buch *Hinter den Kulissen des Dritten Reiches* (1987) folgendes zu berichten:

*Hitler wurde von der deutschen Wirtschaft in weit geringerem Umfang gefördert als allgemein behauptet wurde und wird; Hitler wurde aber von ausländischen Geldgebern weit mehr gefördert als dies heute zugegeben wird.*

Wie wir noch sehen werden, waren die meisten der deutschen Industriellen, die Hitler finanzierten, Direktoren von Kartellen, denen amerikanische Gesellschaften angegliedert waren oder die ganz oder teilweise ihre Eigentümer waren. Anthony C. Sutton führt in seinem Buch *Wall Street and the Rise of Hitler* (Die Wall Street und der Aufstieg Hitlers) aus, dass die Geldgeber Hitlers im großen und ganzen weder rein deutsche Firmen noch repräsentativ für die deutschen Geschäftsfamilien waren. Mit Ausnahme von Thyssen und Kirdorff handelte es sich in den meisten Fällen um multinationale Konzerne, die ihren Stammsitz in Deutschland hatten.[38]

Die *I.G. Farben* (Interessengemeinschaft), die *Allgemeine Elektrizitätsgesellschaft* (AEG) und die *Deutsch-amerikanische Petroleums AG* (DAPAG) sind in den 20er Jahren mit Hilfe amerikanischer Kredite aufgebaut worden. Noch in den frühen 30er Jahren waren die Direktoren dieser Konzerne allesamt Amerikaner, wesentliche Anteile lagen in den Händen amerikanischer Unternehmen.

---

38. Anthony C. Sutton, *Wall Street and the Rise of Hitler*, 1999, 88.

Der Hitlerfreund und -vertraute Alfred Rosenberg erhielt insgesamt zwei Mal, 1931 und 1933, über den Vorstandsvorsitzenden der *Royal Dutch Shell* in Person von Sir Henry Deterding, Zuwendungen des Hauses Rothschild.[39] *Royal Dutch Shell* war und ist bis heute in gemeinsamem Besitz der Rothschilds und der holländischen Königsfamilie. Die Gesellschaft war maßgeblich am Aufstieg von Hitlers nationalsozialistischer Bewegung beteiligt.

Es ist schon häufig geltend gemacht worden, dass Deterding bereits 1921 Hitler persönlich gefördert hat. So kann man in Glyn Roberts Biographie *The Most Powerful Man in the World: The Life of Sir Henry Detering* (Der mächtigste Mann der Welt: Das Leben von Sir Henry Detering) folgendes lesen:

*Wie die holländische Presse berichtet, hat Deterding Hitler nicht weniger als 4 Millionen Gulden zukommen lassen in einer Zeit, da die Partei noch in den Kinderschuhen steckte.*[40]

Zuverlässige englische Quellen liefern den Beweis, dass Sir Henry Deterding dem "Projekt Hitler" mit einer großzügigen finanziellen Zuwendung half, eine kritische Phase zu überstehen.[41]

Bis 1933, in der Zeit als Peter Montefiore Samuel und Robert Waley Cohen der *Royal Dutch Shell* vorstanden, wurde Hitler von ihr mit insgesamt etwa 50 Millionen Mark unterstützt. Die Rothschilds waren somit nach den Warburgs die zweitgrößten Sponsoren Hitlers.[42]

In einem Artikel in der *Neuen Zürcher Zeitung* vom 20. Oktober 1998 weist der jüdische Historiker Herbert Reginbogin darauf hin, dass die *American Chase National Bank* in New York damals die wichtigste Bank für deutsche Unternehmen war. Die Chase Bank habe seinerzeit die deutsche Kriegsmaschinerie, aber auch die deutschen Geheimdienste in Nord- und Südamerika mitfinanziert. Während des Krieges habe die Chase Bank ihre Geschäfte mit der deutschen Besatzungsmacht in Paris und mit der Gestapo fortge-

---

39. William Engdahl, *A Century of War: Anglo-American Oil Politics and the New World Order*, Pluto Press 2011, 100.
40. Glyn Roberts, *The Most Powerful Man in the World - The Life of Sir Henry Detering*, Covici Friede, 1938.
41. William Engdahl, *Mit der Ölwaffe zur Weltmacht - Der Weg zur neuen Weltordnung*, Wiesbaden 1993, 131.
42. Wolfgang Eggert, *Im Namen Gottes*, Band 3, München 2001, 47.

setzt. Nach dem Krieg seien die amerikanischen Bankdirektoren wegen ihrer angeblichen Beteiligung an Kriegsverbrechen zwar angeklagt, aber nie verurteilt worden.

Der amerikanische Botschafter William E. Dodd im Hitlerdeutschland schrieb am 15. August 1936 in sein Tagebuch: *Mehr als 100 amerikanische Firmen haben hier Tochtergesellschaften oder Kooperationsabkommen. DuPont hat drei Verbündete in Deutschland, die das Rüstungsgeschäft unterstützen. Ihr Hauptverbündeter ist die I.G. Farben Company. Im Dezember 1933 hat die Standard Oil Company (New Yorker Tochter im Besitz der Rockefellers) 2 Millionen Dollar an sie überwiesen. Jedes Jahr erhält sie weitere 500.000 Dollar, um damit die Herstellung von Kraftstoff für den Kriegsfall zu fördern. Standard Oil kann seine Gewinne allerdings nur in Waren anlegen. Diese Möglichkeit wird aber kaum genutzt. Zwar berichten sie jedes Jahr der Muttergesellschaft über das erzielte Ergebnis, lassen die Transferleistungen aber unerwähnt. Wie mir der Vorstandsvorsitzende der International Harvest Company mitteilte, ist ihr Umsatz – wahrscheinlich aufgrund des Wachstums der Rüstungsindustrie – um jährlich 33% gestiegen, dennoch hätten sie keinen Anteil an den Gewinnen gehabt. Selbst unsere Flugzeughersteller haben geheime Abkommen mit Krupp. General Motors und Ford erzielen hier mit ihren Tochtergesellschaften Riesenumsätze, entnehmen aber keine Gewinne. Ich erwähne diese Tatsachen, weil sie die Dinge ungemein verkomplizieren und die Kriegsgefahr vergrößern.*

Erst die dem *I.G. Farben*-Chemiekartell, bestehend aus Bayer, Hoechst, BASF und dem Behringwerke, gewährten Kredite brachten Hitler an die Macht. Ohne Kapital aus dem Ausland hätte es kein *I.G. Farben*-Chemiekartell gegeben, Hitler wäre nicht an die Macht gekommen und es hätte keinen Zweiten Weltkrieg gegeben. Das Kartell entstand allein durch die Kredite der Wallstreet! Durch die enge Zusammenarbeit mit dem Generalstab war ein militärisch-industrielles Machtkonglomerat entstanden, aufgrund dessen die *I.G. Farben* an den Verbrechen der Nazis weit mehr Anteil hatten als andere Firmen.

Das *I.G. Farben*-Kartell hatte Tochterunternehmen in mehr als 100 Ländern. Der mächtigste Zusammenschluss war der zwischen dem *I.G. Farben*-Chemiekartell und Rockefellers *Standard Oil*, er beinhaltete einen Kredit in Höhe von 30 Millionen Rockefeller-Dollar.

Paul Warburg, sein Bruder Max Warburg und weitere Schlüsselfiguren aus den Rockefeller-Kreisen waren Mitglieder im Aufsichtsrat des amerikanischen Teils des *I.G. Farben*-Chemie-Kartells in den Vereinigten Staaten.[43] Rockefellers *Standard Oil* und die Chase Bank investierten beträchtliche Summen in Deutschland. *Standard Oil* arbeitete mit der *I.G. Farben* zusammen. Zusammen betrieben sie eine Gummifabrik, in der Auschwitz-Gefangene Zwangsarbeit leisteten.

Deutschland hat keinen Naturkautschuk. Da aber die deutsche Wehrmacht auf Gummi angewiesen war, um einen Krieg führen zu können, wäre der Zweite Weltkrieg ohne die synthetische Herstellung von Gummi durch die *I.G. Farben* gar nicht möglich gewesen.

*Standard Oil* lieferte außerdem verbleite Flüssigkeiten als Antiklopfmittelzusätze für Flugzeug- und Automobilkraftstoffe, mit denen der Wirkungsgrad der Benzinmotoren erhöht werden konnte. Ohne sie wäre eine mobile Kriegführung zur damaligen Zeit nicht denkbar gewesen.

*I.G. Farben* baute in der polnischen Stadt Auschwitz 1941 das größte Firmenwerk Europas. Es war die Wallstreet, die sowohl den Bau des *I.G. Farben*-Werks in Auschwitz als auch den Ausbau des Konzentrationslagers Auschwitz finanzierte. Das Chemiewerk der *I.G. Farben* in Auschwitz war 6000 Fußballfelder groß.[44]

Die *Standard Oil*-Tochter *DAPAG* hatte Zweigniederlassungen in ganz Deutschland.[45] Durch Karl Lindemann, den Direktor der *DAPAG*, war die *Standard Oil* in den "internen Kreisen" der Nazis vertreten.[46]

---

43. Max Warburg lernte bei den Rothschilds in London. Er nahm innerhalb des deutschen Bankwesens eine wichtige Stellung ein. Ab 1903 traf er sich häufig mit dem deutschen Kanzler. Fürst Bernhard von Bülow hatte ihn gebeten, den Kaiser in finanziellen Angelegenheiten zu beraten. Bekanntlich war Warburg überdies Chef des deutschen Geheimdienstes.
44. Die IG Farben benutzte Arbeitssklaven aus dem nahe gelegenen Konzentrationslager.
45. Die DAPAG gehörte zu 94% der Standard Oil, New Jersey.
46. Karl Lindemann war nicht nur Vorsitzender des deutschen Internationalen Handelskammer, er war auch Direktor einiger Banken von

Der bedeutendste dieser Kreise war auf Geheiß Hitlers gegründet worden. Am Anfang wurde er "Kepplerkreis", später "Kreis der Himmler-Freunde" genannt. Namhafte Mitglieder dieses Kreises waren Hitler, Hermann Göring, Joseph Goebbels und Heinrich Himmler. Himmler organisierte den Kreis. Ihm ist es zu verdanken, dass sich eine Reihe angesehener Geschäftsleute dem Kreis anschlossen.

Der multinationale Konzern mit Hauptsitz in den Vereinigten Staaten, *General Electric Company* hatte zusammen mit seinen Auslandspartnern, den deutschen Unternehmen *AEG* und *Osram*, nicht nur in den 20er-Jahren die Sowjetunion elektrifiziert, über die Nationale Treuhand finanzierten sie auch Adolf Hitler in nicht unerheblichem Maß. *AEG* und *Osram* waren vollständig in amerikanischen Händen.[47]

Als der Zweite Weltkrieg beendet war, wurde von den Alliierten ein unter dem Namen FIAT bekannter Untersuchungsausschuss gebildet, der die Bombenschäden an den Fabrikgebäuden der deutschen Elektroindustrie aufnehmen sollte. Zur allgemeinen Überraschung stellten sie fest, dass an die Anlagen der im Besitz unser Machthaber befindlichen Unternehmen wie der *AEG* unbeschädigt geblieben waren. Dies wird auch durch den *German Electrical Equipment Industry Report* (Bericht über die deutsche Elektromaschinenindustrie) vom Januar 1947 bestätigt.

Ein anderer, auf die *AEG* bezogener Bericht vom 13. März 1947 kommt zu dem Schluss:

*Diese Fabrik kann umgehend die Produktion feiner Metallteile und ihre Montage aufnehmen.*[48]

*General Electric* ist also nicht nur für seine Hitlerfinanzierung bekannt, dieser Konzern hat auch ordentlich an der Produktion von Rüstungsgütern verdient, und – es ist ihm gelungen, vor der

---

Namen und zahlreicher Körperschaften wie der HAPAG (Hamburg-Amerika-Linie).
47. United States Senate, *Hearings before a Subcommittee of the Committee on Military Affairs, Scientific and Technical Mobilization*, 78th Congress, Second Session, Part 16, Washington D.C.: Government Printing Office, 1944, 939.
48. W. Ferguson, *U.S. Strategic Bombing Survey, AEG-Ostlandwerke GmbH*, 31. May 1945.

Bombardierung seiner Industrieanlagen im Zweiten Weltkrieg verschont zu bleiben.[49]

Im Jahr 1999 verbreitete die *Frankfurter Allgemeine Zeitung* (FAZ) eine interessante Neuigkeit. Das konservative Blatt, das als politisch unabhängig gilt, berichtete unter der Überschrift *Öl für den Führer*, Rockefellers *Standard Oil* habe den Ostfeldzug Hitlers bis 1942 mit Kraftstoff (Erdöl) versorgt, ohne den kein Panzer "für den Sieg" hätte rollen können. Das Weiße Haus sei sich vollkommen im Klaren darüber gewesen, dass enorme Mengen an Öl über spanische Häfen nach Deutschland geliefert worden seien.[50]

Die DuPont-Familie lieferte Waffen an Deutschland! In den 20er-Jahren waren Mitglieder dieser Familie dafür bekannt, fanatische Hitlerunterstützer zu sein. In Amerika gründeten sie die *American Liberty League* (Amerikanische Freiheitsliga), eine Naziorganisation, die antisemitische Propaganda verbreitete. Die Du-Ponts halfen auch dem *I.G. Farben*-Kartell im Bereich der Waffen-Produktion. DuPont kontrollierte *General Motors*, über diesen Konzern investierten sie beträchtliche Summen in die *I.G. Farben*-Tochter *General Aniline & Film*.

Die DuPonts machten auch große Zuwendungen in Form von Spenden an die NSDAP, um Hitler dazu zu bewegen, im Gegenzug das *General Motors*-Werk in Deutschland nicht zu verstaatlichen. Vor dem Ausbruch des Krieges war dieses Unternehmen der größte Hersteller von gepanzerten Fahrzeugen und anderer mobiler Kriegsausrüstung.[51]

Seine bedeutendste Rolle spielte *General Motors* als Lieferant der Militärlastwagen, mit denen die Deutschen ihre Truppen durch ganz Europa transportierten.

Die J.P. Morgan-Gruppe (Rothschild), stand in enger Verbindung mit der Firma *Opel*, die sich für die Herstellung von Panzerfahrzeugen verantwortlich zeichnete. Darüber hinaus konnte diese Firma Fachkenntnisse in den Bereichen Autopilot, Flugzeugbau, Flugzeuginstrumente und Dieselmotoren liefern.

---

49. Vgl. Anthony C. Sutton, *Wall Street and the Rise of Hitler*, 1999, 71.
50. Robin de Ruiter, *Poder oculto detrás da Nova Ordem Mundial*, São Paulo 2005, 54.
51. *Neue Zürcher Zeitung*, 20. Oktober 1998.

Die internationalen Konzerne sind aufs engste in die begangenen Verbrechen verwickelt. In letzter Zeit sind immer mehr Details über die Machenschaften multinationaler Firmen während der NS-Zeit zum Vorschein gekommen.

So hat beispielsweise *Shell* in ganz Deutschland Hitlers Autobahnen mit Tankstellen bestückt. Auch Firmen wie *Coca Cola* und *IBM* gehören zu der riesigen Menge an internationalen Unternehmen, die von Hitlers Feldzug profitierten.

In seinem Buch *IBM und der Holocaust* weist der jüdische Verfasser Edwin Black nach, dass die *IBM* über eine Reihe von Tochterfirmen wie die DEHOMAG (Deutsche Hollerith-Maschinen-Gesellschaft) Handelsbeziehungen zu den Nazis hatte, weit mehr als bisher bekannt war.

## Nur ein Beispiel:

Von den Nazis wurde die IBM-Hollerith-Maschine, eine der ersten Lochkartensortier- und Rechenmaschinen für die automatische Datenverarbeitung, dazu verwendet, die Angehörigen des jüdischen Volkes im ganzen Reich zu identifizieren.[52] Auch die Registrierung der Bevölkerung und die Überwachung der Konzentrationslager durch die Nazis ist mit Hilfe von IBM-Maschinen durchgeführt worden.

Edwin Black versäumt allerdings zu erwähnen, dass die Aktivitäten der *IBM* während des Kriegs zwar von ihrem Gründer und langjährigen Direktor, Thomas J. Watson, angeführt wurden, dass es aber die Rockefellers und (insbesondere) die Rothschilds waren, die die Fäden in den Händen hielten!

Watson hat während des Krieges ganz normal Geschäfte mit Hitler gemacht. Das ganze Gestapo-Abhörsystem war davon abhängig. Über die Schweiz bekamen sie IBM-Teile.

Watson hat sogar von Hitler persönlich eine hohe Auszeichnung bekommen.[53]

---

52. IBM-Topmanager Thomas J. Watson hatte für die IBM die *IBM-Hollerith-Maschine*, eine der ersten Lochkartensortiermaschinen entwickelt.
53. Gespräche zwischen Gestapo-Chef Heinrich Müller und den amerikanischen Geheimdienst, September/Oktober 1948. *US-Geheimarchiven MU 13-75-96: 16;* S. 37-42.

Es wird oft behauptet, die Bush-Familie habe sich durch das Ölgeschäft behauptet. Tatsächlich ist es aber so, dass die Bushs ihren Aufstieg zu großen Teilen Hitler zu verdanken haben. Zwischen diesen beiden Parteien gab es nicht nur Verbindungen finanzieller Art, sie waren in weiterem Sinne miteinander im Geschäft. Es war der Großvater von George W. Bush, der das Wohl der Sippe mehrte, indem er Geschäfte mit Nazideutschland tätigte und dabei von der in Auschwitz geleisteten Zwangsarbeit profitierte!

Prescott Bush war von den 20er-Jahren bis nach dem Ende des Zweiten Weltkriegs in den 40er-Jahren Mitglied des Aufsichtsrats der *Brown Brother Harriman Holding Company* und Vorsitzender eines der bedeutendsten Geldinstitute an der Wallstreet, der *Union Banking Corporation* (UBC).

**Treffen der Internationalen Handelskammer am 12. Juli 1937 in Berlin. Von links nach rechts: Hitler, IBM-Topmanager Thomas Watson, Dolmetscher R. Schmidt, A. Frohwein, der damalige Vorsitzende der Internationalen Handelskammer F.H. Fentener van Vlissingen. Hinter ihm der Sohn von einer der bedeutendsten Zionisten, Arthur Balfour, wohlbekannt durch die nach ihm benannte Balfour-Erklärung. Überlassen wir es den Lesern, sich Gedanken darüber zu machen, was wohl bei diesem Treffen mit Watson und den anderen Prominenten, so alles besprochen wurde.**

Zusammen mit seinem Schwiegervater, George Walker, und den Warburgs kontrollierte Bush die Hamburg-Amerika-Schifffahrtsgesellschaft, die ebenfalls Teil der *Harriman Holding Company* war und die von den Nazis in Anspruch genommen wurde, um ihre Agenten von und nach Nordamerika zu transportieren.

Einem anderen Zweig dieser Unternehmensgruppe *Harriman*, der *Harriman International*, gelang es 1933, ein Abkommen mit Hitler abzuschließen. Dank diesem Vertrag, der von Max Warburg, Hjalmar Schacht, Kurt von Schroeder und der spätere US-Außenminister John Foster Dulles geschrieben wurde, liefen ab Mai 1933 alle deutschen Exporte in die USA über die *Harriman International*. Mit der Unterstützung von Prescott Bush und Felix Warburg von der Kuhn Loeb and Co. organisierte John Foster Dulles während den 30er Jahren die Schuldenrestrukturierungen für deutsche Firmen und ermöglichte damit die Umstellung auf die Rüstungsproduktion.

Die UBC hatte in der Zwischenzeit unterschiedliche, den deutschen Industriebaron Fritz Thyssen betreffende, Bankgeschäfte außerhalb Deutschlands getätigt. Thyssen hat die nationalsozialistische Bewegung zwischen 1923 und der Machtübernahme finanziert. Nachforschungen im Jahre 1945 haben ergeben, dass die von Prescott Bush geführte Bank mit dem deutschen Stahlunternehmen in Verbindung stand, das von Thyssen und dem später in Nürnberg angeklagten Flick geleitet wurde. Dieses riesige Stahlunternehmen produzierte die Hälfte des Stahls, ein Drittel der Munition sowie große Mengen anderer von der deutschen Kriegsmaschinerie benötigter Materialien.

Der von Prescott Bush und seinem Schwiegervater George Walker geführten Schlesisch-Amerikanischen Korporation (SAC) gehörte ein Stahlwerk in der Nähe von Auschwitz in Polen, in dem Lagerhäftlinge als Zwangsarbeiter eingesetzt wurden.

Einer, der die Beziehungen zwischen der Bush-Familie und den Nazis näher erforscht hat, ist John Loftus, ein ehemaliger Distriktsanwalt der Abteilung für Kriegsverbrechen im amerikanischen Justizministerium, der für das *Florida Holocaust Museum*s in St. Petersburg (USA) mitverantwortlich ist. Loftus behauptet, die Bush-Familie habe im Jahre 1951, als die UBC schließlich aufgelöst wurde, 1,5 Millionen Dollar für ihre Beteiligung (daran) erhalten. In einer Rede, erklärte Loftus:

*Von daher kommt der Reichtum der Bush-Familie. Das Geld stammt aus dem Dritten Reich!*

Loftus hatte herausgefunden, dass das Geld zum damaligen Zeitpunkt eine beträchtliche Summe – in unmittelbarem Zusammenhang mit der Sklavenarbeit stehe, zu der man die Auschwitz-

Häftlinge gezwungen hat. In einem Interview mit dem Journalisten Toby Rogers erklärte der Loftus: *Es ist ja schon schlimm genug, wenn die Bush-Familie in den 20er-Jahren Thyssen dabei geholfen hat, Hitlers Aufstieg zur Macht zu finanzieren, aber dem Feind in Kriegszeiten zu helfen, ist Landesverrat pur. Die Bank der Bush-Familie half Thyssen, den Stahl zu produzieren, mit dessen Hilfe alliierte Soldaten getötet wurden. In den Kohlebergwerken von Thyssen wurden Juden zur Arbeit gezwungen, als handle es sich bei ihnen um Verschleißartikel. Viele Fragen juristischer und historischer Art hinsichtlich der Bush-Familie sind bis heute unbeantwortet geblieben.*

Wie Dr. Anthony C. Sutton in seinem Buch *Wall Street and the Rise of Hitler* (Die Wall Street und der Aufstieg Hitlers) aufzeigt, kann der Anteil des amerikanischen Kapitalismus an den Kriegsvorbereitungen in Deutschland nur als phänomenal bezeichnet werden: er war alles entscheidend! Es ist vollkommen klar, dass ein bedeutender Sektor der amerikanischen Wirtschaft nicht nur den wahren Charakter des Naziregimes verkannt hat, sondern dieses in seiner Entstehung auf jede erdenkliche Weise gefördert hat in dem vollen Bewusstsein, dass dies zu einem Krieg führen würde, an dem Europa und Amerika unweigerlich beteiligt wären. Angesichts der Fakten kann niemand mit angeblicher Unkenntnis der Sachlage argumentieren. Der sorgfältig dokumentierte Beweis, dass Körperschaften des amerikanischen Banken- und Industriesektors am Aufstieg Hitlers zur Macht und der Entstehung des Dritten Reichs wesentlichen Anteil hatten, ist öffentlich aktenkundig! Er ist in den zwischen 1928 und 1946 von den verschiedenen Senats- und Kongress-Ausschüssen veröffentlichten Protokollen und Berichten offizieller Anhörungen zu finden. Zu den wichtigsten Dokumenten gehören dabei *House Subcommittee to Investigate Nazi Propaganda* (Unterausschuss des Hauses zur Erforschung der Nazipropaganda) von 1934, die vom *House Temporary Economic Committee* (Befristeter Wirtschaftsausschuss des Hauses) im Jahre 1941 veröffentlichten Kartellberichte sowie *Senate Subcommittee on War Mobilization* aus dem Jahr 1946.

Nach dem Krieg wurde jeder Anhaltspunkt, dass Hitler vom Westen gefördert wurde, bei den alliierten Gerichtsverfahren zur Erforschung der Naziverbrechen einfach übergangen. Drei deutsche Aufsichtsratsmitglieder der I.G. Farben wurden vom Nürnberger Kriegsverbrechertribunal für schuldig erklärt, die amerikanischen Aufsichtsratsmitglieder – Edsel Ford, Edward Mitchell, Walter Teagle und Paul Warburg – wurden in Nürnberg allerdings gar nicht vor Gericht gestellt. Soweit den Protokollen zu entnehmen ist, wurden sie nicht einmal über ihr Wissen zu der Hitlerfinanzierung von 1933 befragt.

Viele Historiker können die Frage, was Adolf Hitler dazu gebracht hat, 1940 die Invasion Englands abzubrechen und England nicht länger anzugreifen nicht beantworten. Auf Befehl Hitlers wird der geschlagenen englischen Armee von 330.000 Soldaten der freie Abzug nach England gestattet. Ein einmaliger Fall in der gesamten menschlichen Geschichte.

Gab es eine Vereinbarung? Wurde der englische Armee freie Abzug gestattet um später zurückkehren? Das gleiche gilt für den Krieg mit Russland: Warum gab es einen Russlandfeldzug, wo jeder im Voraus wusste, dass dies eine verlorene Schlacht sein würde? Ein schlagender Beweis dafür, dass Adolf Hitler mit den Alliierten gemeinsame Sache machte?

Es ist für uns heute äußerst schwer vorzustellen, dass Hitler den Befehl erhalten haben soll, einen Krieg zu beginnen und ihn dann verlieren gehen zu lassen. Nur diejenigen, die verstanden haben, dass die wirklich Mächtigen des Dritten Reichs in der uns inzwischen wohlbekannte Weltelite zu finden sind, werden das Geheimnis im Geheimnis aufdecken können. Alle anderen werden sich weiterhin fragen, wer wirklich verantwortlich war. Es gab viele Leute, auf die Hitler hörte: im Großen und Ganzen waren es dieselben, die ihm auch zur Macht verholfen hatten.

## Kapitel 4
# Hitler und die Errichtung des Staates Israel

"Auch wenn es seltsam klingen mag: der Staat Israel ist ein Bestandteil von Adolf Hitlers Tausendjährigem Reich. Ohne den ungeheuren Einfluss von Nazismus und Antisemitismus hätten die Vereinten Nationen der Gründung eines jüdischen Staates im arabischen Palästina niemals zugestimmt."
*Jüdische Historiker Professor Bruno Blau (1951)*

Während Hitlers Herrschaft gab es nur eine jüdische Gruppe, die von die Nazis vehement unterstützt wurde: die Zionisten. Es gab sogar ein Auswanderungsabkommen zwischen das Dritte Reich und Zionisten. Bei dieser Behauptung handelt es sich nicht etwa um eine Verschwörungstheorie, sondern um historische Tatsachen. Viele jüdische Gelehrte haben über das damalige Auswanderungsabkommen geschrieben haben. Wir kommen im weiteren Verlauf dieses Kapitels noch ausführlich hierauf zurück.

Die Machthaber, die Hitler finanziert haben und zur Macht verholfen, haben ebenfalls die Zionisten gefördert und finanziert. Zusammen stehen sie am Beginn des heutigen Staates Israel. Die Gründung eines israelischen Staates in Palästina zu gegebener Zeit war ein sorgfältig geplantes Programm unserer Machtelite.

Die hauptsächlichen Geldgeber des Zionismus waren die Großbanken Rothschild, Kuhn, Loeb & Co, Warburg und Rockefeller.

Uns interessiert hier nicht die Rolle, die der Staat Israel auf globaler Ebene spielen sollte, sondern wie die Machthaber es bewerkstelligten, dass Israel schließlich gegründet wurde.

Eines der größten Probleme unserer Machthaber war, dass die meisten europäischen Juden keinerlei Absichten hatten, nach Palästina auszuwandern. Der durchschnittliche Jude war wohlhabend, gebildet und in die Gesellschaft voll integriert. Sie wollten keinesfalls in eine Wüstenlandschaft auswandern.

Deshalb wurden weltweit fanatische Kampagnen gegen die Juden durchgeführt. Alle Mühen, die Juden zu überzeugen, waren aber umsonst, ja viele von ihnen widersetzten sich offen dem Zionismus. Die Juden im Dritten Reich waren zu 97% nichtzionistisch.

In seinem Buch *Die ungelöste Judenfrage* (Berlin 1977) spricht der jüdische Schriftsteller Isaak Deutscher ein interessantes Phänomen an:

*Schon vor, aber auch noch während und nach dem Aufstieg des Nationalsozialismus lehnte es die Mehrheit der Juden ab, dem Ruf des Zionismus zu folgen.*

Wenn wir der offiziellen Geschichtsschreibung Glauben schenken dürfen, war mit Hitlers Machtübernahme – in voller Übereinstimmung mit dem Plan der Machthaber – die Absicht verbunden, die Auswanderung der Juden zu beschleunigen. Um dieses Ziel zu erreichen, musste als erstes der Einfluss jüdischer Kreise auf Politik, Wirtschaft und Kultur ausgeschaltet werden.

Die Judenverfolgung in Deutschland eröffnete unseren Machthaber ganz neue Möglichkeiten für ihren Plan einer massenhaften Übersiedlung deutscher Juden nach Palästina. So brachte der damalige Vorsitzende des Exekutivkomitees der *Jewish Agency* und spätere Premierminister Israels, David Ben Gurion, seine Hoffnung zum Ausdruck, die Verfolgung der Juden möge den Zionismus stärken.[54]

1935 fand Gurion es sogar seine Pflicht persönlich nach Berlin zu kommen. Nach ihm kamen viele andere. Auch kurz nach der Kristalnacht kam erwähnenswerten Besuch. Golda Meir besuchte Eichmann und andere Reichsdeutschen.[55] Wie erklärt man dass der größte Judenhasser aller Zeiten (Adolf Hitler) kurz nach der Kristalnacht mit dem Feind unterhandelt und Verträge abschließt?

Die Zionisten begrüßten die Judenverfolgung, denn dies bedeutete eine Zunahme der Übersiedlung von Juden nach Palästina![56] Und Adolf Hitler spielte dabei die Rolle eines Katalysators.[57]

---

54. Ibidem, 29.
55. Dieter Rüggeberg, *Geheimpolitik*, Wuppertal 2010, p. 37.
56. Ibidem, 29.
57. *Vrij Nederland*, 2. Dezember 1978.

Dem israelischen Historiker und Journalisten Tom Segev zufolge reiste wenige Monate nach Hitlers "Machtübernahme" Leo Baeck, Präsident einer Freimaurer Loge und ein bedeutender Vertreter des Zionismus nach Berlin um mit den Nazis über die Auswanderung von Juden nach Palästina und die Mitnahme ihres Eigentums zu verhandeln.[58] Die Zionisten versuchten möglichst günstigste Bedingungen für die Auswanderung nach Palästina auszuhandeln.

Die Nazigrößen akzeptierten die meisten der von den Zionisten gemachten Vorschläge und bereits im Mai 1933 konnte das erste Wirtschaftsabkommen unterzeichnet werden, das den im selben Jahr abgeschlossenen Haavara-Auswanderungsabkommen vorbereiten sollte.[59]

Die sich ergänzenden Interessen von Naziregierung und zionistischer Bewegung bildeten die Grundlage für den Haavara-Vertrag.[60]

1935 lief das erste Schiff mit einer Hakenkreuzflagge auf der Mast von Bremerhaven nach Palästina aus.

In einer 1972 veröffentlichten Broschüre schreibt der ehemalige Direktor von Haavara, Werner Feilchenfeld, der Haavara-Vertrag sei von 1933 bis 1941 angewendet worden.

Der Haavara-Vertrag gestattete deutschen Juden, die nach Palästina auswandern wollten, ihr Geld auf ein Sonderkonto der in Warburg-Besitz befindlichen "Privat-Bank" in Hamburg zu überweisen.

Diese Fonds wurden dazu verwendet, um in Deutschland Landmaschinen, Baumaterial, Pumpen und ähnliches für die zukünftigen Siedlungen in Palästina zu kaufen. Alle diese Erzeugnisse wurden dann nach Palästina (Tel Aviv) zur dort ansässigen Haavara-Gesellschaft überführt, von wo aus sie verkauft wurden. Die Verkaufserlöse wurden dann an die eingewanderten Juden weiter-

---

58. Tom Segev, *Die Siebte Million - Der Holocaust und Israels Politik der Erinnerung*, Hamburg 1995, 30.
59. Haavara ist das hebräische Wort für "Übersiedlung".
60. Die Zionistische Weltorganisation bestätigte am 20. August 1935 anlässlich ihrer Konferenz im schweizerischen Luzern den Haavara-Vertrag. Diese Organisation übernahm die gesamte Verwaltung und Ausführung der Transaktionen.

gereicht. Die Aufteilung des Besitzanspruchs an solchen Produkten auf mehrere Einwanderer entsprechend der Höhe ihrer Geldanlagen bei der Privat-Bank war genau geregelt.

Auf diese Weise belebte der Haavara-Vertrag sehr stark den Außenhandel mit Palästina. Im Gegenzug konnte der Zionismus seinen Bedarf an jüdischen Einwanderern und an Kapital in Form langlebigen Materials decken.

Deutschland profitierte enorm von diesem Handelsabkommen, das ihm zwischen 1933 und 1939 die stolze Summe von knapp 106 Millionen Reichsmark eintrug.[61]

Die Warburgs spielten eine bedeutende Rolle bei der Haavara-Vereinbarung. Während der ersten Jahre, in denen der Vertrag in Kraft war, war Max Warburg dafür verantwortlich, dass der Haavara-Vertrag eingehalten wurde. Später übergab Max Warburg diese Verantwortung an seinen Bruder Felix Warburg, der die jüdischen Übersiedlungen mit Hilfe von Dividenden und Anleihen beträchtlich steigern konnte.

Alle, die in Betracht zogen, irgendwann einmal nach Palästina auszuwandern, konnten ihre Fonds im Voraus deponieren, aber erst einmal in Deutschland weiterleben.

Sie hatten freien Zugriff auf ihr Geld in Form von Krediten der jüdischen Gemeinde in Palästina. Sie konnten sich aber auch dafür entscheiden, ihr Geld in Palästina zu investieren. Sie konnten sogar zehn Jahre im Voraus ihre Krankenversicherungsbeiträge bezahlen!

Der Haavara-Vertrag bot auch Interessierten die Möglichkeit, Palästina zu besuchen bevor sie sich endgültig entschieden, dort einzuwandern oder nicht. Sie bezahlten dann ihre Reisekosten im Voraus und erhielten dafür Vouchers, die sie in ganz Palästina verwenden konnten.[62]

Als die Auswanderungen nach Palästina begannen, zahlte die Privat-Bank Vorschüsse in Höhe von 1.000 Palästinischen Pfund

---

61. Tom Segev, *Die Siebte Million - Der Holocaust und Israels Politik der Erinnerung*, Hamburg 1995, 43.
62. Werner Feilchenfeld; Dolf Michaelis, Ludwig Pinner, *Haavara-Transfer nach Palästina und Einwanderung deutscher Juden 1933-1939* (Leo Baeck Instituts Nummer 26), Tübingen 1972, 49.

an alle, die bereit waren, nach Palästina auszuwandern.⁶³

Die Zuteilung palästinischen Geldes war damals eine große Ausnahme, in deren Genuss ausschließlich deutsche Juden kamen, die in dieses Land einwanderten.

Dies hebt Abraham Barkai, ein israelischer Historiker, in seinem Buch *Vom Boykott zur Entjudung* hervor. Die jüdischen Einwanderer mussten bei ihrer Einreise einen Mindestbetrag an Palästinischen Pfund vorlegen, um zu beweisen, dass sie das nötige Geld zum Überleben und zur Gründung einer neuen Existenz hatten. Ihr restliches Geld erwartete sie auf Privatkonten, die von der Haavara-Bank zur Verfügung gestellt wurden.

Bei ihrer Einwanderung bekamen die Juden alle Möbel und alles andere, was sie benötigten, um sich eine neue Existenz aufbauen zu können, wie Maschinen oder Werkzeuge. Um erfolgreich Gartenbau und Landwirtschaft zu betreiben, sorgte Himmler dafür, dass viele Einwanderer eine Landwirtschaft Ausbildung erhielten.

Tom Segev zufolge erhielten viele jüdische Einwanderer, die gezwungen worden waren, ihren Arbeitsplatz in Deutschland aufzugeben, weiterhin monatlich deutsche Sozialhilfe ausbezahlt.

Viele private Personenwagen, aber auch ganze Bibliotheken an klassischer wie an moderner Literatur, sowie wertvolle Möbelstücke, fanden ihren Weg nach Palästina. Nicht zu vergessen die beträchtlichen Vermögen, die die Juden mit in ihre neue Heimat brachten. Wie der jüdische Historiker Edwin Black bezeugt, wurde es "*besonders in den späten dreißiger Jahren den Auswanderern nach Palästina erlaubt, den Wert ihrer Häuser und Fabriken dorthin zu transferieren*".

Nach Blacks Berechnungen ist durch Übereinkünfte und internationale Banktransfers ein Gesamtbetrag von 70 Millionen Dollar nach Palästina gelangt. Der Zufluss von Kapital aus Deutschland hatte einen gewaltigen Einfluss auf ein Land wie Palästina, das zu dieser Zeit noch als Entwicklungsland angesehen wurde.

---

63. Der Haavara-Vertrag ermöglichte es auch minderbemittelten Juden auszuwandern. Die Vorschüsse über 1000 Palästinische Pfund wurden mit den Einnahmen aus dem Handelsabkommen mit Palästina finanziert. Der Wert des Palästinischen Pfundes entsprach damals ungefähr dem des Britischen Pfundes.

Große Industrieanlagen wurden an Ort und Stelle nachgebaut; unter anderem das Wasserreinigungswerk *Mekoroth* und das Textilwerk *Lodzia*. Nach Edwin Black hatte der durch den Haavara-Vertrag ermöglichte enorme Zufluss an Wirtschaftsgütern und Kapital wesentlichen Anteil am wirtschaftlichen Wachstum und an der Gründung des Staates Israel.[64]

In einer im Januar 1939 veröffentlichten Broschüre wird selbst von regierungsamtlicher Seite eingeräumt, dass die Neugründung eines jüdischen Staates in Palästina dem – durch den Haavara-Vertrag ermöglichten – Transfer jüdischen Eigentums aus Deutschland zu verdanken ist.[65]

In einer von Dr. Werner Feilchenfeld in Auftrag gegebenen, von einem einflussreichen Mitglied der Haavara-Gesellschaft verfassten und vom Leo Baeck Institut veröffentlichten rechtsgeschichtlichen Publikation mit dem Titel *Haavara-Transfer nach Palästina und Einwanderung deutscher Juden 1933-1939* wird festgestellt:

*Der Zufluss deutschen Kapitals durch die auf der Grundlage des Haavara-Vertrags getätigten Handelsgeschäfte war von großer Bedeutung für den Wiederaufbau des Landes, sowohl auf privatem wie auch im öffentlichem Gebiet. Viele neue Industrie- und Handelsunternehmen wurden im Jüdischen Palästina gegründet. Es sind auch viele Firmen, die für die heutige israelische Wirtschaft von existentieller Bedeutung sind, aus ihnen hervorgegangen. Ein gutes Beispiel dafür ist die Firma Mekoroth, die ganz Israel mit Trinkwasser versorgt. Zwischen 1933 und 1940 haben sich die Anzahl und die Größe der jüdischen Siedlungen verdoppelt. Dies war nur möglich durch die Darlehen, die im Rahmen des Haavara-Vertrags gewährt wurden.*[66]

Trotz der günstigen Bedingungen, die der Haavara-Vertrag für die deutschen Juden und die Zukunft Palästinas schuf, war der Widerstand gegen ihn groß. Die Verhandlungen hinter den Kulissen werden von Edwin Black in seinem Buch *The Transfer Agreement* (Die Transfer-Vereinbarung) ausführlich beschrieben. Für Black ist

---

64. Edwin Black, *The Transfer Agreement - The untold Story of the Secret Agreement between the Third Reich and Jewish Palestine*, New York 1984, 373, 379, 382.
65. IMT, 32, 243, Dokument 3358-PS.
66. Ingrid Weckert, *Feuerzeichen*, Tübingen 1989, 222.

es schwer zu verstehen und noch schwerer zu erklären, dass es einen zwischen dem Dritten Reich und der zionistischen Organisation zugunsten des Staates Israel abgeschlossenen Vertrag gegeben haben soll.

Allerdings lief in Palästina auch nicht alles glatt. Die palästinischen Unternehmen sahen in der faktischen Monopolstellung der Haavara-Organisation mit Blick auf den Import deutscher Produkte eine Bedrohung ihrer Marktstellung.

Insbesondere widersetzten sich die aufkeimenden jüdischen Handels- und Industrieunternehmen dem Import preiswerter Produkte aus Deutschland. Die Haavara-Organisation reagierte auf diese Beschwerden, indem sie den Import erschwerte, um so den Markt zugunsten einheimischer Produkte zu schützen (die sogenannte Tozeret-Haarez-Protektion).

Für clevere Unternehmer gab es verschiedene Möglichkeiten, aus dem Vertrag Nutzen zu ziehen, vor allem durch geschicktes Navigieren. So kam es, das manche Unternehmer zwar die Teile für ihre Maschinen via Haavara-Vertrag aus Deutschland importierten, dann aber die Importrestriktionen zum Nachteil (rein) einheimischer Produkte anwendeten. Dieses Verhalten wirkte sich so gleichzeitig negativ auf die Nachfrage nach ausländischen Produkten und positiv auf die Handelsbilanz der Haavara-Organisation aus.

Das Hauptanliegen des Haavara-Vertrags mit den Nazis war es, Juden dazu zu bewegen, nach Palästina auszuwandern. Die Juden sollten sich vollkommen im Klaren darüber sein, dass eine Auswanderung nach Palästina die einzige Chance für sie war zu überleben. So wurden die Geldanlagen von Juden, die es vorzogen, in benachbarte Länder auszuwandern, eingefroren! Alle, die vorhatten, nach Palästina auszuwandern, erhielten dagegen jede dafür nötige Hilfestellung.

Das Außenhandelsministerium, das Mitteleuropa-Ministerium, das Außenministerium und das deutsche Konsulats in Jerusalem, unterstützten gemeinsam die zionistische Politik. Das Ministerium für innere Angelegenheiten war für die Organisation der Auswanderungen zuständig während das Wirtschaftsministerium die Massenauswanderung förderte und sich um den Haavara-Vertrag und seine ökonomischen Auswirkungen kümmerte.

Der Amerikaexperte und Historiker Francis Nicosia beleuchtet in seiner, an einer amerikanischen Universität erstellten Doktorarbeit einerseits die Beziehung zwischen der Nazi-Regierung und den deutschen Zionisten, andererseits die Verfolgung von Juden in der Zeit zwischen Adolf Hitlers Machtergreifung und dem Ausbruch des Zweiten Weltkriegs. Wie Nicosia ausführt, förderte die deutsche Regierung, insbesondere aber die SS, die Auswanderung von Juden nach Palästina, indem sie auf verschiedenen Gebieten praktische Entwicklungshilfe leistete. Die SS war von Anfang an aktiv an der Beeinflussung deutscher Juden beteiligt. Sie bildete junge Juden in speziellen Militäreinrichtungen aus.[67] Die SS förderte mit allen Mitteln die Massenauswanderung und ging so weit, auch Juden, die sich selbst als Deutsche ansahen, unter Druck zu setzen. Ihnen wurde in staatlichen, von der SS geführten Schulen ihre jüdische Herkunft und Identität bewusst gemacht. Auch jüdische soziokulturelle Einrichtungen verschiedener Art wurden zu diesem Zweck eingesetzt. Wenn die Juden sich ihrer Herkunft und Identität erst einmal bewusst wären, wären sie eher geneigt, nach Palästina auszuwandern.[68]

Sämtliche Maßnahmen zur Förderung der Auswanderung deutscher Juden fielen in die Zuständigkeit der SS und der Gestapo, einschließlich der speziellen Militär- und Schulungseinrichtungen.

Im Lauf der Jahre vermehrten sich die Verbindungen zwischen Nazis und Zionisten. Die Zionisten waren davon überzeugt, dass Umschulungsmaßnahmen sich auf die Auswanderung von Juden nach Palästina positiv auswirken würden, weshalb sie ein ausgedehntes Netz an Schulungszentren planten, das von der SS finanziert und errichtet werden sollte.

Auch die dafür benötigten Grundstücke stellte größtenteils die SS zur Verfügung. Die Umschulungsprogramme zielten in erster Linie auf junge Juden ab, die noch nicht im Berufsleben standen.

---

67. Douglas Dietrich, ehemaliger Bibliothekar und Aktenvernichter beim US-Militär, hat jahrelang Notizen über Geheimdokumente angefertigt. Gemäß Dietrich wurden die Juden von General Rommel in der Taktik des Panzerkriegs ausgebildet. Nur deswegen, gelang es ihnen die Araber in mehreren Waffengängen zu besiegen. Siehe ebenfalls *Nexus*, Ausgabe 42, 2012, 50.
68. *Lagebericht*, Mai/Juni 1934, 106.

Sie sollten ihnen all die Kenntnisse und Fertigkeiten vermitteln, die sie in Palästina benötigen würden. Über das ganze Deutsche Reich hin spannte sich ein riesiges Netz solcher Schulungszentren, an denen zionistische Lehrer Juden auf ein künftiges Leben in Palästina vorbereiteten.[69]

Es mag seltsam klingen, aber es war tatsächlich die Gestapo, an die sich viele Juden hilfesuchend wandten, wenn sie von anderen Staatsbeamten bedroht wurden oder auf andere Weise in Gefahr geraten waren. Nachdem das Gebäude der Jüdischen Auswanderungsbehörde in der Berliner Meinekenstraße in der unrühmlichen Reichskristallnacht im November 1938 erheblich beschädigt worden war, war es die SS, die alles in ihrer Macht stehende tat, damit die Behörde baldmöglichst ihre Arbeit wieder aufnehmen konnte.

Die SS-Offiziere gewährten Zionisten, Liberalen und loyalen Juden im Unterschied zu den Antizionisten eine Vorzugsbehandlung. Antizionisten wurden gefangen genommen und erst dann wieder freigelassen, wenn sie ihrer Auswanderung nach Palästina zustimmten.

Nach dem Anschluss Österreichs durch Adolf Hitler im Jahre 1938 wurde Adolf Eichmann Vorsitzender der Zentralstelle für jüdische Auswanderung in Wien. In dieser Eigenschaft trafen sich Eichmann und sein Stab regelmäßig mit führenden Zionisten wie, David Ben Gurion in einem Flügel des Rothschild-Palasts.[70]

Eine Folge der geheimen Verbindungen zwischen Nazis und Zionisten war es, dass Offiziere wie Eichmann regelmäßig nach Palästina kamen. Es sollen dort auch Regionalverbände der Nazipartei bestanden haben.[71]

---

69. In Lobitten, Kreis Königsberg, Flensburg, Altona, Hamburg, Stettin, Berlin, Hannover, Caputh, Magdeburg, Gut Winkel, Schniebinchen, Neuendorf, Bomsdorf - Kreis Bitterfeld, Breslau, Grusen/Frankenberg, Leipzig, Kronstadt, Dresden, Klein Silsterwitz, Köln, Preiskretsch, Bonn, Guttentag, Charlottental, Beuthen, Stuttgart, Augsburg, München, Gut Winkelhof und Fischach.
70. Tom Segev, *Die Siebte Million - Der Holocaust und Israels Politik der Erinnerung*, Hamburg 1995, 47.
71. Francis Nicosia, *Hitler und der Zionismus*, Leoni am Starnberger See 1990, 88.

Nicosia zufolge kam es so weit, dass 1937 die deutsche Regierung über sein Außenministerium erklären ließ, dass den Nazis in Palästina die Verbreitung antisemitischer Propaganda verboten sei. Der antijüdische Affekt der palästinensischen Araber sollte nicht geschürt werden, da dies negative Auswirkungen auf das deutsche Auswanderungsverfahren für Juden hätte haben können. Darüber hinaus hätte dies zu Verwirrungen unter den zur Auswanderung nach Palästina bereit stehenden Juden geführt.

Nach dem Anschluss Österreichs wurden auch dort Schulungszentren errichtet. Adolf Eichmann selbst überwachte diese Vorgänge. Zur Bekämpfung illegaler Auswanderungen schloss er sich der Gestapo an. Auswanderergruppen von bedeutender Größe bekamen auf ihrem Weg nach Österreich regelrechten Geleitschutz durch die SS.

Hanna Arendt berichtet in ihrem Buch *Eichmann in Jerusalem* davon. Eichmann habe während seines Prozesses in Jerusalem ausgesagt, er habe das Leben hunderttausender Juden gerettet.[72]

Mit Erlaubnis der Nazis konnte die jüdische Jugendvereinigung Betar ihre Arbeit in Österreich fortsetzen. Wie in früheren Zeiten gab es Treffen, Wanderungen, Sommerlager, Segel- und andere Sportangebote. Auch Landwirtschaftskurse waren im Programm. Den Mitgliedern dieser Jugendvereinigung war es erlaubt, weiterhin ihre vollständige Uniform zu tragen, ja sogar – in voller Übereinstimmung mit dem Zeitgeist – Flugblätter mit faschistischen Inhalten zu verteilen. Als eine SS-Einheit das Betar-Jugendlager überfiel, nahm der Gruppenleiter Verbindung zur Gestapo auf, die sogleich eine Vergeltungsmaßnahme ankündigte. Später gab die Gestapo die Bestrafung der betreffenden Einheit bekannt.

Von Beginn an wurde der Haavara-Vertrag von den Nazis unterstützt, ab 1935 nahm allerdings die Kritik an der Auswanderungspolitik und der Anwendung des Vertrags zu. Der Geheimdienst der SS befürchtete, dass ein jüdischer Staat ein Bollwerk für die Juden werden könne, von dem aus sie das Deutsche Reich angreifen könnten. Von 1937 an wandten sich die meisten Regierungs- und Parteieinrichtungen vom Haavara-Vertrag ab.

---

72. Hannah Arendt, *Eichmann in Jerusalem - Ein Bericht von der Banalität des Bösen*, München 1965, 90-91.

In einem persönlichen Erlass von Hitler wurde sie dafür getadelt. Er ignorierte alle Ratschläge seiner Wirtschaftsexperten. Hitlers Hintermänner hatten ihm den Befehl gegeben: *Der Haavara-Vertrag ist um jeden Preis ausgeführt zu werden!* Offiziell heißt es, dass Hitler der Meinung war, die Auswanderung der Juden überrage an Bedeutung sämtliche wirtschaftspolitischen Erwägungen.

Dr. Yehuda Bauer vermutet, dass der Haavara-Vertrag zwar einerseits eine bedeutende Geldquelle für die Gründung Israels erschlossen, andererseits aber für das Deutsche Reich ein Verlustgeschäft bedeutet habe.

In seinem Buch *Freikauf von Juden?* schreibt Dr. Yehuda Bauer:

*Die Beträge sind beeindruckend; zweifelsohne haben sie die Errichtung des jüdischen Staates erst möglich gemacht.*[73]

Der israelische Politiker und Antizionist Uri Avnery weist in seinem Buch *Israel ohne Zionisten* nach, dass die führenden Zionisten während des Krieges praktisch nichts unternommen haben, um den europäischen Juden zu helfen.[74] In ihren Augen konnten philanthropische Rettungsversuche in Europa, ja selbst die Rettung von Juden in Deutschland, dem Staat in Palästina nur schaden.

Da die meisten von ihnen nichts außer ihren Einwanderungspapieren nach Palästina mitbrachten, wurden sie als *unerwünschtes Menschenmaterial* angesehen. Die zionistischen Leiter der Einwanderungsbehörden in Palästina waren sich völlig einig:

*Im Blick auf Palästina sind 90% dieser Juden unbrauchbar.*[75]

In einem in den Archiven des Zionismus in Jerusalem aufbewahrten Bericht des "Rettungskomitees" wird folgende hochinteressante Überlegung dokumentiert:

*Wen gilt es eigentlich zu retten? Sollen wir prinzipiell alle retten, die in Not sind? Oder sollen wir nicht vielmehr das Ganze in eine zionistische*

---

73. Dr.Yehuda Bauer, *Freikauf von Juden?* - *Verhandlungen zwischen dem nationalsozialistischen Deutschland und jüdischen Repräsentanten von 1933 bis 1945*, Frankfurt am Main 1996, 336.
74. Uri Avernery, *Israel ohne Zionisten*, Gütersloh 1969, 94.
75. Tom Segev, *Die Siebte Million - Der Holocaust und Israels Politik der Erinnerung*, Hamburg 1995, 53.

*Aktion umwandeln und nur diejenigen retten, die für den Aufbau des Landes Israel und des Judentums brauchbar sind?*[76] *Wenn wir insgesamt doch nur einige Zigtausend statt einer Million Menschen retten können, sollten wir dann nicht nur diejenigen retten, die für den Wiederaufbau der jüdischen Nation verwendet werden können, trotz aller Bitten und Vorwürfe der übrigen? Es ist wichtig, junge, gut ausgebildete Pioniere zu retten, die in der Lage sind, zionistische Aufbauarbeit zu leisten.*[77]

Der Bericht spricht von *das beste Material*, um damit diejenigen zu bezeichnen, die als der Rettung würdig angesehen werden.

Mit anderen Worten: alle Zionistenführer vertraten eine nichtjüdische Politik. Selbst Chaim Weizmann, einer der bedeutendsten Köpfe des Zionismus, hatte nichts anderes als die Besiedlung Palästinas im Blick. Bei Gelegenheit sagte er einmal:

*Lieber will ich den Untergang der deutschen Juden erleben als den Untergang des Staates Israel.*[78]

Die Verantwortlichen hatten nur die Interessen Israels im Visier. Sie sahen es nicht als ihre Aufgabe an, europäische Juden zu retten. Die Aufgabe bestehe darin, ließ David Ben Gurion in einer Botschaft von der *Jewish Agency* verbreiten, den israelischen Staat aufzubauen.[79]

Drei Wochen nach der Reichskristallnacht erklärte Ben Gurion:

*Selbst wenn ich mir sicher sein könnte, dass das Leben aller jüdischen Kinder in Deutschland gerettet werden könnte, wenn man sie nach England brächte, aber nur die Hälfte von ihnen, wenn sie nach Palästina gebracht würden, würde ich dennoch das letztere wählen.*

Bei einer Sitzung des Zentralkomitees am 7. Dezember 1938 brachte Ben Gurion seine Erwartung zum Ausdruck, das mensch-

---

76. Die britische Regierung hatte der zionistischen Organisation das Recht übertragen, nach festen Kriterien Einwanderungsgenehmigungen auszustellen.
77. Tom Segev, *Die Siebte Million - Der Holocaust und Israels Politik der Erinnerung*, Hamburg 1995, 139.
78. J.G. Burg, *Schuld und Schicksal*, Oldendorf 1972, 5.
79. Tom Segev, *Die Siebte Million - Der Holocaust und Israels Politik der Erinnerung*, Hamburg 1995, 115.

liche Gewissen werde viele Staaten nach den Geschehnissen der Kristallnacht dazu bewegen, ihre Grenzen jüdischen Flüchtlingen aus Deutschland zu öffnen. Darin sah er eine Bedrohung und er warnte:

*Der Zionismus ist in Gefahr!*

Vergessen wir nicht, dass der Antisemitismus während des Nazi-Regimes bald erschreckende Formen annahm.

Je mehr sich die Lebensbedingungen für die deutschen Juden verschlechterten, umso mehr nahmen auch die Auswanderungsgesuche nach Palästina zu.

Erst als die britische Regierung 1939 beschloss, die Einwanderung zu begrenzen, kam der jüdische Exodus nach Palästina ins Stocken.

Es ist eine große Schande, dass die Engländer mehrere Flüchtlingsschiffe, die bereits in Küstennähe waren, von dort wieder verjagten. 600 Juden mussten deshalb vor der Küste Palästinas ertrinken.

Über Jahre hinweg wurden wir mit Lügenmärchen über die Passagiere der Transferschiffe *Patria* und *Struma* abgespeist. Sie hätten aus Protest gegen die Weigerung der britischen Mandatsträger, sie in Palästina an Land gehen zu lassen, freiwillig das Seemannsgrab im Mittelmeer gewählt. Diese falsche Darstellung der Ereignisse jener Tage hat bis heute die Stimmung in der Öffentlichkeit unnötigerweise angeheizt.

In der zweiten Novemberhälfte 1940 trafen eine Reihe von Schiffen aus Europa mit Tausenden von jüdischen Flüchtlingen an Bord, darunter die *Patria* und die *Milos*, vor der palästinischen Küste ein. Die meisten der von der Jüdischen Einwanderungsagentur unglücklicherweise nicht registrierten Flüchtlinge waren Alte oder Kinder.

Obwohl die Agentur im Besitz von 29.000 Einreisevisa war, die sie für sie hätte verwenden können, war sie der Ansicht, diese jüdischen Einwanderer verdienten keine derartigen Bescheinigungen und lehnte deren Gesuche, in palästinische Häfen einzudocken, kategorisch ab.[80] Vor dem Hintergrund der abweisenden Haltung der Agentur begannen die Briten damit, die Passagiere der beiden

---

80. So der britische Kolonialminister Oliver Stanley am 3. Februar 1943.

Schiffe auf einem anderen Schiff, der im Hafen von Haifa liegenden *Patria*, zu sammeln, die sie dann auf die Insel Mauritius bringen sollte. Die Jüdische Agentur hatte jedoch andere Pläne. Sie beschloss, das Leben der Einwanderer als Einsatz in einem politischen Lotteriespiel zu verwenden. Von Hagannah-Aktivisten wurden Bomben an Bord des Schiffes gebracht, die nicht nur das Leben der 1.783 Passagiere in Gefahr bringen, sondern dieses auslöschen sollten, da das Schiff mit diesen Bomben gesprengt wurde.[81]

Ein anderes Schiff, dessen Passagiere ertranken, war die *Struma*. Anfang Februar 1942 landete die *Struma* mit 769 europäischen Auswanderern an Bord in Istanbul. Diese Reise hatte Abraham Stoufer organisiert. Er sammelte bei den örtlichen Gemeinden Geld in Form von Fonds, um damit Schiffe zu mieten für alle, die der Naziholle entfliehen wollten. Seine Vorgehensweise war eine völlig andere als die der Zionisten, die eine Selektion der Einwanderer vornahmen und nur diejenigen einwandern ließen, die in der Lage schienen, in den Siedlungen zu arbeiten. Unglücklicherweise gehörte Stoufer nicht zu dem Team der jüdischen Emissäre, die von der Zionistischen Bewegung nach Europa gesandt worden waren und hatte somit keine Genehmigung von Eichmann für das, was er tat.[82]

Die *Struma* ging unter. Zu fragen wäre: War ihr Untergang ein unverhoffter Seeunfall oder geht er auf einen gezielten Terrorakt zurück, wie es bei der *Patria* bereits der Fall war? Was auch immer die Ursache für den Untergang des Schiffes war: die Zionisten zogen ihren Vorteil daraus, indem sie sich damit das Mitleid und die Unterstützung der Weltöffentlichkeit zur Öffnung der Tore Palästinas erkauften. Wie der stellvertretende Premierminister Israels, Mosche Scharett kommentierte, *gab es keinen anderen Weg*.

Beklagenswert ist es auch, dass die Vereinigten Staaten alles in ihrer Macht Stehende taten, um die Übersiedlung von Juden aus Deutschland zu begrenzen. Der jüdische Einfluss in den USA scheint zwar stark genug gewesen zu sein, um die Wahl Roosevelts zum Präsidenten durchzusetzen, bedauerlicherweise aber nicht

---

81. Naeim Giladi, *Ben-Gurion's Scandals: How the Haganah and the Mossad eliminated Jews*, Tempe (Arizona) 2003, 75-79.
82. Ibidem, 75-79.

stark genug, wenn es darum ging, den deutschen Juden zu helfen!

Doch lassen wir erst einmal die Frage nach den tieferen Beweggründen der Engländer, Amerikaner und Zionisten beiseite und sehen uns ein Zitat aus dem Buch des jüdischen Verfassers J. G. Burg *Schuld und Schicksal* an:
*Je mehr Unrecht die Juden in der Welt erleben müssen, je mehr sie verfolgt werden, desto besser stehen die Chancen der Zionisten.*[83]
Wenn es nach der Naziregierung gegangen wäre, waren wesentlich mehr Juden aus Deutschland ausgewandert. Die britische Regierung und besonders die offizielle Zionistische Bewegung versuchten jedoch, unerwünschte Juden davon abzuhalten, in das britisch besetzte Palästina überzusiedeln!

Der Haavara-Vertrag wurde bis zur Mitte des Zweiten Weltkriegs umgesetzt. Trotzdem wurden noch neue Fäden zwischen Nazis und Zionisten gesponnen. Die Einheit unter ihnen wurde nie aufgegeben. Israels führender Holocaustforscher Prof. Jehuda Bauer berichtet in seinem Buch *Freikauf von Juden?* von einem abschließenden Treffen zwischen Himmler-Gesandten und Norbert Masur, einem Vertreter des Jüdischen Weltkongresses, in Schweden. Diese Begegnung fand im April 1945 statt, unmittelbar vor dem Untergang des Dritten Reiches.

Noch heute erscheinen viele Veröffentlichungen, in denen die nächtliche Flucht deutscher Juden, ihr ganzes Hab und Gut zurücklassend, über die grüne Grenze gegen Hitlers Willen behauptet wird. Eine Flut von Flüchtlingen hat es aber niemals gegeben, sondern die Ausführung eines genauen vorgefassten Planes.

Die Wahrheit ist, dass Hitler alles in seiner Macht Stehende tat, um den Juden (nur *das Beste Material*) zur Auswanderung nach Palästina zu bewegen.[84] Das alles geschah im Auftrag seiner Auftrag- und Geldgeber. Die Auswanderung der Juden nach Palästina wurde im Voraus geplant und unter ständig steigendem Druck durchgeführt.

---

83. J.G. Burg, *Schuld und Schicksal*, Oldenburg 1972, 32.
84. Tom Segev, *Die Siebte Million - Der Holocaust und Israels Politik der Erinnerung*, Hamburg 1995, 139.

Nahum Goldmann, der Prof. Chaim Weizmann als Vorsitzender der Zionistischen Weltorganisation ablöste, verteidigt in seiner Autobiographie *Staatsmann ohne Staat* (Berlin 1970) den Haavara-Vertrag:

*Der Haavara-Vertrag ermöglichte es 80.000 deutschen Juden, nach Palästina auszuwandern; sie haben dort bedeutende Leistungen vollbracht und gehören zu den schöpferischen Kräften, die am Aufbau des Landes beteiligt waren.*

Der Haavara-Vertrag war insofern hilfreich für das Jüdische Palästina weil es damit in die Lage versetzt wurde, nach dem Krieg Hunderttausende von Juden aus aller Welt aufzunehmen und ein unabhängiger Staat zu werden.

Im Nahen Osten hatte der Zweite Weltkrieg eine neue politische Situation geschaffen. Im November 1947 beschlossen die Vereinten Nationen, Palästina auf zwei Staaten, einen jüdischen und einen arabischen, zu verteilen. Den Zionisten reichte das jedoch nicht: sie wollten die Herren über ganz Palästina sein.

Der Zionismus erhielt neue Förderer, deren "Mitleid" mit dem jüdischen Volk es zu einem nicht geringen Teil zu verdanken ist, dass der zionistische Traum mit der Gründung des Staates Israel 1948 Gestalt annehmen konnte.

Es gibt nur wenige Geschichtsforscher und Historiker, die offen eingestehen, dass Hitler ein wirksames Werkzeug in der Hand einer kleinen Elite war, die Hitlers wahre Sendung bis auf den heutigen Tag zu einem schwer durchschaubaren, wohlgehüteten Geheimnis gemacht haben. Die Machthaber, die Hitler an die Macht brachten, wussten genau, was sie taten.

Der Staat Israel ist ein Bestandteil von der kommende Neue Weltordnung. Nicht ohne Grund haben Hitler und die Zionisten die Juden immer wieder als Rasse definiert. Ohne eine jüdische Rasse konnte der Staat Israel nämlich niemals errichtet werden!

Ohne den ungeheureren Einfluss von Nazismus und Antisemitismus hätten die Vereinten Nationen der Gründung eines jüdischen Staates im arabischen Palästina niemals zugestimmt.

## Unterschied zwischen jüdischem und palästinischem Volk

Wie schon erwähnt, bilden die Juden keine eigenständige Rasse. Eine wissenschaftliche Studie des berühmten Genetikers an der Complutense Universität in Madrid und Verfassers eines Buches über den *Ursprung der Palästinenser und ihre genetischen Verbindungen zu anderen mediterranen Populationen*, des spanischen Professors Arnaiz-Villena, bestätigt ebenfalls, daß die Juden keine eigenständige Rasse bilden. Dieser Studie zufolge gibt es, was die genetische Herkunft betrifft, keinen Unterschied zwischen jüdischem und palästinischem Volk: sie haben dieselben Vorfahren! Die zwischen diesen beiden Völkern bestehenden Rivalitäten seien daher auf "kulturelle und religiöse, nicht aber auf genetische Unterschiede" zurückzuführen. Die Studie stellte die Vorstellung von den Juden als Rasse grundlegend in Frage.

Die Studie wurde Anfang 2001 in der Zeitschrift *Human Immunology* veröffentlicht. Die Herausgeber der Zeitschrift hatten damals in der Studie einen wertvollen Diskussionsbeitrag eines genetischen Forschers gesehen. Irgendwann mussten sie jedoch dem Druck der zionistischen Lobby nachgeben, die den Artikel als politisch tendenziös hinstellte und unterstellte, er verbreite 'unangemessene Sichtweisen' bezüglich des palästinisch-israelischen Konflikts.

Die Herausgeberin der Zeitschrift gestand später, man habe ihr mit Kündigung und mit Rücktrittsforderungen von Angestellten gedroht für den Fall, daß sie den Artikel nicht zurückziehe. Akademische Abonnenten der Zeitschrift wurden gebeten, die fraglichen Seiten herauszureißen und wegzuwerfen. In Briefen an Bibliotheken in aller Welt wurden die Bibliothekare gebeten, den Artikel physisch aus den Regalen zu entfernen.

Nach diesen Vorkommnissen wurde Herr Prof. Arnaiz-Villena aus dem Schriftstellerverband entlassen. Angesichts der Eingriffe in das Erscheinen der Zeitschrift und massiver Proteste schrieben einige Wissenschaftler wie der britische Genetiker Sir Walter Bodmer und Dr. Mazin Qumsiyeh vom *Department of Genetics of Yale* einen Brief an die Gesellschaft, in dem sie ihre Unterstützung für Arnaiz-Villena und ihren Protest gegen diese frappierende Art der Zensur wissenschaftlicher Arbeit zum Ausdruck brachten. Ein Wissenschaftskollege kommentierte:

*Das wirklich Bedauerliche an der ganzen Sache ist dies: wenn Arnaiz-Villena den Beweis dafür erbracht hätte, daß das jüdische Volk genetisch nicht wie jedes andere, sondern außergewöhnlich ist, man sein Leben darauf hätte wetten können, daß sich kein Mensch auch nur an einer der in seinem Artikel verwendeten Formulierungen gestört hätte. Es ist schon sehr traurig!*

**Kapitel 5**

# Der Führerbunker

Im Zentrum Berlins, dort, wo sich die Regierungsgebäude befanden, hat man nach Ende des Zweiten Weltkrieges mehr als vierzig Bunker und unterirdische Gänge gefunden. Diese Tunnel waren nicht nur untereinander verbunden, sondern hatten auch Verbindungen zu den verschiedenen Ministerien, der Villa der Familie Goebbels und zu Hitlers Wohnung in der Reichskanzlei. Die neue und die alte Reichskanzlei waren durch den schmalen unterirdischen Kannenberggang verbunden. In den großen Kellerräumen unter der Neuen Reichskanzlei befand sich ein komplett ausgestattetes Krankenhaus mitsamt Operationssaal. Unterhalb der Neuen Reichskanzlei hausten ebenfalls die zweite und dritte Garnitur des Führerstabes, das Führerbegleitkommando, das SS-Begleitkommando unter Sturmbannführer Franz Schädle, das vom Reichssicherheitshauptamt gestellte Kriminalkommando unter dem SS-Führer Johann Rattenhuber und Hitlers letztes Leibregiment, der Gefechtsstand der "Kampfgruppe Mohnke".[85] Sie alle hatten keinen Zutritt zum Führerbunker und sahen Hitler kaum oder nie.

## Vorbunker

Unter dem neu erbauten Festsaal der alten Reichskanzlei lag der Vorbunker. Neben dem Mittelgang befanden sich im Vorbunker sechzehn kleinere Zimmer von etwa vier mal vier Metern. Es gab verschiedene Aufenthaltsräume für die engen Vertrauten Hitlers, Schlafräume, Toiletten und Waschräume sowie eine Küche mit Anrichte und eine bis unter die Decke mit Lebensmitteln gefüllte Vorratskammer. Am Ende des Ganges lag der Wachraum der Zugang zum Hauptbunker bot.

---

85. In die Kampfgruppe Mohnke treten auch Frauen ein.

# Hauptbunker

Hitlers Hauptbunker lag 8,5 Meter unter dem Garten des Festsaals der alten Reichskanzlei an der Wilhelmstrasse 77.

*Der 1935 angebaute Festsaal der alten Kanzlei unter dem sich der Hauptbunker befand. Hitlers Bunker befand sich unter der Gartenterrasse des Festsaals*

Die stählernen gasfesten Zugangstüren zum Hauptbunker wurden rund um die Uhr bewacht und waren immer verschlossen.[86] Einzig Personen die Hitler persönlich zu sich bestellte war der Zugang zum Hauptbunker erlaubt.

Abgesehen von kleineren Empfängen wurden im Hauptbunker ausschließlich Mitarbeiterbesprechungen abgehalten. Jeder Besucher musste seine Waffe an der Garderobe abgeben. An jedem Zugang wurde jeder Besucher auf Waffen kontrolliert. Die einzigen Personen die innerhalb des Bunkers eine Waffe trugen waren die SS-Wachen des Reichssicherheitsdienstes (RSD), der Telefonist Oberscharführer Rochus Misch und Hitler selbst.

Mit dem Bau des Führerbunkers hatte man zu spät begonnen, der Bau war noch nicht fertiggestellt.[87] Es war Überall feucht als Hitler einzog. An einigen Stellen drang Wasser ein, das konstant abgepumpt werden musste. An anderen Stellen war der Zement nicht richtig ausgehärtet.

---

86. Die stählernen gasfesten Zugangstüren des Hauptbunkers dienten wie auch die Türen des Vorbunkers als Luftschleusen.
87. Der Führerbunker maß 312 Quadratmeter.

# Lageplan Bunker

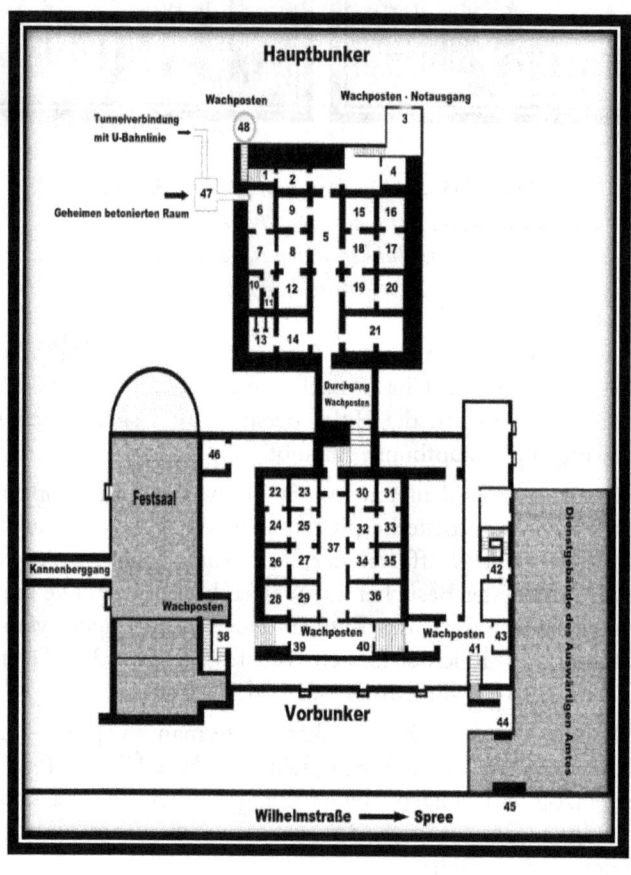

# Klassifikation

1. Treppe zum Observatorium
2. Wache und Hundezwinger
3. Erster Notausgang
4. Unterkunft des RSD
5. Konferenzraum
6. Schlafzimmer Hitlers
7. Arbeitszimmer Hitlers
8. Vorzimmer Hitlers
9. Versammlungsraum
10. Badezimmer Hitlers
11. Zimmer von Eva Braun
12. Schlafzimmer Eva Brauns
13. Stromversorgung
14. Toiletten
15. Schlafzimmer Goebbels
16. Schlafzimmer Stumpfegger
17. Sanitäranlagen
18. Personalraum
19. Fernschreiber und Telefon
20. Alarmzentrale
21. Maschinenraum
22. Personal
23. Personal
24. Personal
25. Personal
26. Vorratskammer
27. Küchen
28. Toiletten
29. Waschraum und Duschen
30. Familie Goebbels
31. Familie Goebbels
32. Familie Goebbels
33. Sekretärin
34. Wache
35. Personal
36. Schlafräume
37. Esszimmer
38. Treppe Reichskanzlei
39. Ausgang Reichskanzlei
40. Notausgang
41. Zweiter Notausgang
42. Treppen Außenministerium
43. Lift Außenministerium
44. Eingang Außenministerium
45. Ausgang Wilhelmstrasse
46. Tunnelnetzwerk
47. Hitlers geheimes Versteck
48. Observatorium/Wachturm

Im ersten Zimmer auf der rechten Seite befand sich der Maschinenraum **(Lageplan 21, S. 66)** mit den Wasserpumpen die den Bunker mit frischem Wasser versorgten sowie dem eigens hierfür angelegten Brunnen. Für die Heizung und die Stromversorgung sorgte ein Dieselgenerator. Der Bunker verfügte ebenfalls über ein spezielles Belüftungssystem das eindringend Frischluft zuerst filterte, um sich so vor einem Giftgasanschlag zu schützen.

Im zweiten Zimmer auf der rechten Seite befand sich die Telefonzentrale mit dem einzigen öffentlichen Sitzplatz im Bunker **(Lageplan 19, S. 66)**. Der Mittelgang des Bunkers war durch eine Tür in zwei Hälften unterteilt. Ganz am Ende des Ganges befand sich die Tür zum Observatorium, dem Hundezwinger, dem Notausgang der in den Garten der alten Reichskanzlei führte und eine kleine Unterkunft für Mitarbeiter des Reichssicherheitsdienstes **(Lageplan 5-1-2-3-4, S. 66)**. Sie waren vor allem mit der Bewachung des Hauptbunkers betraut.

Neben Hitler und Eva Braun hatten auch Hitlers Leibarzt Theodor Morelll und Dr. Stumpfegger eine eigene Unterkunft.[88] Nach seinem Auszug aus dem Bunker Ende April wurde das Zimmer Dr. Morells Reichsminister Goebbels zugewiesen **(Lageplan 15, S. 66)**.

Neben einer Bibliothek in Hitlers Privatraum gab es eine beweg-liche Betonplatte. Dahinter befand sich ein Gang, der nach 500 Metern in einen geheimen Rückzugsraum führte **(Lageplan 15, S. 66)**. Ein anderer Tunnel verband diesen Raum mit dem Tunnel einer U-Bahnlinie.[89]

---

88. Ludwig Stumpfegger war seit 1933 Mitglied der SS. Als Leiter des Chirurgenteams und des Kommandostabs Hitlers war er an Versuchen an Polnischen Mädchen und Frauen im Konzentrationslager Ravensbrück beteiligt.
89. *Time Magazine* vom 23. Mai 1945.

**Kapitel 6**

# Hitlers Selbstmord

Glaubt man den gängigen Erzählungen begingen Adolf Hitler und Eva Braun am 30. April 1945 Selbstmord. Hitler soll sich erschossen haben, Eva Braun soll eine Zyankalikapsel eingenommen haben. Noch am gleichen Tag wurden beide Leichen verbrannt und im Garten der alten Reichskanzlei begraben. Dies ist die Geschichte die als Wahrheit in unser Nachrichtensystem und unsere Geschichtsschreibung eingegangen ist.

Geht man dieser offiziellen Geschichte von Hitlers Selbstmord so wie sie beispielsweise in den Berichten der Geheimdienste beschrieben wird nach, so wird nach und nach deutlich, dass diese Geschichte auf den Erzählungen eines einzigen Augenzeugen beruht. Der Rest der Geschichte wurde durch den Britischen Geheimdienst unter Aufsicht von Hugh Trevor-Roper hinzugefügt.

Trevor-Roper spürte im September und Oktober 1945 so viele Zeugen wie möglich auf. Menschen, die sich in den letzten Tagen des Dritten Reiches mit Adolf Hitler im Bunker befanden. Viele wichtige Augenzeugen waren tot. Andere, darunter einige direkte Augenzeugen, befanden sich in Russischer Gefangenschaft. Zu diesen Personen erlangte Trevor-Roper Zugang. Auch gelang es ihm Gerda Christian, eine Sekretärin Hitlers, sowie Else Krüger, Sekretärin des Reichsleiters Martin Bormann, zu befragen. Beide Sekretärinnen gaben an, nichts gesehen zu haben und konnten dem Professor aus Oxford nicht weiterhelfen. Trevor-Roper war ganz und gar abhängig von den Berichten und Interviews des britischen und amerikanischen Geheimdienstes mit einigen gefangen genommenen Augenzeugen.

Unter ihnen befanden sich lediglich drei direkte Augenzeugen: SS-Unterführer Hermann Karnau, SS-Hauptscharführer Erich Mansfeld (zwei SS-Wachen des RSD), sowie Obersturmbannführer Erich Kempka (Hitlers Fahrer).

*SS-Obersturmbannführer Erich Kempka*

Erich Kempka leitete den Fuhrpark der Reichskanzlei, der sich in den Kellern der Reichskanzlei befand. Er hatte Verantwortung über mehr als vierzig Fahrzeuge sowie das Personal.

## Stellungnahme Erich Kempka vom 20. Juni 1945

*In den Tagen nach dem 20. April 1945 bin ich Adolf Hitler mehrmals in seinem Bunker in der Reichskanzlei begegnet. Sein Verhalten hatte sich nicht verändert und er machte einen ruhigen Eindruck. Eva Braun blieb bei ihm. Nach dem 28. April 1945 gingen Gerüchte in der Reichskanzlei um, dass Hitler und Eva Braun in der Nacht vom 28. auf den 29. April 1945 geheiratet hatten. Ein Beamter des Propagandaministeriums hatte die Zeremonie vollzogen. Während dieser Zeremonie heirateten ebenfalls zwei Mitarbeiter. Die Hochzeit des Führers mit Eva Braun wurde nicht bekannt gegeben. Erst am 1. Mai 1945 bestätigte Staatssekretär Dr. Werner Naumann, dass der Führer verheiratet war.*

*Am 29. April 1945 sprach ich zum letzten Mal mit dem Führer. Ich meldete ihm, dass ich damit beschäftigt war Nahrung ins Zentrum Berlins zu schaffen um die Krankenhäuser im Regierungsviertel zu versorgen. Die Nahrungsmittel sollten nicht in die Hände der Sowjetischen Truppen fallen.*

*In der Reichskanzlei selbst befand sich ein Erste Hilfe Dienst. Das Adlon Hotel und andere Gebäude Berlins waren zu Krankenhäusern umgebaut worden. In den Bunkern der Reichskanzlei befanden sich einige hundert Verletzte, die während eines Bombenangriffes verwundet worden waren. Vor dem 2. Mai 1945 fanden keine Infanterieangriffe auf den Bunker statt.*

*Am 30. April 1945 um halb zwei mittags rief SS-Standartenführer Otto Günsche mich an und bat mich, in den Bunker zu kommen. Es mussten fünf Kanister Benzin besorgt werden, insgesamt zweihundert Liter. Einige Männer halfen, da es uns einige Zeit kostete diese zweihundert Liter Benzin aufzutreiben.*

*Auf Befehl Otto Günsches brachten wir die Benzinkanister oben an den Notausgang des Bunkers, der zum Garten hinter der Kanzlei führte* **(Lageplan 3, S. 66)**. *Nachdem die Benzinkanister abgeliefert worden waren gingen die Männer direkt zurück auf ihre Posten.*

*Ich sah, dass am Eingang des Bunkers ein SS-Wachmann stand und ging in den Personalraum* **(Lageplan 5, S. 66)**. *Hier traf ich Otto Günsche. Er erklärte einzig, dass er vom Führer den Befehl erhalten habe seinen Leichnam direkt nach seinem Tod zu verbrennen, sodass er nicht in einem Russischen Kuriositätenkabinett ausgestellt werden könne.*

*Kurz darauf kam SS-Sturmbannführer Heinz Linge aus der Privat-Unterkunft des Führers* **(Lageplan 8, S. 66)**. *Gemeinsam mit einem militärischen Berichterstatter an dessen Namen ich mich nicht mehr erinnern kann, trug er einen in eine gewöhnliche graue Felddecke gewickelten Leichnam. Anhand der vorausgegangenen Informationen nahm ich an, dass es der Leichnam des Führers war.*

*Man konnte einzige die lange schwarze Hose und die Schwarzen Stiefel sehen, die der Führer gewöhnlich zu seiner grauen Uniformjacke trug. Unter den gegebenen Umständen bestand kein Zweifel, dass dies der*

*Leichnam des Führers war. Ich sah keine Blutflecke auf der Decke, in die der Leichnam eingewickelt war. Dann kam Martin Bormann aus der Wohnunterkunft des Führers. In seinen Armen trug er den Leichnam Eva Hitlers, geborene Braun. Er übergab mir den Leichnam. Frau Hitler trug ein dunkles Kleid. Ich hatte nicht das Gefühl, dass der Leichnam noch warm war. Auch sah ich keine Verletzungen an ihrem Körper. Das Kleid war lediglich in der Herzregion etwas feucht.*

*Bormann ging gemeinsam mit Goebbels, Sturmbannführer Heinz Linge und dem Berichterstatter, die den Leichnam des Führers trug, die Treppe hinauf.*

*Oben angekommen trugen sie den Leichnam durch den Ausgang des Hauptbunkers hinaus in den Garten der Reichskanzlei. Ich folgte ihnen mit dem Leichnam Eva Brauns. Hinter mir liefen Reichsleiter Martin Bormann, Dr. Goebbels und SS-Standartenführer Günsche.*

*Reichsleiter Bormann trug eine Uniform. Soweit ich mich erinnern kann trug Dr. Goebbels ebenfalls eine Uniform. Es war kurz vor 15.00 Uhr. Oben angekommen trugen Linge und der Berichterstatter den verpackten Leichnam des Führers nach draußen und legten ihn auf den Boden in eine kleine Grube in etwa vier bis fünf Metern Abstand zum Bunkerausgang.*

*Es gab keinen Rasen, lediglich Sand. In letzter Zeit hatten Umbauten am Bunker stattgefunden. Ich legte den Leichnam von Frau Braun neben den des Führers. SS-Standartenführer Günsche übergoss beide Körper sofort mit Benzin und zündete sie an.*

*Reichsleiter Martin Bormann, Reichsminister Goebbels, SS Standartenführer Günsche, SS-Sturmbannführer Linge, der Berichterstatter und ich standen am Eingang des Bunkers, betrachteten das Feuer und brachten den Hitlergruß. Wir hielten uns nur kurz außerhalb des Bunkers auf, da die Reichskanzlei unter Beschuss stand. Außerhalb des Bunkers befanden wir uns in großer Gefahr. Der Garten der Reichskanzlei war übersät mit Granatenkratern. Die Geschehnisse waren außer für uns nur vom Observatorium* (**Lageplan 48, S. 66**) *der SS-Wache zu sehen. Die Wachen waren jedoch nicht über das Vorgehen informiert worden.*

Nach unserer Rückkehr in den Bunker sagte niemand ein Wort. Auf meinem Rückweg musste ich den Hauptbunker durchqueren und wollte noch einen letzten Blick in die Zimmer werfen, in denen Hitler zuletzt gelebt hatte. Ich folgte den zuvor genannten Personen in die Wohnunterkunft des Führers (**Lageplan 8, S. 66**).

Gegenüber dem Eingang des Zimmers, das nur drei mal vier Meter maß, stand ein schmales Sofa (**Lageplan 7, S. 66**). Vor dem rechten Fuß des Sofas lag eine Walther 6,35 mm Pistole die, wie ich wusste, Frau Eva Braun gehörte. Etwa in der Mitte des Sofas lag eine weitere Pistole, eine Walther 7,65 mm. Ich ging davon aus, dass dies die Pistole des Führers war. Ich fasste nichts an und stand einige Minuten still da ohne ein Wort zu sagen.

Ich stellte keine Fragen und niemand sprach mit mir. Anhand dessen was ich sah, war mir klar, dass sich der Führer und Frau Braun erschossen hatten. Die Position der Pistolen verriet mir, dass sich der Führer in der Mitte und Eva Braun an der rechten Seite des Sofas befanden, als sich ihre Pistolen gegen sich selbst richteten.

## Stellungnahme SS-Hauptscharführer Erich Mansfeld vom 1. Juli 1954

Um 15.50 Uhr befand ich mich in dem Observatorium. Da ich etwas vergessen hatte musste ich meinen Posten für kurze Zeit verlassen. Mein Vorgesetzter hatte mir verboten den üblichen Weg über die Treppen nach unten zu nehmen (**Lageplan 1, S. 66**). Aus diesem Grund kletterte ich über die Außenwand des Observatoriums nach unten und lief zur südwestlichen Seite des Gebäudes zum Notausgang des Bunkers (**Lageplan 3, S. 66**).[90] Hier begegnete ich einigen SS-Offizieren die zwei Leichname die Treppe hinauf trugen. Ich erkannte die Hose Hitlers, doch konnte ihn selbst nicht sehen, da sein Körper in eine Decke gewickelt war. Der weibliche Leichnam trug Eva Brauns bekanntes blaues Kleid. Standartenführer Otto Günsche schrie, dass ich zur Seite

---

90. Das Observatorium wurde nicht ganz fertiggestellt. Der Stahlbeton, der noch herausragte konnte zum Klettern verwendet werde, was auch geschah. Aus dem Fenster des Aussichtsturmes war der Boden leicht zu erreichen.

*gehen sollte. Ich trat ein paar Schritte zurück, wartete bis sie an mir vorbei waren und betrat dann den Bunker* **(Lageplan 3, S. 66)**. *Ich nahm die zwei langen Treppen nach unten. Im Konferenzraum* **(Lageplan 5, S. 66)** *sah ich niemanden, hörte jedoch Stimmen. Nach einer kurzen Pause im Wachraum* **(Lageplan 2, S. 66)** *beschloss ich auf den Wachturm zurück zu kehren. Diesmal nahm ich den üblichen Weg über die Treppe* **(Lageplan 1, S. 66)**.

Erich Mansfeld behauptete, dass sich die von ihm beschriebenen Geschehnisse gegen 16.00 Uhr ereigneten. Es besteht natürlich die Möglichkeit, dass er sich in der Zeit irrte. Worin er sich jedoch nicht irrte war das Datum an dem dies alles geschah. Mansfeld behauptete, dass sich diese Geschehnisse am 27. April 1945 und nicht etwa am 30. April, dem Tag an dem Hitler laut der gängigen Erzählungen Selbstmord beging, ereigneten. Dies bedeutet, dass die Leichen, die Mansfeld sah, nicht die Leichen von Hitler und seiner Frau gewesen sein können.

Ein anderer SS-Wachmann des RSD, Hermann Karnau, ist der einzige Augenzeuge einer Einäscherung im Garten der Reichskanzlei der in Britisches Gewahrsam genommen wurde und dessen Geschichte jemals in die Öffentlichkeit gelangte.

## Stellungnahme SS-Wachposten Hermann Karnaus vom 30. Juni 1945

*Aus mir unbekannten Gründen wurde mir während meines Wachdienstes von einem SS-Offizier befohlen meinen Posten (Durchgang Vorbunker-Hauptbunker) für kurze Zeit zu verlassen. Ich ging damals in die Offizierskantine. Ich nahm den Notausgang der in den Garten der Reichskanzlei führte* **(Lageplan 3, S. 66)**. *Als ich um 18.30 Uhr zurückkehrte sah ich die brennenden Leichname von Hitler und Eva Braun in ungefähr zwei Metern Abstand zum Notausgang. Ich erkannte die schwarzen Schuhe von Eva Braun. Hitler erkannte ich an seinem Schnurrbart.*

*Ich ging direkt zurück um meinem Freund Hilliger Poppen von dem zu berichten, was ich gesehen hatte. Er wollte mir nicht glauben.*

*Eine halbe Stunde später kehrte ich zurück um noch einmal nachzusehen. Ich sah Erich Mansfeld, der Wachdienst auf dem Aussichtsturm* hatte. *Er dachte, dass es die Leichname von Hitler und Eva Braun waren. Oberst Schädle hatte ihm berichtet, dass Hitler und Eva Braun am Notausgang verbrannt wurden. Als ich um 20.00 Uhr erneut nachsah war von den Körpern nichts mehr übrig als Rußteilchen, die durch die Luft folgen.*

Auch Karnaus Stellungnahme stimmt nicht mit der Aussage Erich Kempkas überein. Während seines Verhörs gab Karnau an, dass die Einäscherung nicht am 30. April sondern am 1. Mai 1945 um 18.30 Uhr abends stattfand.

Doch das ist nicht alles. Karnau beschwört, dass er Hitler am 1. Mai zwei Mal lebendig begegnet ist. Karnau hatte am 1. Mai den ganzen Tag Wachdienst im Hauptbunker.

*Ich erinnere mich daran, dass in den Morgenstunden vier Männer mit Benzinkanistern für die Belüftungsanlage kamen.*[91]

Karnau gab an, dass er ihnen aufgrund der Tatsache, dass die Belüftungsanlage mit Diesel betrieben wurde, den Zutritt versagte. Erst nach Einschreiten von Hitlers Bedienstetem Heinz Linge ließ er sie passieren.

Kurz darauf wurde Karnau für seine Frühstückspause abgelöst. Auf dem Weg in den Essensraum **(Lageplan 37, S. 66)** sah er Hitler lebendig in seinem Lieblingsstuhl sitzen. Er behauptete, Hitler am Mittag des 1. Mai um 16.00 Uhr noch einmal lebend gesehen zu haben.

Karnau glaube, dass Hitler danach durch einen seiner Leibärzte, Dr. Stumpfegger, vergiftet wurde, und dass er noch am selbigen Tag um 18.30 Uhr verbrannt wurde.

Hermann Karnaus Bericht des 1. Mai ist so detailliert, dass es ausgeschlossen ist, dass er sich im Tag oder in der Zeit, zu dem all dies stattfand, geirrt hat.

Da es hier um die Einäscherung zweier Personen am 1. Mai 1945 geht kann es sich folglich nicht um dieselben Personen handeln die Erich Mansfeld am 27. April 1945 gesehen hat. Auch ist deutlich, dass es sich in beiden Fällen nicht um das Ehepaar Hitler handel kann, da diese nach gängigen Informationen am 30. April 1945 verbrannt wurden.

---

91. Ian Colvin, *Chief of Intelligence*, Victor Gollancz, London 1951, 214.

Wir kommen später noch darauf zurück, wessen sterbliche Überreste hier wirklich verbrannt wurden. Merkwürdig ist jedoch die Reaktion, die Hermann Karnaus Geschichte bei Hitlers Fahrer Erich Kempka hervorrief. Am 4. Juli 1945 legte dieser eine zweite Erklärung ab.

## Ergänzende Stellungnahme
## Erich Kempka vom 4. Juli 1945

*Nachdem man mir die Stellungnahme Hermann Karnaus, dokumentiert am 30. Juni 1945 von Stabsschreiber Daniel DeLuce im Montgomery-Quartier, vorlas, erkläre ich Folgendes:*

*Ich weiß sicher, dass der Tod Adolf Hitlers und Eva Brauns sowie die Verbrennung der beiden Leichname sich am 30. April 1945 ereignet haben. Ich kann der Aussage Karnaus, er habe Hitler am 1. Mai 1945 lebendig gesehen, nicht zustimmen. Ich erinnere mich genau daran, dass ich durch SS-Standartenführer Günsche telefonisch in den Bunker bestellt wurde um Benzin zu liefern.*

*Daraus schließe ich, dass die Verbrennung um 15.00 Uhr stattfand. Es ist möglich, dass Karnau andere Verbrennungen beobachtet hat. Zu dieser Zeit wurde ich täglich angewiesen zwei, drei, vier oder fünf Kanister Benzin in den Bunker zu bringen, womit wichtige Dokumente vor dem Ausgang des Bunkers verbrannt wurden.*

*Ich stimme einem Großteil von Karnaus Bericht über die Verbrennung zu, muss jedoch einem kleinen Teil hiervon widersprechen. Ich habe Hermann Karnau nicht persönlich gekannt und seinen Namen noch nie zuvor gehört. Das ist für mich jedoch kein Grund an seinem Namen oder seiner Existenz zu zweifeln. Ich kannte nicht alle Mitglieder des Reichsicherheitsdienstes im Hauptquartier des Führers. Karnau kann einer der Wachmänner gewesen sein, die sich am Ausgang des Bunkers zum Garten der Reichskanzlei befanden. Diese Wache musste bei der Verbrennung anwesend gewesen sein. Aufgrund des Beschusses kann er sich nicht im Garten der Reichskanzlei befunden haben sondern muss am Eingang des Bunkers gestanden haben. Er muss während der Verbrennung in der Nähe der anderen gestanden haben. Ich denke, dass es unmöglich ist, dass Karnau den Führer kurz vor der Verbrennung an seinem Schnurrbart erkannt hat. Der Oberkörper Hitlers war vollstän-*

*dig in eine Decke gehüllt. Ich denke nicht, dass die Decke beim Niederlegen des Leichnams vom Wind weggeweht wurde und Kopfe und Körper freigelegt hat. Einzig seine Füße, die fünfzehn bis zwanzig Zentimeter unter der Decke hervorragten, waren zu sehen. Die flachen schwarzen Schuhe, die schwarzen Socken und die schwarze Hose, die der Führer für gewöhnlich trug, waren zu sehen. Wie ich bereits zuvor angegeben habe war Eva Braun einfach zu erkennen. Sie war nicht in eine Decke gehüllt. Sie trug Absatzschuhe, möglicherweise mit einer Korksohle. Hitlers Körper wurde auf den Rücken gelegt, wie Karnau beschrieb. Es stimmt, dass Hitlers Knie leicht angewinkelt waren. Im Gegensatz zu Karnaus Stellungnahme erinnere ich mich daran, dass Eva Braun auch auf den Rücken gelegt wurde, sodass ihr Gesicht nach oben gerichtet war.*

*Ich erinnere mich noch genau, dass der Wind ihren Rock hochwehte und ihr Strumpfhalter sichtbar wurde. Der Ort, an dem beide niedergelegt wurden, lag etwa drei bis vier Meter vom Bunkerausgang entfernt. Hitler und Eva Braun lagen nicht nebeneinander. Evas Körper lag, aus der Perspektive Hitlers, in einer Ecke. Vom Ausgang des Bunkers gesehen lag Hitlers Körper links und Evas Körper rechts.*

*Karnaus Aussage, dass Dr. Stumpfegger bei der Verbrennung Hitlers und Eva Brauns anwesend war, kann stimmen.*

*In meiner Stellungnahme vom 20. Juni 1945 habe ich angegeben, dass SS-Sturmbannführer Heinz Linge und ein Berichterstatter Hitlers Leichnam trugen. Da Dr. Stumpfegger Hitler und Eva Braun für tot erklärt hat denke ich nun, dass die Person, die ich als Berichterstatter bezeichnet habe, Dr. Stumpfegger gewesen sein kann.*

*Die Aussage Karnaus, dass Dr. Stumpfegger, der Assistent und Nachfolger Dr. Morells, Hitler und Frau Eva Braun vergiftet haben soll, ist meiner Meinung nach nicht korrekt. Ich sah eine Wunde am Leichnam Eva Brauns sowie die beiden zuvor beschriebenen Waffen in Hitlers Unterkunft.*

*Des Weiteren erzählte mir SS-Standartenführer Otto Günsche nach der Einäscherung der beiden Leichname dass auch der Teppich aus Hitlers Privatunterkunft verbrannt worden war, da er voller Blutflecken war. Soweit ich mich erinnere geschah dies auch am 30. April 1945. Ich war jedoch nicht anwesend.*

*Ich passe meine Aussage auf Seite 6 meiner Stellungnahme vom 20. Juni 1945 aufgrund einer spätere Erinnerung an und erkläre, dass ich Eva Brauns Leichnam durch verschiedene Räume des Bunkers bis zum Fuß der Treppe getragen habe, wo mir ein SS-Offizier Eva Brauns Körper abnahm und draußen neben den Körper Hitlers legte.*

**Rekorder 8**
**Richter Gerhard Hergesell**

In einer späteren Stellungnahme gab Erich Kempka zu, dass er nicht die ganze Wahrheit gesagt hat. Als Hitler und Eva Braun sich in Hitlers Unterkunft einschlossen um Selbstmord zu begehen, hatte Kempka die Nerven verloren. Kempka erklärte u.a. folgendes:

*Ich habe den Bunker verlassen und bin erst zurückgekommen nachdem Hitler und Braun bereits tot waren. Zum Zeitpunkt meiner Rückkehr in den Bunker waren die Körper bereits nach oben getragen worden um dort verbrannt zu werden.*[92]

Da die Augenzeugenberichte von Mansfeld und Karnau nicht ins Bild passten erbauten die Briten und Trevor-Roper zusammen mit den Amerikanern ein wahres Kartenhaus auf dem Augenzeugenbericht Kempkas. Die Diskrepanzen zwischen seinen Aussagen wurden ignoriert.

**War Eva Braun verwundet?**

Erich Kempka (20. Juni 1945)     - Nicht verwundet
Erich Kempka (4 Juli 1945)       - Verwundet

**Trug Erich Kempka den Leichnam Eva Brauns?**

Erich Kempka (20. Juni 1945)     - Ja
Erich Kempka (30. Juli 1945)     - Nein

Am 1. November 1945 gab Trevor-Roper in Berlin eine Pressekonferenz, auf der er die Ergebnisse seiner Untersuchungen bekannt gab. Er gab an, dass seine Untersuchungen erwiesen haben, dass Hitler am 30. April 1945 gegen 15.30 Selbstmord begangen hatte und Eva Braun mit ihm zusammen starb.

---

92. Interview mit Erich Kempka am 2. Dezember 1953.

Im März 1947 wurde Trevor-Ropers Bericht in Form eines Buches mit dem Titel *Hitlers letzte Tage* veröffentlicht. Dieses Buch hätte das Geheimnis über den Tod Hitlers ein für allemal lüften und den Spekulationen ein Ende bereiten müssen. Dies tat es jedoch nicht. Das Buch war gespickt mit zahllosen Erdichtungen.

Aus diesem Grund dürfen wir die gängige Geschichte rund um Hitlers Tod nicht einfach so hinnehmen.

Da die Aussagen einiger Augenzeugen, die sich zum damaligen Zeitpunkt in sowjetischer Gefangenschaft befanden, erst im Laufe der Zeit öffentlich wurden, können wir heute eine große Anzahl verschiedener Augenzeugenberichte miteinander vergleichen. Diese bieten einen unabhängigen Beweis für das, was wirklich geschehen ist. Heutzutage verfügen wir über das beste originale Quellenmaterial.

2005 wurde das Buch *Hitler's Death: Russia's Last Great Secret from the Files of the KGB* herausgegeben.[93] Das Buch besteht aus einer Reihe aus den Russischen Staatsarchiven stammender Dokumente. Über Jahre standen die Sowjets dem Selbstmord Hitlers kritisch und skeptisch gegenüber. In *Hitler's Death* versuchte man zum ersten Mal zu beweisen, dass Hitler Selbstmord begangen hatte und am 30. April 1945 im Garten der Berliner Reichskanzlei verbrannt wurde.

Betrachtet man jedoch die von den Russischen Staatsarchiven freigegebenen Dokumente in "chronologischer" Reihenfolge und vergleicht sie mit anderen Quellen aus dieser Zeit so wird deutlich, dass die Russischen Untersuchungen zu Hitlers Tod auf erfundenen und widersprüchlichen Aussagen beruhen. Genau wie bei Trevor-Roper werden wichtige Informationen und Aussagen ignoriert oder verzerrt.

---

93. Vinogradov, Pogonyi und Teptzov, *Hitler's Death: Russia's Last Great Secret from the Files of the KGB*, London 2005, 33.

## Berichte von Augenzeugen in Sowjetischer Gefangenschaft

Als Berlin am 3. Mai 1945 von der Roten Armee eingenommen wurde fielen viele enge Mitarbeiter Adolf Hitlers in sowjetische Hände. Zwischen dem 12. und dem 20. Mai 1945 erzählten sie den sowjetischen Autoritäten ihre jeweiligen Geschichten über das Schicksal Hitlers.

*Wilhelm Mohnke*

SS-Brigadeführer Wilhelm Mohnke war einer der ersten Offiziere in Hitlers persönlicher Stabswache in Berlin. In den letzten Tagen des Dritten Reiches hatte Hitler ihn zum Kommandant über die viertausend Mann starke Verteidigungstruppe befördert. Mohnke hatte die Aufgabe das Regierungsviertel zu bewachen. Er bekam hierbei Unterstützung von der Wehrmacht, der Luftmacht, sowie Mitgliedern der Hitlerjugend unter der Leitung des Reichsjugendführers Artur Axmann.

Wilhelm Mohnke erzählte den sowjetischen Autoritäten nichts zu wissen:

*Ich habe den Leichnam des Führers nicht selbst gesehen und weiß nicht, was damit passiert ist.*

Nach stundenlangem Verhör blieb Mohnke bei seiner Aussage.

Er sagte jedoch nicht die Wahrheit. Mohnke spielte bei der Flucht Hitlers am 30. April 1945 eine wichtige Rolle. Mehr hierüber lesen Sie im weiteren Verlauf dieses Buches.

Die wichtigsten Augenzeugen von Adolf Hitlers Tod und Einäscherung, die sich in den Händen des Sowjets befanden, waren SS-Gefreiter Harry Mengershausen, General Johann Rattenhuber (Leiter des RSD), SS-Oberscharführer Rochus Misch, SS-Standartenführer Otto Günsche und SS-Sturmbannführer Heinz Linge.

## Stellungnahme SS-Obersturmbannführer Harry Mengershausen vom 12. Mai 1945

Harry Mengershausen gehörte zu Hitlers persönlicher Leibwache (RSD). Während andere behaupteten die Einäscherung Hitlers und Eva Brauns habe gegen 15.00 oder 16.00 Uhr stattgefunden behauptete Mengershausen, dass er zur Mittagszeit Augenzeuge der Einäscherung war. Er nannte wichtige Details, die von anderen Zeugen nicht genannt wurden.

Während andere behaupteten, der Oberkörper von Hitler sei in eine Decke gehüllt gewesen, sodass lediglich seine schwarze Hose, Socken, und Schuhe zu sehen waren, behauptete Mengershausen, Hitlers Gesicht erkannt zu haben.

*Als Hitler nach draußen getragen wurde sah ich sein Gesichtsprofil: seine Augen, seine Haare und seinen Schnurrbart.*

Harry Mengershausen gab auch eine Beschreibung des Kleides Eva Brauns:

*Ein schwarzes, rosageblümtes Kleid.*

Mengershausen behauptete weiter, dass lediglich vier Personen an der Verbrennung beteiligt gewesen seien:

*Neben Günsche und Linge war bei der Verbrennung der Leichname von Hitler und seiner Frau niemand anwesend. Die Leichen wurden von zwei Männern aus Hitlers Leibgarde begraben.*[94]

Kempka, Bormann und Goebbels waren nach Angaben Harry Mengershausens, im Gegensatz zu Kempkas Geschichten, nicht anwesend. Genau wie bei Erich Mansfeld und Hermann Karnau hat es den Anschein, dass Mengershausen über eine Verbrennung berichtet, die mit der gängigen Berichterstattung nichts zu tun hat.

## SS-Brigadeführer Johann Rattenhuber

SS-Brigadeführer Johann Rattenhuber war Befehlshaber der selbstständigen Einheit des Reichssicherheitsdienstes (RSD), einer Einheit mit vierhundert schwerbewaffneten SS-Spezialisten die Hitlers Bunker bewachten.

---

94. *Hitler's Death: Russia's Last Great Secret from the Files of the KGB*, London 2005, 72-178.

*Johann Rattenhuber*

Es war unmöglich, den Bunker unbemerkt zu betreten. Jeder, der den Bunker betrat oder verließ, wurde von ihnen kontrolliert und registriert.

Johann Rattenhuber gab an, bei zwei verschiedenen Verbrennungen anwesend gewesen zu sein. Er konnte sich an die Details nicht mehr genau erinnern. Er konnte sich jedoch sehr wohl daran erinnern, dass Harry Mengershausen bei einer dieser Verbrennungen anwesend war.[95]

Desweitern konnte er sich auch daran erinnern, dass er am 30. April Kommandant Franz Schädle und drei weiteren SS-Wachen befohlen hatte, zwei verbrannte Leichname im Garten zu begraben. Von Hitlers Tod wusste er nichts. Rattenhubers Berichterstattung an die Sowjetische Armee beinhaltete eine Anhäufung von kleineren Details der beiden Verbrennungen, aus denen die Sowjets nicht schlauer wurden.

## SS-Oberscharführer Rochus Misch

SS-Oberscharführer Rochus Misch war einer der Vertrauten Adolf Hitlers. Wie gesagt, neben den Mitgliedern der Wache war er der Einzige im Hauptbunker, dem es erlaubt war eine Waffe zu tragen. Er arbeitete als Kurier, Radiotelegraph und Telefonist für den Führer. Genau wie alle anderen engeren Mitarbeiter Hitlers war er ebenfalls sein Bodyguard. Seine, während seiner Gefangenschaft in Russland, gemachten Stellungnahmen wurden nie veröffentlicht.

Aus seinem 2008 veröffentlichten Buch *Der letzte Zeuge - Ich war Hitlers Telefonist, Kurier und Leibwächter* wird deutlich, dass er sein ganzes Leben lang ein großer Anhänger Hitlers gewesen ist.

2006 habe ich ein langes Telefongespräch mit Rochus Misch geführt.

Hier eine kurze Zusammenfassung:

---

95. *Ibidem*, 196.

*Am 30. April um 11.00 Uhr hörte ich Hitler im Konferenzgang* **(Lageplan 5, S. 66)** *sagen, dass er darauf bestehe, verbrannt zu werden. Er wollte nicht dem gleichen Schicksal geweiht sein wie Mussolini, der durch die Massen aufgehängt und gesteinigt worden war.*

*Später am selben Tag stand ich im Konferenzgang. Ich war auf meinem Weg zum Mittagessen, als ich jemanden sagen hörte: Linge, Linge, ich glaube es ist soweit.*

*Ich habe jedoch keinen Schuss gehört. Martin Bormann befahl jedem still zu sein. Wir warteten eine weitere halbe Stunde, bis Heinz Linge die Tür zu Hitlers Vorzimmer öffnete* **(Lageplan 8, S. 66)**. *Martin Bormann öffnete die Tür zu Adolf Hitlers Arbeitszimmer* **(Lageplan 7, S. 66)**.

*An der Stelle, an der ich stand, musste ich mich strecken um etwas zu sehen. Ich sah Hitler tot auf einem Stuhl liegen. Eva Braun saß tot auf dem Sofa, die Beine angewinkelt. Unter dem Sofa standen ihre Schuhe. Ich erinnere mich noch gut daran, dass sie ein blaues Kleid mit weißem Kragen und Rüschen trug.*

*Ich fragte die anderen ob sie es nicht für besser hielten den diensthabenden Kommandant Schädle zu informieren. Sie stimmten zu.*

Misch war ein glühender und sehr treuer Anhänger Hitlers. Sein großer Held hatte gerade Selbstmord begangen, aber Misch hatte die Lust am Mittagessen nicht verloren!

*Als ich kurze Zeit später durch den Kannenberggang zum Essen lief überkam mich ein eigenartiges und ängstliches Gefühl. Ich fühlte, dass es wichtig war in das Zimmer mit den Leichnamen zurück zu gehen. Dort angekommen sah ich Hitler auf dem Boden liegen. Jemand hatte seinen Körper in eine Decke gehüllt. Kurze Zeit später hoben sie den Körper hoch und trugen ihn hinaus.*

## Interview mit SS-Sturmbannführer Heinz Linge vom 9. Februar 1956

SS-Sturmbannführer Heinz Linge war einer von Hitlers Bediensteten. Nach einer Ausbildung an der Hotelfachschule in München wurde er von Hitler als einer seiner Bediensteten ausgewählt. Er arbeitete jahrelang als Kammerdiener in der Wolfsschanze in

*Heinz Linge*

Rastenberg sowie im Hauptbunker während der letzten Tage des Dritten Reiches. Linge war persönlich verantwortlich für Hitlers Post, erledigte seine Einkäufe und begleitete seine Entsandten. Linge fungierte darüber hinaus als Protokollant und ist somit einer der wichtigsten Zeugen der letzten Tage in Hitlers Leben. Am 2. Mai 1945 wurde Heinz Linge gefangengenommen.[96]

Auch Linges Aussagen wurden nie von den Russen veröffentlicht. Nach seiner Freilassung gab er folgendes Interview.

## Interview

*Als ich mit Reichsleiter Martin Bormann das Vorzimmer (*Lageplan 8, S. 66*) von Hitler betrat roch ich Pulver in der Luft. Als wir die Tür zu seinem Arbeitszimmer öffneten sahen wir die Leichname von Hitler und Eva Braun in sitzender Haltung auf dem Sofa an der Wand gegenüber dem Vorzimmer.*

Es ist bemerkenswert, dass Heinz Linge in Russischer Gefangenschaft, dem Leiter der Wehrmacht Walter Schreiber folgendes sagte:

*Ich habe Hitler nicht gesehen. Ich habe jedoch zwei in einen Teppich gehüllte Leichname gesehen, die aus dem Bunker nach oben getragen wurden.*

Heinz Linge erzählte Schreiber ebenfalls:

*Obwohl ich in diesem Moment angenommen habe, dass es die Leichname Hitlers und Eva Brauns waren, wurde mir dies erst später bestätigt.*[97]

---

96. Nachdem Heinz Linge den Bunker verlassen hatte wurde er von der Roten Armee festgenommen. 1955 wurde er von der russischen Armee freigelassen und starb 1980 in Bremen.
97. *Persons Who Should Know Are Not Certain Hitler Died in Berlin Bunker* in *Long Beach Press-Telegram*, Kalifornien am 10. Januar 1949, B-12.

Heinz Linges Geständnis ist bemerkenswert, da andere Augenzeugen angegeben hatten, dass Linge einer der Männer war, welche die Leiche nach draußen getragen hatten.

Desweiteren erzählt Linge, dass die sterblichen Überreste nicht in eine Decke sondern zusammen in einen Teppich eingewickelt waren.

## Erklärung Otto Günsches vom 17. Mai 1945

SS-Standartenführer Otto Günsche hatte bei der Waffen-SS Karriere gemacht. An der Front hatte er in der Panzerdivision von Hitlers SS-Leibstandarte gekämpft. Vom Februar 1944 an gehörte er zum persönlichen Stab Hitlers und war einer seiner Vertrauten.

Otto Günsche erklärte:

*Nachdem Hitler und Eva Braun sich zurückgezogen hatten blieb ich gegenüber Hitlers Unterkunft* (**Lageplan 5, S. 66**). *Nach einiger Zeit sah ich, dass Heinz Linge und Martin Borman die Tür zu Hitlers Büro öffneten und hineingingen. Ich folgte ihnen mit einigem Abstand. Ich hatte keinen Schuss gehört. Ich sah, dass Hitler und Eva tot waren. Hitler starb durch eine Schussverletzung, Eva durch Gift. Der Körper Hitlers saß links in einem Sessel und der Körper von Eva Braun lag auf dem Sofa.*

Günsche sagte nicht, wo die Schusswunde sich befand. Wie konnte er in diesem Augenblick feststellen, dass Eva an einer Vergiftung gestorben war? Günsche befand sich gegenüber Hitlers Unterkunft. Er befand sich also im schmalen Konferenzgang (**Lageplan 5, S. 66**).

## Aussage des Generals Walter Schreiber

Während seiner jahrelangen Gefangenschaft in zwei Sowjetischen Kriegsgefangenenlagern in Strausberg und Posen hatte der ehemalige medizinische Leiter der Wehrmacht Walter Schreiber die Gelegenheit mit mehreren Menschen, die sich alle im Bunker befanden als Berlin durch die Sowjets eingenommen wurde, zu sprechen.

 Obwohl es ihm nicht gelang Informationen über das Schicksal Hitlers aus dem, seiner Meinung nach, arroganten SS-Brigadeführer Wilhelm Mohnke herauszubekommen, war wie wir gesehen haben Heinz Linge bereit zu sprechen.

*General Walter Schreiber*

Auch Otto Günsche war dazu bereit, seine Geschichte zu erzählen. Bemerkenswert ist, dass Günsche, nachdem Heinz Linge angegeben hatte Hitlers sterbliche Überreste niemals gesehen zu haben, Günsche aus schleierhaften Gründen Folgendes hinzufügte: *Es wurde alles ohne uns gemacht.*[98]

Günsches Geständnis wird durch General Helmut Weidling bekräftigt, der den Sowjets am 4. Januar 1946 erzählte: *Nachdem ich gefangen genommen wurde sprach ich mit Günsche. Er sagte mir, dass er nichts vom Tod Hitlers wisse.*[99]

Sind die zuvor gemachten Aussagen von Günsche und Linge, zwei der wichtigsten Spielfiguren in der gängigen Geschichte von Hitlers Tod und Verbrennung, anhand dieser Aussagen noch glaubwürdig?

Zur Erinnerung, auch Erich Kempka gab zu, dass er, als sich das Ehepaar Hitler in Hitlers Zimmer einschloss um Selbstmord zu begehen, die Nerven verlor und aus dem Bunker rannte. Er kam erst zurück, als Hitler und Braun bereits tot waren und ihre Leichname nach oben getragen wurden um verbrannt zu werden.[100]

Was müssen und/oder was können wir noch als Wahrheit betrachten?

---

98. *Persons Who Should Know Are Not Certain Hitler Died in Berlin bunker* in de *Long Beach Press-Telegram*, Kalifornien am 10. Januar 1949, B-12.
99. *Hitler's Death: Russia's Last Great Secret from the Files of the KGB*, London 2005, 238.
100. Interview mit Erich Kempka am 2. Dezember 1953.

## Widersprüchliche Aussagen der direkten Mitarbeiter Hitlers

**War Hitlers Leichnam in eine Decke oder einen Teppich gewickelt?**

| | |
|---|---|
| Otto Günsche | - Zwei Leichname in einem Teppich |
| Andere Zeugen | - In einer Decke |

**Trug Eva Braun Schuhe?**

| | |
|---|---|
| Erich Kempka | - Ja |
| Rochus Misch | - Nein |

**War das Gesicht Hitlers bei der Verbrennung zu sehen?**

| | |
|---|---|
| Harry Mengershausen | - Ja |
| Andere Zeugen | - Nein |

**Welche Farbe hatte das Kleid Eva Brauns?**

| | |
|---|---|
| Hermann Karnau | - Ein schwarzes, rosageblümtes Kleid |
| Rochus Misch | - Blaues Kleid mit weißem Kragen |
| Erich Kempka | - Dunkles Kleid (schwarz) |

**Wo befand sich die Schusswunde in Hitlers Gesicht?**

| | |
|---|---|
| Traudl Junge | - Schuss in den Kopf |
| Artur Axmann | - Schuss in den Mund |
| Rochus Misch | - Gesicht unverletzt |
| Otto Günsche | - Kleine Kopfwunde |

**Pistolenschuss gehört?**

| | |
|---|---|
| Rochus Misch | - Nein |
| Traudl Junge | - Ja |
| Otto Günsche | - Nein |
| Artur Axmann | - Ja |
| Erich Kempka | - Nein |
| Werner Naumann | - Ja |

## Wann wurden Adolf Hitler und Eva Braun verbrannt?

| | |
|---|---|
| Erich Mansfeld | - 27. April 1945 |
| Erich Kempka | - 30. April 1945 |
| Hermann Karnau | - 1. Mai 1945 |

## Waren die Leichname völlig zu Asche verbrannt?

| | |
|---|---|
| Otto Günsche | - Nein |
| Andere Zeugen | - Nein |
| Otto Günsche (später) | - Ja |
| Hermann Karnau | - Ja |

Und so können wir diese List noch einige Zeit weiterführen. Es herrschen Meinungsverschiedenheiten über die Position der Körper, darüber, ob sie vollständig verbrannt wurden oder nicht, wer die Leichname nach oben trug und selbst über den Tag, an dem der Führer und seine Ehefrau noch lebend gesehen wurden.

Am 7. Mai 1945 wurde Dr. Helmut Kunz, der in der Zahnklinik der Reichskanzlei tätig war, von den Sowjets gefangen genommen. Während seinem Verhör behauptete Dr. Kunz, er habe Eva Braun am Abend des 30. Aprils dabei gesehen, wie sie mit Dr. Goebbels Kindern spielte. Etwas später, gegen 22.00 Uhr abends, haben Kunz, zwei von Hitlers Sekretärinnen und Professor Werner Haase zusammen mit Eva Braun Kaffee getrunken. Mehr noch, bei dieser Gelegenheit erzählte Eva, dass Hitler noch am Leben sei.

Mehr als acht Stunden nachdem das Ehepaar Hitler Selbstmord begangen haben soll waren also beide noch am Leben!

Hitlers enge Mitarbeiter haben wieder und wieder betont, dass es ihre Aufgabe war, den Leichnam Hitlers nicht in die Hände des Feindes fallen zu lassen. Es ist daher unbegreiflich, warum die sterblichen Überreste Hitlers direkt im Garten der Reichskanzlei in unmittelbarer Nähe zum Bunkerausgang begraben sein sollen. Sie konnten an dieser Stelle von den Sowjets unmöglich übersehen werden.

In diesem Fall stimmen auch die Angaben, der Leichnam Hitlers sei zusammen mit dem Leichnam Eva Brauns begraben worden, nicht überein. Um Hitlers Leichnam nicht in die Hände der Sowjets fallen zu lassen hätte man ihn nicht zusammen mit Eva Braun sondern an einer anderen Stelle begraben müssen.

Durch die Tatsache, dass man beide Leichname zusammen begrub, hinterließ man ein überdeutliches Zeichen, um wessen Identität es sich handelte. Mehr noch, dies ist genau das, was jemand tun wurde, der den Feind glauben machen wollte es handele sich tatsächlich um Hitlers Leichnam. Indem man die Leichname zusammen begrub sorgte man dafür, dass das Szenario plausibel erschien.

Woher stammten die verschiedenen weiblichen Leichname?

In Berlin waren weibliche Leichname leicht zu finden, man sah sie an jeder Straßenecke. Man muss dazu sagen, dass während der letzten Tage viel Pfusch gemacht wurde mit verschiedenen sterblichen Überresten.

Ohne einen weiblichen Leichnam würde man nicht so leicht daran glauben, dass Hitler Selbstmord begangen hatte. Der Betrug wäre schnell aufgefallen und die Jagd auf Hitler eröffnet worden. Und dies war genau das, was man sich nicht leisten konnte. Es musste bewiesen werden, dass Adolf Hitler Selbstmord begangen hatte koste es was es wolle.

Es gab verschiedene Motive für Hitlers sogenannten Selbstmord. Wäre Adolf Hitler entkommen, hätte eine Hetzjagd auf ihn begonnen. Die elitären Machthaber hinter Hitler wären das Risiko eingegangen, dass er später gefangen genommen und sie unter dem Druck verraten würde. Seine Herkunft, seine Ausbildung bei Tavistock, die Finanzierung des Dritten Reiches und viele andere Dinge durften niemals ans Licht kommen.

Wie geplant endete mit dem Tod Hitlers ebenfalls die militärische Allianz zwischen den USA und der UDSSR. Hitlers Tod war die Basis für einen neuen geplanten Krieg: den "Kalten Krieg".

Hitlers Drittes Reich war ein Wendepunkt in der Geschichte, dessen Folgen wir bis über den heutigen Tag hinaus spüren. Das Endziel unserer globalen Elite (Rothschilds, Rockefellers, usw.) ist die Weltherrschaft. Sie streben eine totalitäre Weltdiktatur an, die sie "freundlich" eine "Neue Weltordnung" nennen.

In seiner Biographie *Memoirs* schreibt David Rockefeller Folgendes:

*Einige glauben, dass wir uns mit Anderen rund um den Globus verschworen haben um eine integrierte, globale, politische und wirtschaftliche Struktur zu schaffen - eine Neue Weltordnung, wenn Sie so wollen. Wenn dies die Anklage ist, so bekenne ich mich schuldig, und ich bin stolz darauf.*[101]

Der seit dem Zweiten Weltkrieg voranschreitende Prozess erreicht nun bald sein Ende. Die von den Großen in der Politik und Medienwelt bereits lange angekündigte "Transition" oder auch "Paradigmenwechsel" steht uns bevor. Die "Transition" ist nicht der Beginn einer neuen Gesellschaft mit einer neuen Art des Lebens, sondern eine technokratische Diktatur. Menschen, die sich ausschließlich mit ihrem täglichen Leben auseinandersetzen, werden eine unangenehme Überraschung erleben. Wir kommen im weiteren Verlauf dieses Buches noch ausführlich hierauf zurück.

Wenn wir alle Geschichten rund um Hitlers Selbstmord und Verbrennung betrachten sehen wir, dass diese Geschichten nicht übereinstimmen. Es ist unmöglich festzustellen, welche Augenzeugen gelogen und welche die Wahrheit gesagt haben. Durch die vielen widersprüchlichen Geschichten ist es beinahe unmöglich noch zu wissen, auf welche man sich konzentrieren muss.

Die Wirklichkeit liegt verdeckt unter einem Grauschleier, Wahrheit und Lüge verschwimmen in einander. Wir stehen hier vor außergewöhnlich komplizierten Lügen die für die meisten von uns nur schwer zu begreifen sind. Unser Auffassungsvermögen reicht hier nicht aus. Ein kluger Mensch begreift, dass wir so nicht weiter kommen. Und das war und ist auch immer noch so beabsichtigt.

---

101. David Rockefeller, *Memoirs*, Toronto 2003, 405.

## Kapitel 7
# Hitlers Doppelgänger

Es besteht kein Zweifel, dass in den letzten Tagen des Dritten Reiches im Garten der Reichskanzlei mehrere Verbrennungen stattgefunden haben. Dies geschah im Beisein einiger Augenzeugen, in den meisten Fällen Mitglieder des RSD, die bewusst in die Irre geführt wurden durch die Information, dass es sich bei den verbrannten Leichnamen um Adolf Hitler und Eva Braun handelte. Die einzigen verfügbaren und vertrauenswürdigen Berichte über die Einäscherungen stammen von Mitgliedern des RSD. Ihre Augenzeugenberichte machen deutlich, dass es mindestens vier Einäscherungen gegeben hat, bei denen man den Anwesenden sagte, dass es sich um die Leichname von Hitler und Eva Braun handele. Dies geschah zwischen dem 27. April und dem 1. Mai in der Nähe der Reichskanzlei. Jedes Mal trug der männliche Körper eine Hose wie Hitler und glich der weibliche Körper Eva Braun. Es liegt daher auf der Hand, dass viele der Augenzeugen annahmen, es handele sich um die Leichname von Hitler und Eva Braun. In Wirklichkeit kann niemand sagen, wessen Einäscherung sie gesehen haben. Von wem stammten all diese verbrannten Leichname?

Im Rahmen dieses Buches ist es wichtig zu erwähnen, dass nicht nur Hitler, sondern auch andere Persönlichkeiten an der Spitze des Dritten Reiches über mehrere Doppelgänger verfügten. Mitte der 30er Jahre organisierte die Gestapo einen Wettbewerb für jeden, der einer wichtigen Person ähnlich sah. Die Gestapo kontrollierte die Herkunft der Bewerber und bevorzugte verheiratete Männer mit großen Familien, die eine gute Beziehung zu ihren Kindern hatten. Sie waren einfach zu manipulieren. Alle Doppelgänger mussten Stillschweigen beteuern. Vergehen wurden mit dem eigenen Tod und dem Tod der Familie bestraft.[102]

---

102. Greg Hallett, *British Agent*, Auckland 2006, 105.

Doppelgänger die nicht unter Kontrolle gebracht werden konnten wurden ermordet. Einige Doppelgänger wurden mittels plastischer Chirurgie perfektioniert.

Dass Hitler ganze Einheiten von Doppelgängern hatte wird heute von den meisten Historikern nicht bezweifelt. Hitlers Doppelgänger waren so überzeugend, dass ihre wahre Identität selbst nach ausgiebigen Befragungen nicht festgestellt werden konnte.

Im Juli 1998 wurden britische geheim Archive (Public Record Office) freigegeben. In Akte HS 6/624 findet man verschiedene Bestätigung über Hitlers Doppelgänger. Das Dossier berichtet, dass Hitler seit 1939 nicht mehr öffentlich präsent war. Nur auf dem Obersalzberg konnte man sicher sein, dass *Hitler wirklich Hitler war und kein Doppelgänger*.

Fotografien im Akte HS 6/624 von Hitler, der damals 55 Jahre alt war, zeigen deutliche Unterschiede in Hitlers Erscheinungsbild und beweisen Hitler hatte mehrere Doubles. Das Dossier zufolge gab es Berichten von Offizieren die Hitler 1943 im Führerhauptquartier besucht haben. Gemäß diesen Offizieren war Hitler ein Herr mit guter Gesundheit, ruhigen und gefassten Auftreten. Dem stehen die Bekundungen von anderen Offizieren entgegen, die bestätigen, der Führer sehe um 10 Jahre gealtert aus.[103] Auch hier ist wieder die Sprache von Doppelgänger.

Das Dossier geht nicht weiter auf die Frage ein ob es für öffentliche Auftritte Hitler Doppelgänger gab.

In ihrem Buch *I was Hitler's Maid* (1940) erinnert sich Hitlers Dienstmädchen, Pauline Kohler, daran, wie fünf von Adolf Hitlers Doppelgängern gemeinsam am Tisch ihrer Küche saßen. Sie alle stammten aus ärmlichen Arbeiterverhältnissen und waren freundliche Männer, die viel von ihren Kindern erzählten. Sie sagte, dass die Männer ihr immer sympathisch gewesen waren und sie sich in ihrer Gegenwart wohl fühlte. Etwas, was in der Gegenwart Adolf Hitlers nicht der Fall war. Dies waren Väter, die gezwungen wurden sich ebenso in den Dienst Hitlers zu stellen wie sie im Dienste ihrer Familien standen.

---

103. Public Record Office (PRO), Akte HS 6/624, Juli 1998. Siehe ebenfalls Ulrich Chaussy, *Nachbar Hitler: Führerkult und Heimatzerstörung am Obersalzberg*, Berlin 2012. 240.

Der bekannteste Doppelgänger war ein entfernter Verwandter Hitlers. Er war Hitlers Spiegelbild und seit dem 23. April 1945 im Bunker anwesend. Laut Gestapo-Chef Heinrich Müller wussten anfangs nur er selbst, Martin Bormann, Heinz Linge und Rattenhuber über diesen Doppelgänger Bescheid.

Während Hitler sich in seinem geheimen betonierten Raum versteckte, wurde von den Eingeweihten dafür gesorgt, dass der Doppelgänger mit möglichst wenigen Personen Kontakt hatte.[104]

*Einige Doppelgänger*

Dennoch versetzte der Doppelgänger die nicht Eingeweihten in Erstaunen. Viele Dinge an Hitler schienen plötzlich anders zu sein als zuvor. Der Doppelgänger trug eine andere Brille und hatte ein anderes Ess- und Schlafverhalten. Die militärischen Anweisungen waren kurz, sehr schwammig und oberflächig. Hitler schien wie verwandelt. Er war schwach und kraftlos. Viele Offiziere und Mitarbeiter bemerkten ebenfalls, dass Hitlers Zimmer nicht mehr bewacht wurde. Das war völlig untypisch. Das Zimmer wurde immer von zwei Wachposten bewacht[105]

Andere bekannte Doppelgänger Hitlers waren sein Chauffeur Julius Schreck, der bekannte Schauspieler Andreas Kornsteadt, Hitlers Stenographen Heinrich Berger und Gustav Weber.

### Andreas Kornstadt

Andreas Kornstadt war derjenige, der an Stelle Hitlers nach Prag reiste. Er überblickte die Stadt aus der dritten Etage des

---

104. Die Nahrungsresten in den Raum zeigten, dass Hitler sich dort mehrere Tage aufgehalten hat.
105. Sven Peters, *Hitlers Flucht - Geheime Reichssache*, Argo Verlag 2009, 75.

Tschechischen Königshauses, siebzehn Meter oberhalb der Straße. Er stand da wie ein schlechter Schauspieler, ohne zu winken, als die Militärparade an den geschockten und verstummten Tschechen vorbeizog.[106]

**Gustav Weber**

Einige der sterblichen Überreste, die für Hitler gehalten werden sollten, stammten von Doppelgänger Gustav Weber, dessen Leichnam am 4. Mai im Garten der Reichskanzlei von den Sowjets gefunden wurde.[107] Dies war wahrscheinlich der Leichnam, dessen Gesicht sichtbar gewesen war und der von Mengershausen und Karnau gesehen worden war.

Gustav Weber war nicht der einzige Doppelgänger in dem Bunker. In den letzten Wochen des Dritten Reiches hielten sich mehrere Doppelgänger in der Neuen Reichskanzlei auf, bereit für ihren Einsatz. Die meisten von ihnen wurden am 1. May durch die Gestapo ermordet und später durch die Sowjets tot aufgefunden. Anderen gelang die Flucht nach Argentinien, Malta und Long Island.

Beginn Juni 1945 wurde das Ausmaß der Täuschung mittels Doppelgängern deutlich, als zum Vorschein kam, dass der Bunker übersät war mit Leichen die alle Hitlers Kleidung trugen.

Am 9. Juni, während einer Pressekonferenz bei der Britische, Amerikanische, und Französische Berichterstatter anwesend waren, sagte der Sowjetische Kommandant Berlins, General Nikolai E. Bezarin:

*Wir haben in der Reichskanzlei mehrere Leichen gefunden, die den Namen des Führers auf ihrer Kleidung trugen. In der Reichskanzlei haben wir ehrlich gesagt zu viele Leichen gefunden, die Hitlers Namen trugen. Es musste sich um einen Scherz handeln. Immer, wenn ich ein Kleidungsstück fand, sagte ich: 'Es ist von Hitler'.*[108]

Joseph Grigg, ein Amerikanischer Kriegsberichterstatter, gab am 15. Mai 1945 bekannt, dass in den Ruinen der Reichskanzlei sechs Leichname ausgegraben worden waren – versengt und ver-

---

106. Greg Hallet, *British Agent*, Auckland 2006, 103.
107. Giordan Smith, *Fabricating the Death of Adolf Hitler* in *Nexus* vom Dezember 2007 und Januar 2008.
108. *Globe and Mail* vom 9. Mai 1945.

brannt – die mehr oder weniger der Beschreibung Hitlers glichen.

Die Alliierten und Hugh Trevor-Roper wiesen die Möglichkeit zurück, dass einer von Hitlers Doppelgängern anstelle Hitlers verbrannt worden war. Trevor-Roper behauptete, dass die Zeit nicht ausgereicht haben könne um den Leichnam des Doppelgängers in den Bunker hinein und wieder hinaus zu tragen. Wie wir noch sehen werden reichte die Zeit sehr wohl aus. Trevor-Roper hatte keine Ahnung, worüber er sprach.

Hitlers ständige Mitarbeiter beteten Hitler an und taten alles für ihren Führer. Sie erzählten den Alliierten was sie hören wollten.

Das Buch *Der letzte Zeuge* von Rochus Misch enthüllt einige Beispiele dafür, wie man wieder und wieder versucht einige Entdeckungen, die der Echtheit der gängigen Berichte widersprechen, zu recht zu rücken. Die Glaubwürdigkeit der gelogenen Geschichte musste gewahrt bleiben.

In Mischs Buch wird kein Wort über Doppelgänger verloren. Der Leichnam eines Doppelgängers, den man im Garten entdeckte, gehörte seiner Aussage nach einem von zwei Polen die sich zufällig im Garten der Reichskanzlei aufhielten. Sie wurden durch Zufall Zeuge einer Verbrennung und wurden vom RSD erschossen. Einer von ihnen hatte zufällig einen Schnurrbart, der dem Schnurrbart Hitlers glich.[109] Da der Pole gestopfte Socken trug konnte dieser Leichnam niemals der Leichnam Hitlers sein.[110]

Einer der Polen war wahrscheinlich ein Fan Hitlers, denn er trug den gleichen Schnurrbart wie der Führer. Zwei polnische Bürger im Garten der Reichskanzlei? Es ist nicht schwer zu erkennen, dass diese Geschichte nicht sehr glaubwürdig ist. Wo kamen die Polen her? SS-Rittmeister Gerhardt Boldt versichert, dass es unmöglich war sich der Reichskanzlei oder dem Notausgang des Hauptbunkers so dicht zu nähern. Überall standen Wachposten. Man konnte keinen Schritt machen, ohne aufgehalten zu werden. Nur unter Begleitung eines Wachpostens konnte man das Gelände betreten.[111]

---

109. Rochus Misch, *Der letzte Zeuge*, Pendo Verlag 2008, 20.
110. Telefongespräch mit Rochus Misch (2006).
111. Sven Felix Kellerhoff, *Mythos Führerbunker*, Berlin 2003, 58.

Genau wie alle anderen engen Mitarbeiter Hitlers versucht auch Misch bestimmte Dinge zu verheimlichen. Misch hat seine Geschichte im Laufe der Zeit nicht nur mehrmals angepasst, er weiß wo die Schuhe von Eva Braun standen aber erinnert sich nicht daran, ob Hitler auf dem Sessel oder auf dem Sofa saß. Auch nimmt er ehemalige Nazi-Verbrecher in Schutz indem er ihre Namen verschweigt. Er nimmt beispielsweise diejenigen, die die Polen ermordeten in Schutz. Misch erzählt auch, dass er es sehr eilig hatte den Hauptbunker zu verlassen. Er verschweigt jedoch, dass er während seiner Flucht aus dem Bunker sehr wohl Zeit hatte um in Hitlers Zimmer zurück zu gehen und ein Gemälde *Friedrich des Großen* beiseite zu schaffen. So schön und spannend das von Misch geschriebene Buch auch ist, was den Selbstmord Hitlers angeht müssen seine Erzählungen mit einiger Skepsis betrachtet werden.

Die einzige Möglichkeit für diejenigen, die den offiziellen Berichten von Adolf Hitlers Selbstmord Glauben schenken möchten, ist es, die Unstimmigkeiten in den verschiedenen Augenzeugenberichten zu ignorieren. Andere sollten sich selbst die Frage stellen, warum mehrmals sterbliche Überreste verbrannt wurden. Den verschiedenen Wachmännern und anderen möglichen Augenzeugen sagte man, dass es sich um die Leichname Hitlers und seiner Ehefrau handele. Warum betrieb man einen derart großen Aufwand um alle zu täuschen? Wenn Hitler Selbstmord begehen wollte, warum dann all diese Mühen? Warum trugen viele der Leichname Hitlers Kleidung, mitsamt seinem Namensschild? Zu welchem Zwecke führte man dieses Theaterstück auf? Was war der Grund für die Anwesenheit der vielen Doppelgänger?

Alle engen Mitarbeiter Hitlers wussten von den Doppelgängern. Nichtsdestotrotz verloren sie in ihren Aussagen kein Wort über das Doppelgängers-Szenario. Genau wie die Aussagen der vermeintlichen Augenzeugen von Hitlers und Eva Brauns Selbstmord sind ihre Aussagen bewusst widersprüchlich konstruiert, sodass jeder, der versucht Nachforschungen anzustellen, sein Vorhaben bereits in einem frühen Stadium aufgibt.

Erwartete man von Hitlers engen Mitarbeitern, dass sie widersprüchliche Aussagen machten um so dafür zu sorgen, dass der Selbstmord Hitlers glaubhaft erschien? Es besteht kein Zweifel, dass es ihnen gelungen ist, die wahren Umstände um Hitlers Tod in eine Rauchwolke zu hüllen! Sie wussten, dass jedem, der behauptete zu wissen, dass der Führer Selbstmord begangen hatte, auf der Stelle geglaubt wurde.

Wie bereits erwähnt war Hitler bei seinen Mitarbeiten sehr beliebt. Am 1. Mai 2005 erzählte Hitlers Krankenschwester Erna Flegel in einem Exklusivinterview mit dem *Guardian* über ihre letzten Tage im Berliner Bunker folgendes:

*Hitler war eine außergewöhnliche Persönlichkeit. Er war stets höflich und charmant. Man konnte wirklich kein schlechtes Wort über ihn verlieren. Er konnte sehr gut mit Kindern umgehen, so auch mit den Kindern von Goebbels. Er trank mit ihnen warmen Kakao und ließ sie sogar seine private Badewanne benutzen.*

Hitler zeigte Interesse am Wohlergehen seiner Leute. Wurde einer von ihnen krank, ließ er sie von seinem eigenen Leibarzt untersuchen. Verlobten Pärchen gab er regelmäßig einige Tage frei. Er zahlte ein zusätzliches Monatsgehalt und schenkte Kisten mit dem teuersten Wein wenn jemand heiratete. Normalerweise schloss Hitler für jeden, der heiratete, eine Lebensversicherung in Höhe von Hunderttausend Reichsmark ab.

*Traudl Junge*

Hitlers Sekretärin Traudl Junge bezeichnete den Führer als außergewöhnlich freundlich. Sie sah in ihm einen Vater, er behandelte sie wie eine Tochter.

Auch in dem vierteiligen durch das US-Counter Intelligence Corps (CIC) zusammengestellte Dossier machte Hitler nicht den Anschein eines Monsters. Das CIC hatte herausgefunden, dass Hitler Geschenke an Kinder gab und gewalttätige Sportarten und extrem fanatische Menschen verabscheute. Hitler war gewissenhaft und konservativ.

Aber Hitler hatte ebenfalls viele Feinde. Viele hohe Offiziere wollten keinen Krieg. Eins von diesen Offizieren war Claus Philipp Maria Schenk Graf von Stauffenberg. Als Chef des Stabes beim Befehlshaber des Ersatzheeres, Generaloberst Friedrich Fromm, nahm er regelmäßig teil an militärischen Konferenzen.

*Graf von Stauffenberg*

Am 20. Juni 1944 erhielt er ein Termin an einer Lagebesprechung in das Hauptquartier Wolfschanze teil zu nehmen. In letzter Minute wurde die Konferenz in eine holzen Baracke verlegt und einer der ständig bereitstehende Doppelgänger in den Besprechungsraum geschickt.

Kurze Zeit davor hatte Stauffenberg eine Aktentasche mit Sprengsatz und Zeitzünder eine Bombe unter Hitlers Tisch deponiert. Stauffenberg verließ das Gebäude und wartete in etwa 200 Metern Entfernung auf die Explosion.

Es gab viele Verletzte und die Bombe tötet vier von den 22 Teilnehmern an der Besprechung. Zwei von ihnen standen direkt neben Hitler.

Hitler soll den Anschlag überlebt haben, obwohl er gleich neben der Bombe gestanden hat.

Offiziell heißt es, dass Adolf Hitler nur leichtere Verletzungen erlitt. Die Verletzungen waren wie von Zauberhand innerhalb von Stunden verschwunden. Bereits wenige Stunden später traf Hitler sich mit Mussolini.

Gleich nach dem Attentat soll Hitler sogar gelächelt und dabei ausgerufen haben:

*Ich bin unverwundbar, ich bin unsterblich!*[112]

Dann zog er sich um und sagte:

*Wir müssen sofort weg, der Mussolini kommt.*[113]

Unmöglich sagte Stauffenberg. Er versichert gesehen zu haben, wie man Hitler aus der zerstörten Baracke herausgetragen habe.[114]

War es wirklich Hitler der Stauffenberg gesehen hat? Oder war es vielleicht eins von vielen Doppelgänger?

In Wirklichkeit war es Hitlers Doppelgänger Heinrich Berger. Er wurde schwer verletzt und sofort ins Krankenhaus gebracht und operiert, d.h. die Beine wurden amputiert.

General Wilhelm Keitel war ebenfalls in den Barack anwesend und wusste über den Doppelgänger bescheid. Wie es scheint wusste er aber nicht wo der echte Hitler sich in diesen Augenblick befand. Nachdem die Bombe explodierte, rannte er auf den schwer verletzten Doppelgänger zu und fragte diesen:

*Wo ist der Führer?*[115]

Einige Tage danach sollte Hitler bei seinem Besuch bei den überlebenden Verletzten im Reservelazarett Karlshof bei Rastenburg äußern:

*Es ist jetzt das vierte Mal in diesem Kriege, daß meine Gegner mir nach dem Leben trachten, um mich endgültig zu beseitigen. Es ist ihnen jedoch nicht ein einziges Mal gelungen!*[116]

---

112. *Die Tagebücher des Professor Dr. Theodor Morell*, The National Institutes of Health, Maryland 1981. Heute befinden sich *Die Tagebücher* in dem US National Archives.
113. Ibidem.
114. Viktor Ullrich, *Reichshauptstadt Berlin 1941-1945*, Kiel 2010, 15.
115. Basiert auf *Die Tagebücher des Professor Dr. Theodor Morell*, The National Institutes of Health, Maryland 1981.
116. Ibidem.

Zum Schluss sei noch erwähnt, dass es auch Doppelgänger gab von Hermann Göring, Martin Bormann, Heinrich Himmler und allen anderen wichtigen Nazi-Persönlichkeiten.[117]

Der einzige der keinen Doppelgänger hatte war Goebbels. Er hinkte und hatte einen Klumpfuß.[118]

---

117. Der Reichsmarschall des Großdeutschen Reiches Hermann Göring, war für die Gründung der Gestapo und der ersten Konzentrationslager verantwortlich.
118. Vgl. Greg Hallet, *British Agent*, Auckland 2006, 103.

### Kapitel 8

# Operation Testament

Im Januar 1946 gab General Helmuth Weidling, der zu diesem Zeitpunkt in einem Sowjetischen Gefangenenlager interniert war, eine lange Aussage zu Protokoll, in der er zugab, dass auch er inzwischen an der Selbstmordtheorie Hitlers zweifelte. So wie viele andere auch, wusste er, dass vor dem Morgen des 2. Mai 1945 kein feindlicher Infanterieangriff auf die Reichskanzlei stattgefunden hatte.[119] Er hatte nachgedacht über die Probleme, auf die Hitler während eines Fluchtversuches gestoßen wäre, und kam zu folgender Schlussfolgerung:

*In der Nacht des 30. April bestanden genügend Möglichkeiten zur Flucht, entweder über den Bahnhof Zoo in den westlichen oder über den Bahnhof Nord in den nördlichen Teil Berlins. Es wäre sehr einfach gewesen über die U-Bahn Tunnel sicher zu entkommen.*[120]

Die Reichskanzlei wurde vor dem 2. Mai weder angegriffen, noch war sie eingekesselt. Die ersten Sowjets stießen erst am 2. Mai zur Alten Reichskanzlei vor. Sie hatten sich hauptsächlich auf die Umgebung rund um den Reichstag konzentriert. Auch waren sie sehr damit beschäftigt Frauen aller Altersgruppen zu vergewaltigen. So wollten nur eins: "Uri-Uri" oder "Frau komm". Mehr als hunderttausend Frauen wurden während der Einnahme Berlins vergewaltigt, zehntausende von ihnen wurden ermordet.[121]

---

119. Aussage Erich Kempkas vom 20. Juni 1945.
120. D. Machete, *The Death of Adolf Hitler - Forensic Aspects* in de *Journal of Forensic Sciences*, September 2005, 1147.
121. Aussage von Anneke B., einer älteren Niederländischen Bekannten des Autors die mit einem Wehrmachtssoldaten verheiratet war und in Berlin wohnte. Bei der Befreiung Berlins wurde sie mehr als dreißig Mal von Sowjets vergewaltigt.

Nicht nur die Russen waren für ihre Vergewaltigungen Deutscher Frauen und Mädchen bekannt.

Gemäß verschiedene Zeugnisse vom 17. Juli 1945 an den US Senat:

*Als die französischen kolonialen Truppen unter General Eisenhower, späterer Präsident der Vereinigten Staaten, in Stuttgart einmarschierten, trieben sie deutsche Frauen und Mädchen in den U-Bahnen zusammen und vergewaltigten 2000 von ihnen.*[122]

Wie zuvor erwähnt, begreifen viele Historiker bis heute nicht, warum Hitler 1940 den Angriff auf England zurückgehalten hat. Obwohl er England binnen kürzester Zeit hätte einnehmen können, weigerte er sich dies zu tun. Hätte Hitler den Kanal sehr wohl überquert, hätte Deutschland den Krieg gewonnen. Das war aber nicht nach Plan. Hitler hatte den Auftrag, den Krieg zu verlieren. Deshalb musste England bestehen bleiben.

Auch eingeweihte Nazis wussten, dass Deutschland den Krieg verlieren musste. Als der spanische Innenminister Ramón Serrano Suñer versuchte General Francisco Franco zu einem Zusammenschluss mit den Achsenmächten Deutschland, Italien und Japan zu bewegen, riet der Deutsche Admiral Wilhelm Canaris dem Spanischen Staatsoberhaupt hiervon ab, da England den Krieg gewinnen würde.

Dies ist auch der Grund dafür, dass Hitler seine Streitmächte gegen Russland eingesetzt hat. Für das Dritte Reich bedeutete dies den Anfang vom Ende. Jeder wusste von Beginn an, dass dies ein aussichtsloser Kampf war.

Mit dem Desaster von Stalingrad und der alliierten Landung in der Normandie im Sommer 1944, war es offensichtlich, dass der Krieg für das Dritte Reich verloren war. Infolgedessen beschlossen unsere elitären Machthaber, dass es an der Zeit war Vorkehrungen zu treffen um Hitler von der Bildfläche verschwinden zu lassen. Wie schon erwähnt, durften seine Herkunft, seine Ausbildung bei Tavistock, die Finanzierung des Dritten Reiches und viele andere Dinge niemals ans Licht kommen. Obendrein durfte nicht bekannt werden, dass Hitler den Auftrag hatte, den Krieg zu verlieren.

---

122. Sogar ein Militärpolizei Reporter bestätigte widerwillig den Bericht in seinen wesentlichen Einzelheiten, *Peace Action*, Juli 1945.

Den elitären Machthabern hinter dem Dritten Reich war alles daran gelegen, dass Hitler niemals in die Hände der Sowjets fiel. Ihre Geheimnisse durften niemals preisgegeben wären. Um dies zu vermeiden wurde beschlossen Hitler zu ermorden. Mit Hilfe des britischen Geheimdienstes (Special Operation Executive) wurde ein Attentat auf Hitler am Obersalzberg geplant.[123] Wie zuvor erwähnt, wurden 1998 britische geheim Archive freigegeben. Darunter auch Akte HS 6/624. Überraschend findet man in diese Akte nicht nur eine Bestätigung über Hitlers Doppelgänger, sondern ebenfalls über obengenannten Plan (Operation Foxley), um auf Hitler am Obersalzberg ein Attentat zu verüben.

Der *Berchtesgadener Anzeiger* von 22. Oktober 2008 berichtet folgendes:

*Im veröffentlichten Operationsplan wird deutlich, wie viel Detailkenntnis der englische Geheimdienst über den Berghof und das Sperrgebiet hatte. Gebäude, Wege und der Tagesablauf von Adolf Hitler waren bekannt. Es wurden verschiedene mögliche Attentatsversuche diskutiert. Einerseits ein Anschlag auf den Führerzug oder auf die Autokolonne, wenn er von Schloss Kleßheim herüber kam. Oder als direktes Attentat am Obersalzberg, für das sich am Ende entschieden wurde.*

Warum ausgerechnet am Obersalzberg?

Georg Elser hatte am 8. November 1939 im Münchener Bürgerbräukeller ein Bombenattentat gegen Hitler und nahezu die gesamte NS-Führungsspitze verübt. Aufgrund unvorhergesehener Umstände beendete Hitler seinen Aufenthalt vor Ort früher als erwartet und verließ mit seinem Führungsstab das Gebäude 13 Minuten vor der durch einen Zeitzünder ausgelösten Explosion.

Noch aus der Zeit des Nationalsozialismus hält sich hartnäckig das Gerücht, Georg Elser habe im Auftrag von Heinrich Himmler und Reinhard Heydrich gehandelt. Damals habe es einen Streit zwischen Himmler, Heydrich und Rudolf Hess gegeben.

---

123. Special Operation Executive bestand aus Sektion D, eine Sabotage Abteilung des MI6, MI R, eine Nachrichtenabteilung des War Office und Elektra House, eine geheime Propaganda-Abteilung des Außenministeriums.

In Wirklichkeit sollte nicht Hitler, sondern Hess sterben. Am Tag der Traditionsfeier zum Hitlerputsch haben Heinrich Himmler und Reinhard Heydrich versucht Hitler vom Bürgerbräukeller fernzuhalten. Rudolf Hess sollte den Führer vertreten und getötet werden. Hitler selbst hat von diesen Machenschaften wahrscheinlich nichts gewusst.[124]

Hitlers Stellvertreter Rudolf Hess war der wichtigste Vertreter des Nazi-Reiches. Er wurde später während seiner Gefangenschaft im britischen Regierungsauftrag ermordet, um die Wahrheit über Hitler und das Dritte Reich zu vertuschen.[125]

Das britische Geheimarchiv berichtet dass seit dem gescheiterten Anschlag von Georg Eisler, Hitler nicht mehr öffentlich präsent war. Seit 1939 wurde Hitler zu einem Phantom. Nur auf dem Obersalzberg war er als Zielperson greifbar. Nur hier, in diesem privaten Umfeld, konnte man sicher sein, dass Hitler wirklich Hitler war und kein Doppelgänger.

Am 28. Juni 1944 fiel die Entscheidung für Operation Foxley. Geplant war, dass zwei Scharfschützen Hitler bei seinem täglichen Spaziergang zur Teehaus erschießen sollten. Allerdings war die Operation aus verschiedenen Gründen sehr umstritten. In einem Dokument aus dem geheimen Archive heißt es dazu:

*Die Stabschefs des Special Operation Executive waren einmütig der Auffassung, dass es aus streng militärischer Sicht eher ein Vorteil wäre wenn die deutsche Militärstrategie weiter von Adolf Hitler kontrolliert würde.*[126]

Außerdem bestand die Angst, dass durch eine Ermordung Adolf Hitlers ein Mythos geschaffen würde und dem Entstehen einer zweiten Dolchstoßlegende Vorschub geleistet würde. Hatte man Hitler ermordet, war er durch viele Deutschen zum Martyrium glorifiziert.

---

124. *Heidenheimer Neue Presse* 7. Juli 2001.
125. *The Independent* 6. September 2013. Das Rudolf Hess ermordet wurde immer schon behauptet, aber dass diese Tatsache einmal von einer der ganz großen Englischen Tageszeitungen offen zugegeben würde, hätte man sich in den kühnsten Träumen nicht vorstellen können.
126. Public Record Office (PRO), *Akte HS 6/624*, Juli 1998.

Es gab nur eine Möglichkeit das Problem zu lösen. Sie, die Hitler an die Macht verhalfen, wollten ihn nun für tot erklären lassen. Hitler erhielt den Auftrag um einen Selbstmord vorzutäuschen und sich zur Flucht nach Spanien vorzubereiten.

Zwar fiel am 28. Juni 1944 die Entscheidung für die Operation Foxley, allerdings zu spät. Seine Hintermänner informierten Hitler rechtzeitig und er befindet sich nach diesem Zeitpunkt nicht mehr auf dem Obersalzberg.[127]

Neben dem Fluchtplan Hitlers beschloss man auch Reichsleiter Martin Bormann von der Bildfläche zu schaffen. Er war persönlich mit der Verwaltung aller Besitztümer der besetzen Länder betraut. Bormann verwaltete Nazibeute im Wert mehrerer Milliarden, die sich auf Argentinischen und Schweizer Bankkonten befanden. Bormann hatte den Schlüssel zu allen geheimen Bankkonten, Juwelen, Diamanten, Kunstgegenständen und Ölgemälden von allen großen Meistern sowie zu anderen aus besetzen Zonen stammenden Schätzen.

## Hitlers Fluchtplan

Der Deutsche Name von Hitlers Fluchtplan lautete *Operation Testament*. Die Briten gaben ihm den Codenamen *Winnie the Pooh*. Die Operation betraf Hitlers Entkommen aus dem Bunker am 30. April 1945 und seine Flucht aus Deutschland am 2. Mai 1945.[128]

Hitlers Flucht wurde bereits Monate im Voraus durch Major Desmond Morton, Oberhaupt der *Sektion M* des Britischen Geheimdienstes, geplant.[129]

*Sektion M* wurde 1932 von Major Morton gegründet und unterstand dem Schutz des Königs. Auf Anweisen des Königs wurde nur dem Britischen Premierminister Bericht erstattet. Die Operationen wurden von der Britischen Regierung nicht kontrolliert. Diese hatte keine Entscheidungsgewalt über *Sektion M*.

Nur sehr wenige der Verantwortlichen bei *Sektion M* wussten über Hitlers geplante Flucht Bescheid. Andere Nachrichtendienste

---

127. *Berchtesgadener Anzeiger* von 22. Oktober 2008, Seite 5.
128. Greg Hallett, *British Agent*, Auckland 2006, 345.
129. Als Winston Churchill erster Lord der Admiralität wurde, brachte er Sektion M bei der Marine unter.

wie MI6, CIA und FBI hatten absolut keine Vorkenntnis und würden nicht informiert.

Auf deutscher Seite wussten einzig Adolf Hitler, Außenminister Joachim von Ribbentrop, Marin Bormann, Joseph Goebbels und Gestapo-Chef Heinrich Müller von der Operation.[130] In Spanien, Generalisimo Francisco Francos und Außenminister Ramón Serrano Suñer (Francos MI-6 Betreuer). Sie standen alle in ständigem Informationsaustausch mit der *Sektion M*.

Mehr als hundertfünfzig Spezialisten waren Teil der Operation. Sie bekamen Unterstützung von der Royal Navy, der Special Boat Service (Royal Marines Commandos), der Womans Royal Naval Service (Wrens), die Royal Marines, sowie Mitglieder des deutschen Widerstands. Niemand von ihnen wurde über die wahren Ziele der Operation informiert. Ende Januar 1945 begann man mit dem Training einer Spezialeinheit im Birdham Military Camp nahe Portsmouth.

Die Operation unterstand der Leitung Ian Lancaster Flemings, Jahre später der Erfinder von James Bond.[131] Major Morton hatte Fleming informiert, dass sie Martin Bormann entführen müssten. Fleming wusste nicht, dass auch Hitlers Flucht Teil dieses Plans war. Man ließ ihm Glauben, dass es sich einzig und allein um Bormann drehte.

Ian Fleming war stellvertretender Direktor der *Sektion M*. Er hatte das Royal Military College in Sandhurst erfolgreich abgeschlossen und wurde später von Montague Norman, Präsident der Rothschilds Bank of England, rekrutiert. Ian Fleming wurde Geheimagent, arbeitete bei Reuters in Moskau (1929-1933) und lernte in Österreich, Deutschland und der Schweiz deutsch und andere Sprachen (1933-1939). Er arbeitete unter dem Deckmantel eines Bankiers und Wertpapierhändlers.

---

130. Siehe Liste mit alle Teilnehmern an der Operation Testament auf Seite 247.
131. Ian Lancaster Fleming war offiziell beim Geheimdienst des Britischen Commonwealth stationiert. Deswegen reiste er während seiner Vorbereitungen auf die Operation Testament auch in den Fernen Osten. Siehe Christopher Creighton, *Operation James Bond - Das letzte große Geheimnis des Zweiten Weltkriegs*, Econ 1996, 126.

Fleming war desweiteren der persönliche Assistent des Direktors der Britischen Naval Intelligence Division, Admiral John Godfrey. Unter dem Kommando Godfreys hatte Fleming sich während seines Einsatzes in mehreren geheimen Operationen ausgezeichnet. Fleming war ein meisterhafter Spion mit vielen wichtigen Verbindungen, unter anderem zu Winston Churchill und der niederländischen Königin Wilhelmina.

*Ian Lancaster Fleming*          *John Ainsworth Davis*

Ian Fleming wurde während Operation Testament von Doppelagent Christopher Creighton alias John Ainsworth-Davis assistiert. Fleming stand über John Ainsworth-Davis mit Von Ribbentrop in Kontakt.

Fleming und Ainsworth wurden vom Barbara Brabenov, persönlicher Verbindungsoffizierin von Dwight Eisenhower, unterstützt. Sie erhielt später eine führende Position in der CIA mit unter anderem der Leitung über die CIA-Abteilung zum Schutz geflüchteter Nazi-Führungspersonen, die sich auf den Kanarischen Inseln und in Lateinamerika versteckten.

Auch Ainsworth-Davis und Brabenov dachten, dass sie Martin Bormann entführen müssten. Genau wie Fleming, war ihnen nicht bewusst, dass auch Hitlers Flucht Teil dieses Plans war.

In Deutschland hingegen wusste man nichts von einer geheimen Mission um Martin Bormann. Auf deutscher Seite wussten einzig Martin Bormann selbst und Joachim von Ribbentrop von der Operation um Bormann.

Auch im Hauptbunker arbeitete man fieberhaft an der Flucht Adolf Hitlers. Man dachte an alles. Selbst an postmortale Untersuchungen. Dr. Helmut Kunz, die Zahnarzthelferin Käthe Hausermann und der Zahntechniker Fritz Echtmann wurden in den Plan eingeweiht und angewiesen, das Gebiss von einem von Hitlers Doppelgängern so anzupassen, dass es so gut wie nur eben möglich mit Hitlers Gebiss übereinstimmte.

Die gängige Geschichtsschreibung macht uns glauben, dass Adolf Hitlers angeschlagene körperliche Verfassung es ihm unmöglich machte zu fliehen. Man verschweigt jedoch, dass viele Personen die Hitler kannten, hierunter auch seine engsten Mitarbeiter, nie von Hitlers Gesundheitszustand berichtet haben.

Andere sind sogar der Überzeugung, dass Adolf Hitlers Gesundheitszustand ausgezeichnet war.

Feldmarschall Albert Kesselring, der Hitler noch im April gesehen hatte, sagte:

*Hitler war bei bester Gesundheit.*

Am 7. Mai schrieb die *Baltimore Sun*, dass, nach Aussage Erwin Giesings (Hitlers Hals-, Nasen-, Ohrenarzt), "der Führer, für einen Mann seines Alters, einen außergewöhnlich guten Gesundheitszustand hatte."[132]

Hitlers Leibarzt Dr. Theodor Morell soll Hitler mit großen Mengen Medikamenten und Drogen versorgt haben. Medizinische Fachleute haben erst kürzlich herausgefunden, dass dies nicht stimmte. Dr. Morell verschrieb Hitler bewusst nur jene Medikamente, die vollkommen harmlos waren. Das einzige wirksame Medikament war *Testoviron*, ein Produkt der Firma Schering gegen Hitlers Lustlosigkeit.

Während seiner Gefangenschaft gab Morell zu Protokoll, dass Hitler in all den Jahren niemals wirklich krank gewesen war:

*Hitler war immer Gesund und bei bester Verfassung.*

---

132. Lee McCardell, *Assert Hitler Almost Normal On February 15* im *Hamilton Spectator* vom 7. Mai 1945. Siehe ebenfalls Howard Cowan, *Kesselring Most Surprised Hitler Remained in Berlin* im *Hamilton Spectator*, 10. Mai 1945.

Morell gab außerdem zu bedenken, dass Hitler niemals Selbstmord begehen würde:

*Hitler war nicht der Typ, der Selbstmord begeht.*

Hitler war immer schon ein guter Schauspieler gewesen. Es fiel ihm somit auch nicht schwer andere glauben zu machen, dass es schlecht gestellt war um seine körperliche und geistige Verfassung. Im Beisein einiger Personen tat er, als ob er sein Gleichgewicht verlieren würde, zuckte mit den Beinen und ließ seine Bewegungen sehr schwerfällig verlaufen. Indem er seine grauen Haare nicht länger färbte macht er den Eindruck eines alten Mannes.

Vor seiner Flucht musste Hitler seinen Schnurrbart abrasieren. Ohne seinen Schnurrbart und mit grauen Haaren würde niemand ihn erkennen.

Es war geplant, dass Hitler unter dem Schutz einer Spezialeinheit direkt nachdem er den Bunker verlassen hatte so schnell wie möglich ans südliche Ufer der Spree gelangen sollte, vorbei an der Marschallbrücke. Dort sollte die U-794, eines der zwei Deutschen Mini-U-Boote (WK 202), 1942 in Kiel in der Krupp Germaniawerft AG gebaut, auf ihn warten.[133]

Nachdem Großadmiral Karl Dönitz Anfang März 1945 an einer Testfahrt mit der WK202 teilgenommen hatte wurde beschlossen, diese für die Operation Testament einzusetzen.[134]

Die Spree ist ein äußerst breiter Fluss, der viele Manövermöglichkeiten bietet. Er verläuft quer durch das Zentrum Berlins. Im Westen der Stadt mündet die Spree in die Havel, welche die Stadt in südlicher Richtung verlässt. Die Havel wiederum fließt in den großen und den kleinen Wannsee mit dessen vielen kleinen Inseln.

---

133. Die WK202 war in verschiedenen Grautönen lackiert. Das U-Boot war 36,6 Meter lang und hatte einen Tiefgang von 4,55m. Der Innenraum maß lang en 3,6 hoch mit einer Kabine von 10 Metern. Die Höchstgeschwindigkeit lag bei 25 Knoten (46 km/h). Sie bot Platz für maximal 12 Personen.
134. Kapitän Philipp Becker (Eisernes Kreuz erster Klasse) hatte Befehl über die U-794. Ob er tatsächlich an der Operation Testament teilgenommen hat ist nicht bekannt. Wahrscheinlich wurde er durch jemanden ersetzt. Die Namen der anderen drei Besatzungsmitglieder sind nicht bekannt.

Über Potsdam und Brandenburg mündet die Havel schließlich in die Elbe.

Es war geplant, mit dem Mini-U-Boot flussabwärts Richtung Westen über die Havel und den Wannsee zu fahren, wo eines von Dönitz' Wasserflugzeugen Hitler abholen sollte. Nach einem kurzen Flug zum Großen Müggelsee sollte Hitler ab dort in Begleitung einiger Mitglieder der *Sektion M* und unter Mitwissen General Francisco Francos ohne Zwischenstopp nach Spanien geflogen werden. Für diesen Tag (der 2. Mai), war wohlgemerkt ein Waffenstillstand vereinbart, sodass der Flugverkehr über Deutschland ungehindert ablaufen konnte.

Viele behaupten, dass Hitler schon am 27. April Berlin mit einem Flugzeug verlassen hat. Das wäre aber nicht nur unmöglich, sondern ebenfalls zu gefährlich gewesen. Ein deutsches Flugzeug hätte nicht einmal die Grenze zu Frankreich erreicht. Der Waffenstillstand am 2. Mai war die erste Möglichkeit Deutschland ohne Gefahr zu verlassen.

Man hatte sich bewusst dagegen entschieden, das U-Boot flussaufwärts in Richtung des Großen Müggelsees zu schicken. Um flussaufwärts zu fahren hätten die Dieselmotoren des U-Boots auf vollen Touren laufen müssen, wodurch die Gefahr bestand, dass man entdeckt wurde. Außerdem war geplant, dass das U-Boot sich nach gelungener Flucht westwärts in die Geltingerbucht begeben sollte. Dort musste die U-794, nachdem die Besatzung von Bord gegangen war, versenkt werden.

Um einen reibungslosen Ablauf der Operation zu gewährleisten musste man bereits vorab einige Hindernisse aus dem Weg räumen. Die Spree war an vielen Stellen mit Mienen und anderen boobytraps gespickt. Zwanzig Sprengstoffexperten wurden eingesetzt um diese so schnell wie möglich ausfindig und den Fluchtweg frei zu machen.[135]

Ein anderes Problem war der Wasserstand der Spree. Dieser war sehr niedrig. Von deutscher Seite löste man dieses Problem am 28. April. Die Schleusen der Spree waren geschlossen, wodurch die Tunnel zwischen den Schleusen als Rot-Kreuz Krankenhaus genutzt werden konnten. Am 28. April gab Hitler den Befehl die

---

135. Christopher Creighton, *Operation J.B.*, Econ 1996, 156.

oberen Schleusen zu öffnen, während die unteren Schleusen geschlossen blieben mit der Folge, dass das Tunnelsystem geflutet wurde. Tausende Bürger und Soldaten ertranken.

Die oberen Schleusen wurden am 29. April um 18.00 Uhr geschlossen. Kurz darauf wurden die unteren Schleusen geöffnet um das Wasser und die Leichen abfließen zu lassen.

Die unteren Schleusen wurden um 22.30 Uhr vollständig geöffnet, wodurch noch mehr Leichen in die Spree gelangen. Der Wasserstand war deutlich erhöht und das Mini-U-Boot konnte problemlos flussabwärts fahren.

### Hanna Reitsch

Der Deutsche Pilot, der Hitler mit dem Wasserflugzeug retten sollte, war Hanna Reitsch. Sie spielte eine wichtige Rolle in der Operation Testament. Sie war als beste Pilotin des Jahrhunderts bekannt und war unter anderem an den Tests der Fliegerbomben (V1) beteiligt. Ihre Flüge in der V1-Rakete waren der Grundstein zum ersten Kapitel der modernen Raumfahrt.

Das schnellste und gefährlichste Flugzeug, das von Reitsch getestet wurde, war das streng geheime Deutsche Raketenflugzeug Messersmitt 163 Komet. Hitler zeichnete Reitsch mit dem Ritterkreuz des Eisernen Kreuzes erster Klasse aus. Sie war die einzige Frau, die diese hohe Auszeichnung erhielt.

Nach dem Krieg wurde Reitsch Mitglied der *American Test Pilots Association* und wurde im Jahr 1961 von Präsident John Kennedy im Weißen Haus empfangen.

Bis zu ihrem Tode war sie eine fanatische Verehrerin Hitlers. Während des Angriffs auf die Normandie schlug sie Hitler vor mit tausend Freiwilligen einen Selbstmordanschlag auf die alliierte Invasionsflotte auszuüben. Hitler stand dieser Idee skeptisch gegenüber. Er fand, dass es kein effektiver Einsatz der begrenzten Deutschen Mittel war, und, so ließ er sie wissen, dass es *nicht zum Deutschen Charakter passe*.

Reitsch drängte jedoch weiter und überzeugte ihn schließlich. Hitler versprach, die Möglichkeit in Augenschein zu nehmen. Reitsch bildete daraufhin eine Selbstopfer-Truppe und legte als erste den folgenden Eid ab:

*Ich melde mich hiermit freiwillig als Pilotin einer bemannten Bombe zur Selbstopfer-Truppe. Ich bin mir darüber im Klaren, dass mein Einsatz in dieser Angelegenheit meinen Tod zur Folge haben wird.*

Vielleicht verstehen wir nun, dass es ebenfalls unter Hitlers Doppelgängern einige gab, die sich blindlings freiwillig anboten um anstelle des Führers einen Selbstmord zu begehen.

### Kapitel 9
# Dresden

Während der Konferenz von Jalta am 7. Februar 1945 sagte Winston Churchill Folgendes:

*Es ist uns gelungen, sechs Millionen Menschen zu töten. Vielleicht gelingt es uns, dem vor Ende des Krieges noch eine Millionen hinzu zufügen.*[136]

Zehn Tage nach der oben zitierten Aussage Churchills wurden während Anglo-Amerikanischen Luftangriffen auf Dresden 330.000 Menschen getötet. Die militärische Verwüstung Dresdens durch die Alliierten im Februar 1945 war völlig unnötig. Dresden lag nicht in der Kampfzone, war verkehrstechnisch unbedeutend und besaß keine nennenswerte Industrie. Dresden hatte keine Bunker, keine Kriegsindustrie und keine Abwehrgeschosse, nur 1.250.000 unschuldige Bürger aller Altersgruppen. Unter der Bevölkerung Dresdens befanden sich zu diesem Zeitpunkt etwa hundert Soldaten. Zudem hielten sich hunderttausende Flüchtlinge aus den Ostgebieten in Dresden auf. Die Zahl der Deutschen Flüchtlinge, die vor der Roten Armee flohen, war im Februar auf über 600.000 gestiegen.

Der erste nächtliche Angriff, an dem tausende Amerikanische und Britische Bomber und Jagdbomber beteiligt waren, ereignete sich am 13. Februar gegen 21.30 Uhr. Eine halbe Stunde lang regnete es Feuer und Stahl: 460.000 Brand- und Phosphorbomben, 3000 Luftminen und Springbomben. Die Spuren des Angriffs trieben gespenstisch in der Elbe und hüllten die Stadt in eine grelle Glut.

---

136. Nach James F. Byrnes' Steno an der Konferenz von Jalta, 7 Februar 1945, HS Truman Bibliothek, Independence, Missouri.

Mütter holten ihre schreienden Kinder aus den Betten und brachten sie in die Schutzkeller, während die ersten Brandbomben ihr Feuer säten.

Tausende Menschen starben einen qualvollen Tod. Ärzte und Krankenschwestern eilten auf ihre Posten. Schwerstverletzte wurden in die Schutzkeller getragen.

Straßen und Plätze waren überfüllt mit Menschen, die nach Schutz suchten. Ein Feuersturm saugte aus vielen Schutzkellern den Sauerstoff heraus. Tausende Menschen in den Schutzkeller wurden später erstickt aufgefunden. Die überfüllten Schutzkeller wurden zu Massengräbern. Viele Überlebende wurden wahnsinnig.

Überall in der Menge schlugen Brand- und Phosphorbomben ein. Männer, Frauen und Kinder rannten als lebende Fackeln durch die Straßen, bis sie schließlich zu Boden gingen. Die Schreie dieser Opfer vermischten sich mit den Todesschreien der Tiere, die im Feuermeer, das den Zoo verwüstete, starben. Das Blut floss in Strömen aus den Tiergehegen. Autos explodierten und brennende Hunde fielen Menschen an. Luftminen rissen Mauern nieder, Gas- und Wasserleitungen brachen. Mütter beugten sich schützend über ihre Kinder, um sie vor der sengenden Hitze zu beschützen. Ihre hilflosen Handlungen sollten ihre Kinder jedoch nicht retten. Viele begingen Selbstmord. Nach dem ersten Angriff standen tausende Häuser in Brand. Die Stadt war ein einziges Flammenmeer.

Der zweite nächtliche Angriff folgte drei Stunden später. Alle Rettungskräfte wurden von diesem zweiten Angriff überrascht. Bis auf wenige Ausnahmen verbrannten sie alle auf schreckliche Art und Weise. Überall standen Krankenwagen mit verkohlten Insassen.

Aus allen Richtungen schleppten sich Überlebende in die Parkanlagen entlang der Elbe. Blutende Menschen, oft halbnackt, mit Brandwunden übersäte Frauen und Kinder. Schwangere Frauen taumelten in den Park, brachen zusammen und brachten auch noch ein Kind zur Welt.

Der große Stadtpark, die Bahnhöfe und die Wiesen entlang der Elbe wurden von den Bomben verwüstet. Phosphor und enorme Bomben verwandelten die noch nicht brennenden Stellen in ein Schlachtfeld. Bei Anbruch des nächsten Tages hingen die Rauchwolken bis zu fünf Kilometern oberhalb der Stadt.

Der dritte Angriff auf die Stadt folgte zehn Stunden später, am 14. Februar 1945 um 11.15 Uhr. Dreißig Minuten lang bombardierten 1200 Amerikanische Flieger die Vorstädte Dresdens und den umliegenden Dörfern. Feindliche einmotorige Fernjäger schossen auf alles, was sich entlang der Elbe bewegte.[137]

Viele alliierte Piloten haben sich später entschuldigt. Aus dem britischen Geheimarchive geht hervor, dass für alle Piloten ein Angriff auf das schutzlose Dresden total überraschend kam.

Sie wussten, dass es in Dresden weder Flakgeschütze noch Luftverteidigung gab. Erst in der Nähe von Dresden durften sie die Befehle öffnen.

Der Krieg war für Deutschland schon Monaten vorher verloren. Die Luftangriffe auf Dresden waren ein Kriegsverbrechen, eine barbarische Tat. Noch nie zuvor war eine Stadt in so kurzer Zeit völlig verwüstet worden; noch nie starben so viele Menschen in nur einer Nacht. Im Bericht *Report of the Joint Relief 1941-1946* des Internationalen Roten Kreuzes aus 1948 über die Bombardierungen während des Zweiten Weltkrieges wurde die Zahl der Toten in Dresden, der Deutschen Stadt in der sich die meisten Flüchtlinge aufhielten, auf 330.000 geschätzt.

---

137. Interviews des Autors mit Heinz Müller und andere deutsche Überlebende in Ecuador über die Tiefangriffe durch P-51 D Mustang Jagdflugzeugen.

## Kapitel 10
# Entkommen

**7. März 1945:**

Nach den Bombenangriffen auf Dresden wurden die Luftangriffe der Alliierten auf deutsche Städte immer intensiver. Aus diesem Grund beschloss Adolf Hitler, in seine Unterkunft im Hauptbunker umzuziehen. Er war vernarrt in seine Schäferhündin Blondi und nahm sie mit in den Bunker, wo sie in seinem Schlafzimmer schlafen durfte.

**7. April 1945:**

Hitlers Hündin bekommt fünf Welpen. Er gibt jedem einen Namen. Er schenkt einem der Wachmänner des RSD einen Welpen mit dem Namen Cognac. Artur Axmann, der letzte Chef der Hitlerjugend, bekommt die Hunde Bärenfänger und Pfeiffer.

**20. April 1945:**

Am Abend des 20.April bekommt Erich Kempka den Befehl ungefähr zwölf Fahrzeuge zu organisieren um etwa achtzig Personen, die zum Hauptquartier des Führers gehörten, und dessen Familien, zu verschiedenen Berliner Flughäfen zu transportieren.

**21. April 1945:**

Erich Kempka erhält erneut den Auftrag, einige Fahrzeuge bereit zu halten. Dieses Mal wurden etwa vierzig bis fünfzig Personen zu verschiedenen Flughäfen gebracht.[138]

Hitlers Leibarzt, Dr. Morell, wird entlassen. Gemeinsam mit einigen Stenografen, dem Konsulatssekretär Doehler und mehreren Frauen wird Morell von Kempka zum Flughafen Gatow gebracht.

---

138. Aussage Erich Kempkas vom 20. Juni 1945.

**22. April 1945:**

Hitler erzählt Feldmarschall Wilhelm Keitel, General Alfred Jodl, General Karl Koller, Albert Speer und anderen, dass er plant Selbstmord zu begehen. Keitel, Jodl und Speer verlassen hieraufhin den Bunker und verbreiten die Information. Jeder erwartet, dass Hitler sich umbringt.[139]

Dr. Goebbels sagte zu General Ferdinand Schörner:

*Das Mindeste was ich tun kann ist, dafür zu sorgen, dass der Leichnam Hitlers nicht in die Hände der Feinde gelangt.*

**23. April 1945:**

Reichsmarschall Hermann Göring geht davon aus, dass er Hitlers Nachfolger wird. Hierdurch fällt er bei Hitler in Ungnade.

**24. April 1945:**

Zwei von Hitlers Sekretärinnen verlassen den Bunker und werden von Hitlers Fahrer Erich Kempka zur provisorisch gebauten Landebahn auf der Charlottenburger Chaussee, zwischen der Siegessäule und dem Brandenburger Tor, gebracht.

**25. April 1945:**

Zusammen mit einer größeren Gruppe verlässt auch Albert Bormann, Bruder des Reichsleiters Martin Bormann, den Bunker.

Hermann Göring wird abgesetzt und aus all seinen Ämtern entlassen.

**26. April 1945:**

Hanna Reitsch landet zusammen mit General Robert Ritter von Greim mit einer Fieseler Storch auf der großen Allee "Unter den Linden".

Das Flugzeug ist durch Russisches Artilleriefeuer schwer beschädigt. Auch der General ist hierbei verwundet worden. Die offiziellen Berichte besagen, dass Hitler nach Görings Versuch die Macht zu übernehmen, Ritter von Greim zum Leiter der Luftwaffe ernennen wollte.

In einer Ju188 waren Von Greim und Hanna Reitsch vom Piloten Jürgen Bosser van München aus zum Berliner Flughafen Gatow geflogen worden.

---

139. Greg Hallett, *British Agent*, Auckland 2006, 305.

In einer Ju188 waren Von Greim und Hanna Reitsch vom Piloten Jürgen Bosser van München aus zum Berliner Flughafen Gatow geflogen worden.

Während des Fluges wurden sie von den vierzig verbleibenden Kampfflugzeugen der Luftwaffe begleitet. Viele dieser Flugzeuge wurden während dieses Fluges von Abwehrgeschossen ausgeschaltet.

*General Robert Ritter von Greim*

Laut Hanna Reitsch teilte Luftwaffen-Adjudent Nicolaus von Below ihnen nach ihrer Ankunft am Flughafen Gatow telefonisch mit, dass der Führer sie sprechen wollte, koste es was es wolle.[140]

Da der im Zentrum gelegene Bunker vom Flughafen Gatow nicht mehr zu erreichen war versuchte man stattdessen, mit einer Fieseler Storch über den Wannsee in der Nähe des Brandenburger Tors zu landen. Von hier aus war es nur ein kurzer Weg bis zu Hitlers Bunker.

Ritter von Greim entschied, dass er selbst fliegen wolle. Hanna Reitsch nahm hinter dem General im kleinen Flugzeug Platz.

Warum sollten Ritter von Greim und Reitsch ihr Leben für eine Beförderung aufs Spiel gesetzt haben?

Ritter von Greim war selbst ein hervorragender Pilot. Warum flog Reitsch mit ihm?

Warum wollte Hitler, der darauf bestand, dass jeder Berlin verlassen sollte, dass die beiden zu ihm kamen? Nur weil er Ritter von Greim zum Leiter der Luftwaffe ernennen wollte?

Die offiziellen Berichte können die Anwesenheit der beiden Piloten nicht erklären. Auch bieten sie keine Erklärung dafür, dass ihre Maschine während des Fluges nach Gatow am Rande Berlins von vierzig Kampfflugzeugen begleitet wurde.

Es ist deutlich, dass das Ziel dieses Fluges viel wichtiger war als man uns glauben machen möchte und dass es in Wahrheit nicht

---

140. Hanna Reitsch, *Fliegen, mein Leben*, Berlin 1979, 317.

um Ritter von Greims Beförderung, sondern um Hanna Reitsch ging.

Von Greim und Reitsch waren verlobt und man vermutete, dass der General sie begleitete, da er sich um sie sorgte. Dass sie einen wichtigen Auftrag auszuführen hatte wird auch aus der Tatsache deutlich, dass Ritter von Greim sie vor ihrem Flug zum Berliner Bunker erst nach Salzburg zu ihren Eltern geschickt hatte, um Abschied zu nehmen. Warum nahm Reitsch Abschied? Sie gehörte zu den besten Piloten des Dritten Reiches und man kann annehmen, dass sie nicht jedes Mal, bevor sie in ein Flugzeug gestiegen ist, erst zu ihren Eltern geflogen ist um Abschied zu nehmen.

Hanna Reitsch bleibt drei Tage im Bunker. Vielleicht um mit Hitler alle Details der Operation Testament zu besprechen?

**27. April 1945:**

Hitlers Schäferhündin Blondi und einer der übriggebliebenen Welpen werden vergiftet. Dr. Werner Haase, Hitlers begleitender Arzt, zerbricht mit einer Zange Zyankalikapsel in den Mäulern der Hunde.

Die Sowjets finden später die sterblichen Überreste beider Hunde in einem Grab im Garten. Sie erraten es sicher schon, sie waren zusammen mit einer Frau und einem Mann begraben, die für das Ehepaar Hitler gehalten werden sollten.

Es muss deutlich werden, warum Hitlers Hündin vergiftet werden musste. Ließ man sie leben, so ging man das Risiko ein, dass die Sowjets ihren Nutzen aus ihr ziehen würden. Sie hätten die Hündin sicher im Garten nach ihrem Herrchen suchen lassen mit dem Resultat, dass sie ihn nicht finden würde.

Dem Schwager Eva Brauns, SS-Leutnant-General Hermann Otto Fegelein (Partisanenkiller in Polen und den Pripjat-Sümpfen), Himmlers Stellvertreter im Bunker, reicht es. Fegelein flieht aus dem Bunker. Noch am selben Tag wird er von Mitgliedern des RSD gefangen genommen und zurück auf den Kommandoposten gebracht, wo er von Brigadeführer Wilhelm Mohnke verhört wird.

**28. April 1945:**

Der Chef des Geheimdienstes, Heinz Lorenz, teilt Hitler mit, dass Heinrich Himmler geheime Verhandlungen mit den Briten und den Amerikanern geführt und ihre vollständige Kapitulation angeboten hat.

Bei Hermann Fegelein werden zum gleichen Zeitpunkt Unterlagen gefunden die belegen, dass er von den geheimen Verhandlungen mit dem Feind gewusst hat. Das Urteil wurde direkt vollzogen. Ein Mitglied des RSD dessen Namen nicht bekannt ist, richtete Fegelein durch einen Schuss in den Hinterkopf hin. Man begrub ihn in der Nähe des Notausgangs im Garten der Reichskanzlei.

Am 28. April wurden ebenfalls die oberen Schleusen der oberen Spree geöffnet. Die unteren Schleusen waren noch stets geschlossen. Das gesamte Tunnelsystem wurde geflutet und tausende Bürger und verwundete Soldaten, die sich in dem dort provisorisch eingerichteten Krankenhaus aufhielten, ertranken.

Reitsch führt in den Morgenstunden ein langes Gespräch mit Hitler. In ihrem Buch *Fliegen, mein Leben* erzählt sie, dass Hitler ihr von seinen Selbstmordplänen berichtete. Sowie alle Mitarbeiter Hitlers trägt auch Reitsch ihren Teil dazu bei, die gängigen Geschichten von Hitlers Selbstmord so glaubhaft wie möglich zu gestalten.

**29. April 1945:**

Zusammen mit zwei weiteren Paaren heiratet Hitler Eva Braun im unterirdischen Bunker in Berlin. Die Eheschließung ereignet sich in den frühen Morgenstunden, etwa zwischen 1.00 und 3.00 Uhr. Die Eheschließung erfolgte durch den Standesbeamten Walter Wagner. Joseph Goebbels und Martin Bormann waren Trauzeugen.

Am Vorabend von Hitlers geplantem Selbstmord trank man Sekt und hörte Blasmusik. Hitler hielt mehrere kurze Ansprachen. Zeugen sprechen von einer ausgelassenen Stimmung.

Wie ist es möglich, dass man zum Feiern zu Mute war?

Um 4.00 Uhr morgens diktiert Hitler sein Testament, das sich aus mehreren Dokumente zusammensetzt: einem *persönlichen Testament* und einem *politischen Testament*. Von beiden Dokumenten werden von Hitlers Sekretärin Traudl Junge drei Kopien angefertigt. Laut Rochus Misch ging eine der Kopien an General-Feldmarschall Ferdinand Schröder, eine an Großadmiral Karl Dönitz, und eine an die Parteizentrale der NSDAP in München.

In Begleitung ihres Verlobten Ritter von Greim, und unter Begleitung des RSD verlässt Hanna Reitsch den Hauptbunker. Im Tiergarten hielt man eine Arado 96, ein kleines Zweipersonenflugzeug, versteckt. Diese Maschine bot Platz für maximal drei Personen. Das Flugzeug war von Jürgen Bosser – dem gleichen Piloten mit dem sie auch von München nach Gatow geflogen war – auf heldenhafte Weise im Tiergarten gelandet worden um sie ab zu holen. Bosser wartete auf sie, um sie aus der Berliner Hölle herauszufliegen. Russische Beobachter hatten Reitsch einsteigen sehen und dachten, dass es sich um Eva Braun handelte.

Eine Russische Aussage aus dem Jahr 1945 gibt an:

*Wir haben keine einzige Spur von Adolf Hitler oder Eva Braun gefunden. Es ist jedoch bewiesen, dass Hitler seine Spuren verwischt hat, und dass am frühen Morgen des 29. April ein kleines Flugzeug aus dem Tiergarten in Richtung Hamburg geflogen ist. Wir wissen sicher, dass sich an Bord der Maschine eine Frau befunden hat.*

Nachdem das Flugzeug mit Hanna Reitsch abgehoben hatte nahm es Kurs Richtung Hamburg, genauer gesagt Richtung Plön, zum Hauptquartier des Großadmirals Karl Dönitz.[141] Er war unter anderem Leiter der Deutschen Wasserflugflotte.

Nun raten Sie mal, warum Reitsch zu Dönitz flog. Vielleicht um eines von Dönitz' Wasserflugzeugen abzuholen? Das Flugzeug, dass Hitler zur Flucht aus Berlin verholfen hat?

Wie bereits erwähnt war Reitsch bis zu ihrem Tode, genau wie alle anderen engen Mitarbeiter Hitlers, ein fanatischer Nazi. In ihren späteren Aufzeichnungen versuchte Reitsch ihre Taten als treues Mitglied des Naziregimes zu erklären.

In ihren Memoiren schrieb Hanna Reitsch über das, was sie ihren Frevel nannte, Folgendes:

*Ich war eine bekannte Deutsche Fliegerin und habe aus Liebe zu meinem Vaterland bis zur letzten Stunde meine Pflicht erfüllt. Mein letzter Flug nach Berlin wurde später legendär. War es möglich, dass ich Hitler bei seiner Fluch geholfen habe?*

---

141. Hanna Reitsch, *Das Unzerstörbare in meinem Leben*, München 1975, 92.

# 30. April 1945

**5.00 Uhr:**

Der geplante Fluchtweg über die Spree wird von Luftwaffen-Oberst Nicolaus von Bülow und seinem engen Mitarbeiter Heinz Mathiesing ausgekundschaftet. Sie gelangen ohne Probleme auf die Pfaueninsel, dem abgesprochenen Treffpunkt an dem, gemäß Plan, Hanna Reitsch Hitler mit einem Wasserflugzeug abholen sollte.

*Luftwaffen-Oberst Nicolaus von Bülow*

**7.10 Uhr:**

Die Wachen im Inneren des Bunkers erhalten den Befehl, ihre Rationen für den gesamten Tag zusammen zu packen und den Bunker unverzüglich zu verlassen. Sie müssen sich auf die äußere Bewachung des Bunkers konzentrieren, nicht auf das, was im Inneren geschieht.[142] Das bedeutet, dass die Wachmänner nichts von dem, was sich im Bunker abspielte, mitbekamen.

**12.20 Uhr:**

Der Kampfkommandant von Berlin, Helmuth Weidling, meldet, dass sich die Sowjets in unmittelbarer Nähe des Regierungsviertels befinden. Auch Wilhelm Mohnke teilt Hitler mit, dass sie noch maximal 24 Stunden Stand halten können.

**13.00-14.00 Uhr:**

In einer von Hitlers Privatunterkünften **(Lageplan 7, S. 66)** wird einer der Doppelgänger durch einen Kopfschuss mit einer 10,5mm Kugel getötet.

**Ca. 14.30 Uhr:**

Hitler geht ohne Eva Braun zum Mittagessen.

---

142. Hugh Trevor-Roper, *Hitlers Letze Tage*, London 1947, 219.

**Ca. 14.40 Uhr:**
Otto Günsche telefoniert mit Erich Kempka und erteilt ihm den Auftrag, 200 Liter Benzin zum Notausgang des Bunkers **(Lageplan 3, S. 66)** bringen zu lassen.

**15.05 Uhr:**
Das Personal wird aus seinen Aufgaben entlassen und nach Hause geschickt. Alle erhalten den Auftrag, den Bunker zu verlassen.

**15.10 Uhr:**
Hitler holt seine Frau Eva um im Konferenzsaal **(Lageplan 5, S. 66)** vor dem engsten Kreis seiner Mitarbeiter eine Abschiedsrede zu halten. Anwesend sind: Martin Bormann, Joseph Goebbels, Artur Axmann, Staatssekretär im Reichspropagandaministerium Werner Naumann, General Wilhelm Burgdorf, Vize-Admiral Erich Voss, General Hans Krebs, General Johann Rattenhuber, RSD-Kriminalbeamter Peter Högl, Dr. Ludwig Stumpffeger, Otto Günsche, Heinz Linge, Constanze Manzialy (Hitlers Privatköchin), Else Iftueger (Bormanns Sekretärin) und Traudl Junge (Hitlers Privatsekretärin).

Magda Goebbels war nicht anwesend. Man sagt, dass sie den ganzen Tag mit ihren Kindern in ihrer Unterkunft blieb.

Hitler bewegt sich kaum. Er murmelt und wiederholt vor seinem Abschied noch einmal, dass er Selbstmord begehen werde.

Hitler erzählte dies in den Tagen zuvor so vielen Menschen und zu so vielen Gelegenheiten, dass Misstrauen durchaus angebracht ist. Menschen, die sich das Leben nehmen wollen, kündigen dies niemals an. Tun sie es doch, ist es meistens nur Show.

**15.20 Uhr:**
Nach der Abschiedsrede werden alle gebeten, den Bunker zu verlassen. Die ständigen Bewohner werden angewiesen in ihre Unterkünfte zu gehen und dort bis auf Weiteres zu bleiben. Die Türen ihrer Unterkünfte müssen abgeschlossen werden. Artur Axmann stellte sicher, dass alle Unterkünfte der ständigen Bewohner im Vorbunker verschlossen waren.

**15.25 Uhr:**
Hitler und Eva Braun gehen in Hitlers Vorzimmer. Die Tür wird geschlossen **(Lageplan 8, S. 66)**.

Rochus Misch behauptet, dass er, nachdem sich alle ständigen Bewohner in ihre Unterkünfte im Vorbunker zurückgezogen hatten, auf seinem Posten blieb.

Goebbels und Bormann in der Nähe. Wo genau, wird jedoch nicht näher erläutert. Gemäß Misch waren auch Heinz Linge und Otto Günsche anwesend.

Und wieder mal hat Misch gelogen! Linge und Günsche waren gar nicht vor Ort. Wie zuvor erwähnt, behaupten beide, dass sie von nichts wussten und dass sich die Geschehnisse ohne ihr Mitwissen ereigneten.

Wie wir gesehen haben verschweigt Rochus Misch eine Menge Dinge. Begreiflich wenn man berücksichtigt, dass er ein großer Bewunderer Hitlers ist. Hieraus muss jedoch deutlich werden, dass auch seine Aussagen sehr unzuverlässig sind. Er spielt eine wichtige Rolle und ist, genau wie die meisten anderen Mitarbeiter Hitlers, Teil einer Verschwörung dessen Ziel es ist, die Welt glauben zu machen, dass Hitler Selbstmord begangen hat. Wir können sicher sein, dass auch Misch sich gar nicht im Hauptbunker befunden hat sondern, genau wie alle anderen Mitarbeiter, weggeschickt wurde.

Die einzigen Anwesenden im Hauptbunker waren Goebbels, Bormann, Dr. Stumpffeger, Wilhelm Mohnke, Axmann, Gestapo-Chef Heinrich Müller und auch einige Gestapo-Männer.[143]

In seinem Buch (Seite 203) wird die Anwesenheit von Müller ebenfalls von Rochus Misch erwähnt:

*Auch Gestapo-Chef Heinrich Müller, der sich unter normalen Umständen nie im Bunker aufhielt, war anwesend. Ich sagte zu Hentschel, dass ich Angst davor hatte man würde uns ermorden, weil wir wichtige Zeugen waren.*

Gestapo-General Heinrich Müller war seit 1938 Leiter der Gestapo. Offiziell wurde er das letzte Mal am 2. Mai 1945 im Bunker gesehen.

**Ca. 15.30 Uhr:**

Eva Braun wird ermordet. Es ist nicht bekannt von wem. Wahrscheinlich von der Gestapo.

---

143. Persönliche Gespräche des Autors mit Artur Axmann, Las Palmas 1975.

Eva Braun wäre niemals freiwillig in den Tod gegangen! Kurze Zeit zuvor hatte sie ihren Eltern noch einen Brief geschrieben in dem sie ihnen mitteilte, sie bräuchten sich keine Sorgen zu machen, wenn sie länger nichts von ihr hörten.[144] Für Eva Braun muss es ein großer Schock gewesen sein als sie feststellte, dass Hitler sie opferte. Sie war im Glauben, gemeinsam mit Hitler zu fliehen.

**Ca. 15.35 Uhr:**

Hitler versteckt sich in seinem Versteck **(Lageplan 47, S. 66)**.

**15.45 Uhr:**

Brigadeführer Wilhelm Mohnke erteilt den Befehl, alle Stahltüren, die Zutritt zum Bunker gaben, zu schließen.

Um den Bunker zu schützen musste normalerweise nur die Stahltür zwischen dem Essensraum des Vorbunkers und der Wachkammer geschlossen werden **(Lageplan 37, S. 66)**.

Zum Überraschen einiger Wachmänner, die sich in den Kellern der Alten Reichskanzlei befanden, wurden auch die Stahltüren des Notausgangs **(Lageplan 40, S. 66)** und die Stalltüren zum Ausgang des Kellers des angebauten Festsaals der Reichskanzlei abgeschlossen **(Lageplan 39, S. 66)**.

Indem man alle Zugänge abschloss sorgte man dafür, dass alle Menschen draußen blieben. Nicht eingeweihte Wachmänner des RSD wunderten sich sehr über diese äußerst ungewöhnlichen und wichtigen Vorkommnisse.[145]

Operation Testament war außergewöhnlich gut vorbereitet worden. Jedem Teilnehmer war eine bestimmte Aufgabe zugewiesen worden. Wenn wir die Vielzahl von Augenzeugenberichten als unabhängige Beweise der Geschehnisse miteinander vergleichen, ist es so gut wie sicher, dass die Aussagen des engsten Kreises um Hitler vorab einstudiert waren um die Wahrheit zu verschleiern. Ihre Aussagen sowie ihre später veröffentlichten Bücher sind Teil der Operation Testament. Die Welt musste davon überzeugt werden, dass Hitler und Eva Braun tot waren.

Minutengenaue Untersuchungen und Vergleiche verschiedener Militärberichte zeigen, dass nur Artur Axmann, Ludwig Stumpfeg-

---

144. Der Brief wurde später von den Russen gefunden und befindet sich im ehemaligen Archiv des KGB.
145. Hugh Trevor-Roper, *Hitlers Letzte Tage*, London 1947, 219.

ger, Martin Bormann, Joseph Goebbels und der Gestapo-Chef Heinrich Müller sich in Hitlers Zimmer befanden.[146]

Wie bereits erwähnt, wurde der Leichnam von Hitlers Doppelgänger in eine Decke gehüllt und sein Gesicht bedeckt. Die bekannte Kleidung, die nicht nur Hitler sondern auch seine Doppelgänger trugen, war jedoch zu sehen.

**Ca. 15.55 Uhr:**

Die Stahltür des Konferenzganges **(Lageplan 5, S. 66)** wurde geöffnet und zwei SS-Angehörigen der Gestapo wurden herbei gerufen. Sie trugen den Leichnam von Hitlers Doppelgänger die Treppe hinauf zum Notausgang **(Lageplan 3, S. 66)**. Der Doppelgänger war schon mehrere Stunden tot und sein Körper erstarrt (Leichenstarre/Rigor Mortis).[147]

Im Gegensatz zum Leichnam von Hitlers Doppelgänger war bei dem Leichnam Eva Brauns die Leichenstarre noch nicht eingetreten. Als Bormann sie hochhob, lag sie schlapp in seinen Armen. Es ist deutlich, dass sie nur kurze Zeit zuvor gestorben sein kann.

Nach der historisch akzeptierten Version übergab Bormann den Leichnam von Eva Braun an Erich Kempka, der ihn am Fuß der Treppe zum Notausgang wiederum Otto Günsche übergab.

Es ist wichtig nochmals daran zu erinnern, dass Erich Kempka und Otto Günsche gar nicht präsent waren. Günsche war in einer der Unterkünfte im Vorbunker. Und Kempka hatte, wie er später selbst zugab, in Panik den Bunker verlassen als Hitler und Eva Braun sich in ihre Unterkunft zurückgezogen hatten. Kempka war wahrscheinlich in seinem Haus an der Hinterseite des Außenministeriums – keine 50 Meter vom Notausgang **(Lageplan 3, S. 66)** entfernt.

Es wurde alles ohne sie gemacht. Sie wurden erst später gerufen. Sie erschienen erst als die Leichname bereits oben waren.

---

146. Persönliches Gespräch des Autors mit Artur Axmann, Las Palmas 1975.
147. Durch chemische Prozesse werden die erschlafften Muskeln steif. Rigor Mortis (Leichenstarre) tritt ungefähr eine bis vier Stunden nach dem Tod ein.

**16.05 Uhr:**

Heinz Linge, Otto Günsche und Erich Kempka werden gerufen. Ihre Aufgabe ist es, die Leichname zu verbrennen.

**16.10 Uhr:**

Der Hauptbunker ist leer, alle sind oben beim Notausgang. Auch der Vorbunker ist leer. Wie gesagt hatte Artur Axmann sichergestellt, dass alle Unterkünfte der ständigen Bewohner im Vorbunker verschlossen waren. Zusammen mit Artur Axmann verlässt Hitler sein Versteck **(Lageplan 47, S. 66)** um sich zwischen den "Querschotten" und der Wachkammer zu verstecken **(Lageplan 39 und 40, S. 66)**.

**Ca. 16.20 Uhr:**

Beide Leichname werden mit Benzin übergossen.

## Aussage Hans Hofbecks:

Oberscharführer Hans Hofbeck war einer der Wachmänner am Notausgang zum Garten. Er war einer der RSD Wachposten, die nicht eingeweiht waren.

*Linge, Günsche und Kempka übergossen die Leichname mit Benzin. Es waren etwa 10 Kanister, die man zuvor oben an der Treppe bereitgestellt hatte. Ich ließ sie ein und aus. Nachdem Goebbels eine kurze Ansprache gehalten hatte wurden um 16.30 Uhr beide Leichname in Brand gesetzt und die Tür des Notausgangs geschlossen. Ich erhielt von Günsche den Befehl, niemanden durch den Notausgang* **(Lageplan 3, S. 66)** *hinein zu lassen. Es wehte ein starker Wind. Alle gingen zurück nach unten in den Bunker und ich blieb oben auf meinem Posten. Nach kurzer Zeit öffnete ich die Tür. Die Hitze und der Rauch schlugen mir entgegen. Bevor ich die Tür schloss konnte ich sehen, dass beide Leichname gebeugt waren. Beide Leichname hatten die Knie angewinkelt. Um 22.00 Uhr wurde ich abgelöst. Als ich noch einmal nach draußen blickte war von den Leichnamen nichts mehr zu sehen.*[148]

Hans Hofbecks Aussage stimmt bis ins letzte Detail.

---

148. Interview mit Hans Hofbeck am 25. November 1995. Laut Wetterbericht des 30. April 1945 wehte zu diesem Zeitpunkt wirklich ein starker Wind.

Es ist anzunehmen, dass der weibliche Leichnam bei dieser Verbrennung der Leichnam von Eva Braun war. Was später mit ihren sterblichen Überresten geschehen ist, ist nicht bekannt. Ihr verbrannter Körper muss sich unter den vielen Frauenleichen befunden haben die im Garten begraben waren und die später von den Sowjets gefunden wurden.

**Ca. 20.40 Uhr:**

Ungesehen verlässt Hitler durch den Notausgang des Vorbunkers den Bunker **(Lageplan 40, S. 66)**. Mohnke, Axmann und Mitglieder der Gestapo haben für einen sicheren Rückzug gesorgt. Sie begleiten Hitler persönlich zum Ausgang des Gartens des Außenministeriums **(Lageplan 41, S. 66)**.

Von hier aus gehen sie durch die Hintertür des Außenministeriums **(Lageplan 44, S. 66)** zum Ausgang Wilhelmstrasse **(Lageplan 45, S. 66)**. Hier wartet bereits ein Eliteteam, das Hitler weiter begleiten soll.

Mohnke und Axmann kehren zurück in die Kanzlei. Wilhelm Mohnke entriegelt dort alle Bunkertüren.

Hitlers Fluchtteam besteht aus zwei Spezialeinheiten, welche die Fluchtwege kennen und Erfahrung mit Operationen auf Feindesgebiet. Beide Einheiten begleiteten Hitler durch die von den Deutschen kontrollierte Wilhelmstraße in Richtung der Spree.

**Einheit 1:**
SS-Offizier Freytag von Loringhoven
Rittmeister Gerhard Boldt
SS-Leutnant Hans Weiß

*Bernd Freytag von Loringhoven*

**Einheit 2:**
Chef des Geheimdienstes Heinz Lorenz
SS-Offizier Willi Johannmeier
SS-Gefreiter Peter Hummerich.
SS-Leutnant Wilhelm Zander

*Heinz Lorenz*

Die Straßen waren voller Menschen, die meisten von ihnen auf der Suche nach Nahrung oder auf der Flucht vor den Sowjets. Sie zeigten kein Interesse an der Einheit. Fliegende Standgerichte, die auf der Suche nach Deserteuren waren, salutierten und grüßten die hohe Gesellschaft ohne Hitler zu erkennen.[149]

Hitler hatte wenig von den Sowjets zu befürchten. Die Deutschen hatten drei Verteidigungslinien (15.000 Panzergrenadiere und Fallschirmjäger) um das Zentrum von Berlin gebildet: bei der Siegessäule, am Bahnhof Zoo, und in Pichelsdorf, dem nördlichsten Teil des Havelmeers.

---

149. Es gab sieben verschiedene Fluchtwege zur Spree. Abhängig von der Situation konnte man im letzten Moment die sicherste Route wählen.

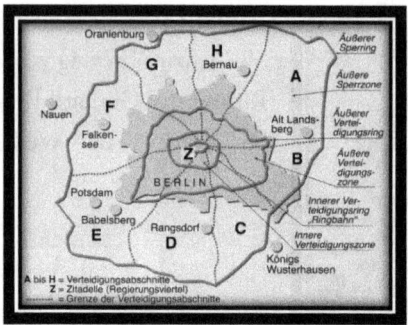

**Deutsche Verteidigungslinie rund um Berlin (30. April 1945)**

Der Norden Berlins wurde vom 41. Panzerkorps unter Befehl General Rudolf Holstes verteidigt. Dies alles war zu Hitlers Vorteil.

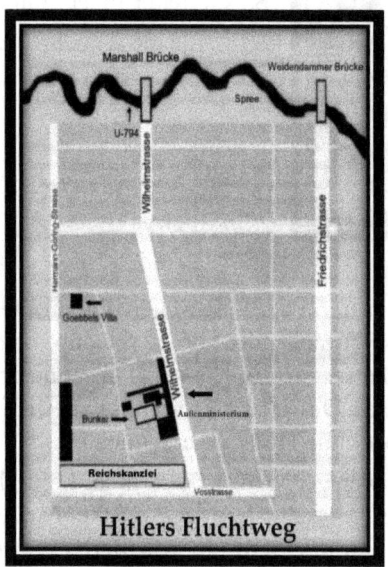

Außenministerium – Wilhelmstraße – Spree – U-794

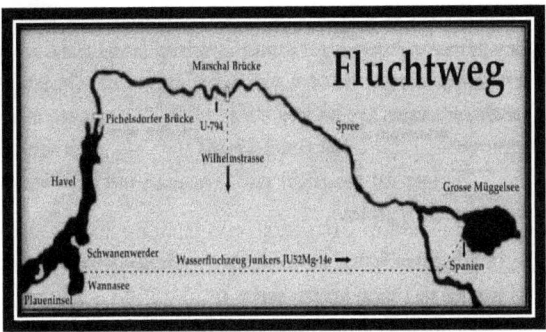

**Spree - Schwanenwerder - Großer Müggelsee - Barcelona**

An die linke Seite der Marschall Brücke über die Spree wartete wie geplant die Mini-U-794. An der Brücke angekommen verlässt Einheit 2 das Team. Sie setzen ihren Weg westwärts über Land in Richtung der Pfaueninsel fort. Ihre Aufgabe ist es, das Mini-U-Boot mit Hitler an Bord unterwegs mit Informationen über die Lage an Land zu versorgen.

**23.05 Uhr:**

Auf Kommando von Johann Rattenhuber werden die Leichname von Adolf Hitlers Doppelgänger und Eva Braun von drei SS-Angehörigen und SS-Sturmbannführer Franz Schädle, begraben.

## Waffenstillstand
## von 24.00 Uhr bis 7.15 Uhr am Morgen

**23.30 Uhr:**

Die Überbleibsel der Nazi-Spitze nehmen Funkkontakt mit dem Russischen Hauptquartier auf und schicken einen Botschafter mit der Frage, ob Marschall Zjoekov bereit ist General Hans Krebs zu empfangen um einen Waffenstillstand von der Dauer eines Tages zu besprechen, angeblich um die Deutsche Kapitulation vorzubereiten.

In Wirklichkeit gab es nur einen Grund hierfür und zwar dafür zu sorgen, dass Hitler während seiner Flucht so wenig Risiken wie möglich ausgesetzt war.

General Krebs hat keine Eile. Er erreichte General Zjoekovs provisorisches Hauptquartier im Hotel Excelsior erst gegen 4.00 Uhr. Zjoekov lehnte den Vorschlag eines Waffenstillstandes ab und der Angriff auf Berlin wurde um 7.15 Uhr am Morgen fortgesetzt.

Obwohl Hitler auf seinem Weg zur Pfaueninsel wenig zu befürchten hatte beschloss man, SS-General Felix Steiner den Auftrag zu erteilen, die Sowjets abzulenken, in dem man die südlichen Gebiete Berlins offensiv in Bewegung setzte. Die russischen Streitkräfte konzentrierten sich voll und ganz auf die Deutsche Offensive.

Während der Fahrt auf der Spree ragt der kleine Turm der U-794 nur weniger Zentimeter aus dem Wasser. Die vielen Leichen im Fluss sorgen dafür, dass das U-Boot von niemandem bemerkt wird. Da sie stromabwärts fahren, konnten die Touren des Motors auf ein Minimum begrenzt werden.[150] Das Kriegsgeschehen im Norden erledigt den Rest und sorgt dafür, dass das Geräusch des Motors nicht zu hören ist. Alles läuft wie geplant.

Bei der großen Bucht in Spandau, an der die Spree und die Havel zusammenfließen, werden die Deutschen Truppen vom anderen Ufer der Havel aus von russischen Panzern unter schweres Sperrfeuer gesetzt. Die deutschen Soldaten auf der Pichelsdorferbrücke haben es äußerst schwer. Kurz nachdem das U-Boot die Brücke passiert, stürzt ein Teil der Brücke ein.[151]

Der gefährlichste Teil der Operation ist geschafft. Erfolgreich manövrieren sie sich durch das schmale Fahrwasser der Havel und gelangen schließlich zur Stelle, an der der Fluss wieder breiter wird. Das Fahrwasser ist hier mehr als drei Kilometer breit. Das Toben des Krieges verstummt mehr und mehr.

Das Mini-U-Boot bewegt sich langsam in Richtung der Halbinsel Schwanenwerder. Im Schatten der Morgenröte, erreichen sie die Halbinsel. Hier verlässt auch die Einheit Loringhovens das U-Boot. Hitler, der Kapitän, und die drei Besatzungsmitglieder bleiben an Bord.

---

150. Greg Hallett, *British Agent*, Auckland 2006, 343.
151. Vgl. Christopher Creighton, *Operation James Bond - Das letzte große Geheimnis des Zweiten Weltkriegs*, Econ 1996, 209.

Von der Halbinsel "Schwanenwerder" aus begibt sich die Einheit 1 von Loringhoven zur Pfaueninsel, dem Treffpunkt für flüchtende Nazis. Die Insel war dafür bekannt, dass der Britische Geheimdienst von hier aus entkommenden Mitgliedern der Nazi-Spitz zur Flucht verhalf.

Auf der Insel angekommen trefft sich die Einheit 1 von Bernd Freytag von Loringhoven auf die Routenkundschafter Von Bülow und Heinz Mathiesing. Auch die Einheit 2 von Heinz Lorenz hat es auf die Pfaueninsel geschafft und schließt sich ihnen an. Erfolgreich sind sie den Sowjets entkommen und haben die unter Deutschem Kommando stehende Brücke bei Pichelsdorf erreicht. Von der Brücke aus sind sie mit kleinen Booten entlang des sich in Deutscher Hand befindenden Westufers weiter gefahren. Für sie ist die Mission beendet.

Sie versuchten, Großadmiral Dönitz ein Wasserflugzeug zu schicken. Das Flugzeug tauchte jedoch niemals auf und am 3. Mai beschlossen sie, aus Potsdam zu fliehen.

## Auf dem Weg zum Großen Müggelsee

Nachdem die Einheit von Loringhoven gegangen war verblieb das U-Boot zwischen der östlichen Seite der Halbinsel und dem westlichen Ufer der Havel. Langsam wurde es hell. Der Himmel war stark bewölkt und es waren höchstens acht Grad. Gegen Mittag fuhr der Kapitän ein paar hundert Meter in Richtung Nordwesten der Halbinsel in die Nähe der Pfaueninsel. Hier wartete man den Rest des Tages auf Hanna Reitsch.

Um ca. 16.15 Uhr landete Reitsch in einem Junkers JU52/3Mg-14e Wasserflugzeug direkt neben dem U-Boot. Hitler verlässt das U-Boot und steigt um in das Wasserflugzeug.[152]

Wahrscheinlich hatten einige sich auf der Pfaueninsel befindenden Nazis das Wasserflugzeug gesehen. Zwei Motorboote hatten die Insel verlassen und fuhren in Richtung des Junkers. Es ist gut möglich, dass es sich hier um Mitglieder von Hitlers Fluchtteam handelte, die auf der Insel auf das von Dönitz versprochene Wasserflugzeug warteten.

---

152. Ibidem, 214.

Auch die Sowjets hatten mitbekommen, dass auf dem Wasser etwas passierte, und eröffneten das Feuer auf beide Fahrzeuge.[153] Eines der Boote wurde getroffen und sank. Das andere Boot entkam.

Das Flugzeug mit Hitler an Bord dreht sich gegen den Wind, hebt ab, und fliegt auf geringer Höhe in Richtung des Großen Müggelsees.

Der Kapitän hatte den Auftrag erhalten die U-794 in die Geltinger Bucht zu bringen.[154] Das U-Boot brach auf, versank langsam in der Havel und fuhr über die Elbe in Richtung der Schleusen von Brunsbüttel und des Nord-Ostseekanals. Bei den Schleusen des Nord-Ostseekanals hatten sie Probleme erwartet. Zu ihrer Überraschung war alles ruhig. Die gesamte Britische Armee schlief an der anderen Seite des Ufers. Selbst an den Schleusen hatte man keinen Wachposten positioniert. Dies ist sehr auffällig und es gibt Hinweise dafür, dass *Sektion M* hier eine Rolle gespielt hat.

Ohne Probleme fuhr man weiter in Richtung Kiel. Von hieraus fuhr das U-Boot auf das offene Meer in die Geltinger Bucht. Hier wurde die U-794 am 5. Mai zusammen mit anderen Deutschen Marineschiffen absichtlich versenkt. Nach dem Krieg wurde die U-794 von den Engländern geborgen und nach England geschifft.

**Mini U-Boot WK202 (U-794) wird nach England verschifft**

Hanna Reitsch legte in dem Junkers die dreiunddreißig Kilometer zum Großen Müggelsee in fünfzehn Minuten zurück. Um 16.42 Uhr landete die Maschine in der Nähe des Südwestufers. Dort stieg Hitler in ein Motorboot um. Er wurde von zwei Briten, verkleidet

---

153. Ibidem, 216.
154. Alle U-Boote und Marineschiffe erhielten von Großadmiral Karl Dönitz den Befehl, sich in der Geltinger Bucht zu versammeln.

als Russische Offiziere, begrüßt. Es handelte sich um Ian Fleming und Geheimagent Caroline Saunders, später erste weibliche Leiterin des MI6.

Am 1. Mai war Ian Fleming von seinem Chef Major Desmond Morton während der Operation, die zum Ziel hatte Bormann zu entführen, zurückgerufen worden. Man ließ Fleming wissen, dass er für einen wichtigen Auftrag unverzüglich nach London zurückkehren müsse. Er solle sich sofort am Großen Müggelsee bei Caroline Saunders melden. Dort angekommen wartete Saunders. Sie informierte ihn, dass er nicht in London erwartet werde sondern jemanden nach Barcelona begleiten müsse. Zum ersten Mal erfährt Fleming von der Operation um Adolf Hitler.

Um 2.00 Uhr Nachts landete eine Britische Westland Lysander auf einer kleinen Insel in der Nähe des Südwestufers des Großen Müggelsees. Ian Fleming tarnte zusammen mit dem Piloten Kommandant Hugh Beresford Verity das Flugzeug mit Ästen und Blättern.[155]

Als Hitler ankam stieg er ohne Zeit zu verlieren in die mit einem extra Tank ausgestattete Westland Lysander IIIA.

Hanna Reitsch begleitete das Flugzeug in ihrer Junkers JU52 nach Barcelona. Es war ein ruhiger Flug.

Wie gesagt, war alles sorgfältig vorbereitet worden. Ein Beispiel ist der Waffenstand am 2. Mai

## Waffenstillstand am 2. Mai

**Genau nach Plan gab es am 2. Mai einen Waffenstillstand, der es sowohl Britischen als auch Deutschen Flugzeugen ermöglichte Deutschland zu verlassen, ohne dass auch nur ein Schuss fiel.**

Dieter Protsch, Mitglied des ehemaligen Volkssturms, erzählt, dass er, als er im Zentrum Berlins auf der Suche nach Essen für seine Familie war, zufällig einen Keller mit Funkern der Waffen-SS fand, die ihm Brot und Schokolade gaben. Nachdem man kurz über die Familie gesprochen hatte verstummten alle, als ein Funksprecher die Hand hob und sie zur Stille ermahnte. Der Funksprecher, der Kopfhörer trug, lächelte und sagte:

---

155. Greg Hallett, *British Agent*, Auckland 2006, 349.

*Der Führer hat ein verspätetes Geburtstagsgeschenk bekommen. Er ist sicher aus Berlin entkommen in einem Flugzeug geflogen von Hanna Reitsch.*[156]

Wie gesagt flog Hanna Reitsch zusammen mit der Lysander nach Barcelona, wo sie vom spanischen Außenminister Ramón Serrano Suñer willkommen geheißen wurden.

Hitler wurde direkt in den Prado-Palast (dem Sitz Generalisimo Francisco Franco) in Madrid gebracht. Ein Teil der Ost-Flügel der Residenz Francos war kurz vorher vom Rest des Palastes abschlossen und durch eine 4,25 Meter hohe Mauer umgeben.

Bis heute gibt es keine Erklärung für diese Bauarbeiten.

Spanien war eine sichere Britische Enklave. Am 21. April 1945 hatte General Franco offiziell den Nazis einen sicheren Aufenthalt angeboten. Franco und sein Schwager Ramón Serrano Suñer boten Hitler die Möglichkeit, sich zu verstecken. Mit Hilfe des MI-6 verliehen sie Spanien einen Übergangsstatus, sodass niemand Spanien jemals zur Rechenschaft ziehen konnte.

Adolf Hitler blieb bis zu seinem Tod in Barcelona. Sobald man glaubte eine Gefahr zu erkennen, flüchtete er vorübergehend in das nahegelegene Kloster Montserrat. Hier starb er 1950 an Magenkrebs.[157]

Die Gerüchte, dass Hitler noch am Leben sei, nahmen im Laufe des Jahres 1945 stets zu. Am 9. Juni, während einer Pressekonferenz in Anwesenheit von Amerikanischen und Britischen Berichterstattern, gab der Sowjetische Kommandant Zjoekov zu:

*Wir haben keine Leichname gefunden, die Hitlers Leichnam hätten sein können.*

---

156. Dieter H.B. Protsch, *Be All You Can Be: From a Hitler Youth in WWII to a US Army Green Beret*, London 2004, 32.
157. 1987 führte ich ein Gespräch mit einem Familienmitglied eines ständigen Bewohners des Bergklosters Montserrat (Cataluña), einem Benediktinermönch. Während des Gespräches im Restaurant am Fuße des Berges wurde mein Auto ausgeraubt. Dennoch war das Gespräch die Mühe wert. Man bestätigte mir unteren anderem, dass sich am Ende der 40er Jahre ein alter Deutscher Mann im Kloster aufgehalten habe. Nach langer Krankheit war er an Magenkrebs verstorben.

Zjoekov sagte den Berichterstattern, dass er nun ernsthaft die Möglichkeit in Erwägung ziehe, dass Hitler mit einem Flugzeug aus Berlin entkommen sei.

*Hitler hätte im letzten Moment entkommen können, denn er hatte ein Flugzeug zur Verfügung,* so der Marschall.[158]

Laut Trevor-Roper war es unmöglich, Hitler aus Berlin auszufliegen, da seine zwei Piloten im Bunker zurückblieben und in der Nacht vom 1. Mai an einem Ausbruchsversuch beteiligt gewesen waren.[159] Roper geht also davon aus, dass es im Dritten Reich lediglich zwei Piloten gab, die Hitler hätten retten können. Er vergisst, dass auch Hanna Reitsch zur Verfügung stand. Auch Erich Kempka hielt es für nötig, auf die Aussage des Russischen Marschalls zu reagieren:

*Ich kann der Pressemitteilung von Marschall Zjoekov, dass Hitler und Eva Braun möglicherweise mit dem Flugzeug aus Berlin entkommen sind, nicht zustimmen. Dies ist unmöglich. Am 30. April 1945 und zwei bis drei Tage zuvor war es für jeden unmöglich, mit dem Flugzeug aus der Innenstadt Berlins zu entkommen. In diesen Tagen war die Innenstadt schweren Artilleriefeuern ausgesetzt. Des Weiteren habe ich nichts von einem Flugzeug gehört, dass nach dem 25. oder 26. April 1945 gelandet oder abgehoben sein soll.*

Die heldenhafte Landung in Berlin von Hanna Reitsch und Ritter von Greim am 26. April sowie ihr Aufbruch aus dem Tiergarten am 29. April waren jedem im Bunker und in der Neuen Reichskanzlei, zweifellos auch Kempka, bekannt. Ist es wirklich notwendig die Frage zu stellen, warum Kempka versuchte die Aussage des Sowjetischen Feldmarschalls zu entkräften?

Reitsch flog am 4. Mai zurück nach Deutschland. Dort angekommen besucht sie gleich ihren Verlobten General Ritter von Greim. Hitlers letzte Wünsche führen sie zusammen aus. Im Namen von Hitler wurde Heinrich Himmler noch am 4. Mai aller seiner Ämter und Posten enthoben.

---

158. *Globe and Mail* vom 9. Mai 1945.
159. *Text of British Report Holding Hitler Ended His Life* in de *New York Times* vom 1. November 1945.

Am 8. Mai haben Reitsch und Ritter von Greim noch ein Gespräch mit General Karl Kolle, der letzte Generalstabchef der Luftwaffe. Reitsch sagte:

*Hitlers Leichnam werden sie niemals finden.*

Nachdem sich Hitler in Sicherheit befand wurden alle Spuren verwischt. Viele der Beteiligten an der Operation Testament begingen angeblich Selbstmord oder starben durch Unfälle.

Auch Hanna Reitschs Verlobte General Ritter von Greim beging am 24. Mai 1945, angeblich Selbstmord.

Aber nicht Hanna Reitsch. Sie überlebte den Krieg und ergab sich am 9. Mai, zwei Tage nach der Kapitulation Deutschlands, den Amerikanern. Sie trug den Rest ihres Lebens das Eiserne Kreuz. In ihren Memoiren *Fliegen, mein Leben* (1951) beschreibt sie sich selbst als eine Patriotin und fällt kein moralisches Urteil über Hitler oder Nazi-Deutschland. Manche bezeichnen ihr Buch deshalb auch als "eine Übung in selektiver Wahrnehmung, Rationalisierung und Verleugnung".

Hanna Reitsch wurde zu Beginn der 70er Jahre mehrmals vom Fotoberichterstatter Ron Laytner interviewt und fotografiert.

Am Ende des letzten Interviews sagte sie:

*Als ich von den Amerikanern freigelassen wurde las ich Trevor-Ropers Buch Hitlers letzte Tage. Ein Augenzeugenbericht von mir über die letzten Tage im Bunker zieht sich wie ein roter Faden durch das Buch. Ich habe jedoch niemals etwas gesagt oder geschrieben, auch habe ich niemals etwas unterschrieben. Sie haben es alles erfunden. Hitler starb auf eine sehr würdevolle Art und Weise.*

Ist es möglich, dass Hanna Reitsch hier auf Hitlers Tod durch Magenkrebs im Jahr 1950 anspielt? Sicher nicht auf den feigen Selbstmord.

Hanna Reitsch wohnte lange Zeit in Spanien. Vielleicht besuchte sie Hitler ab und zu. Ende März 1951 ist sie in Lateinamerika, wo sie sich bei der geflüchteten Nazi-Spitze aufhält.

Der deutsche Prinz Bernhard zur Lippe-Biesterfeld, der Großvater von König Alexander der Niederlande, hält sich hier ebenfalls auf. Offiziell befindet er sich auf einer Handelsreise durch Argentinien, Uruguay und Chile.

 Der Prinz besuchte während dieser Reise unter anderem das Argentinische Staatsoberhaupt Juan Perón, der den Nazis genau wie General Franco, Schutz bot.

Prinz Bernhards Übersetzer war der berüchtigte Niederländer Willem Sassen, ein ehemaliger SS-Angehöriger der von verschiedenen Gerichten in Abwesenheit verurteilt war.[160]

In einem fünf Sterne Hotel in der Nähe von San Carlos de Bariloche – Brutstätte für geflohene Nazis – findet ein Treffen zwischen dem Prinzen und Hanna Reitsch statt.[161] Es entwickelt sich eine heimliche Beziehung. Reitsch wird schwanger. Sie ist die Mutter der vom Prinzen offiziell als uneheliche Tochter anerkannten Alicia Hala von Bielefeld (geboren am 21. Juni 1952).

## 1. Mai 1945
## Zurück zum Hauptbunker

**15.15 Uhr:**

Joseph Goebbels schickt Großadmiral Karl Dönitz ein Telegramm in dem er Hitlers Tod mitteilt.

**Ca. 18.30 Uhr:**

Alle Kinder von Goebbels werden von Ludwig Stumpfegger mit Morphium betäubt. Danach zerbricht er jeweils eine Kapsel Blausäure in ihrem Mund.[162]

**Ca. 19.00 Uhr:**

Nachdem ihre Kinder getötet worden sind, geht Magda Goebbels nach unten in das Arbeitszimmer von Rochus Misch und setzt

---

160. Einige der engen Freunde von Perón waren unter anderem Hitlers Geldgeber, die Rockefellers und Rothschilds.
161. Hitlers Doppelgänger, Martin Bormann, Joseph Mengele, usw. lebten von Zeit zu Zeit in Bariloche.
162. Telefongespräch mit Rochus Misch im Jahr 2006.

sich an einen Tisch. Während ihr Tränen über die Wangen laufen spielt sie eine Partie Patience. Als sie fertig ist, kehrt sie zurück in den Vorbunker, wahrscheinlich um Selbstmord zu begehen. Es gibt Gerüchte, dass die Gestapo ihr hierbei geholfen hat.

**19.30 Uhr:**

Nur Joseph Goebbels, Martin Bormann, Artur Axmann, Staatssekretär Werner Naumann, Telefonist Rochus Misch, Techniker Hentschel, zwei SS-Wachen des Reichssicherheitsdienstes und Heinrich Müller sowie seine Gestapo-Männer befinden sich noch im Hauptbunker. Des Weiteren sind auch General Krebs und General Burgdorf zurückgeblieben.

**20.15 Uhr:**

Der Leiter des RSD, Franz Schädle, begeht durch einen Schuss in den Mund Selbstmord. General Krebs und General Burgdorf werden von der anwesenden Gestapo-Einheit vergiftet. Beide Leichname werden von den zwei noch immer anwesenden Wachen des Reichssicherheitsdienstes nach oben getragen. Beide Wachen kehren nicht zurück im Bunker.

**20.30 Uhr:**

Dr. Ludwig Stumpfegger erscheint aus dem Nichts. Er bietet Rochus Misch eine Selbstmordkapsel an und drängt darauf, dass er Selbstmord begehe. Misch hat große Angst und weigert sich.

**20.45 Uhr:**

Die letzten Anwesenden im Vorbunker verlassen diesen unter der Leitung von Bormann, Naumann und Stumpfegger. Sie gehen in die Neue Reichskanzlei wo unter der Führung Wilhelm Mohnkes ein Ausbruch vorbereitet wird.

**21.00 Uhr:**

Mehr als siebenhundert Menschen versammeln sich im Kohlebunker der Neuen Reichskanzlei. SS-Brigadeführer Mohnke ist zum Leiter des Fluchtversuches ernannt worden. Die Anwesenden werden in Gruppen aufgeteilt. Alle verfügbaren Waffen, Gewehre, Maschinengewehre, Pistolen, Leichtschussgewehre, automatischen Gewehre und Granaten werden auf die verschiedenen Gruppen aufgeteilt. Kurz nacheinander müssen sie den Ausbruch wagen.

**GRUPPE 1**

SS-Brigadeführer Wilhelm Mohnke übernimmt die Leitung dieser etwa fünfzig bis sechzig Personen starken Gruppe. Unter ihnen befinden sich der Botschafter Hewel, Admiral Voss, Leutnant Hans Baur (Hitlers erster Pilot), drei Sekretärinnen und Hitlers Köchin Constanze Manzialy.[163]

Die Männer und Frauen in Mohnkes Gruppe verlassen die Kanzlei einer nach dem anderen durch einen kleinen Spalt in der Mauer an der Wilhelmstraße, nahe Ecke Vossstraße. Wegen des schweren Artilleriefeuers rennt jeder so schnell er kann zum nahegelegenen U-Bahn Zugang. Der nächstgelegene U-Bahn Eingang, Bahnhof Kaiserhof in 50 Metern Entfernung, ist als Folge eines Bombeneinschlages eingestürzt. Aus diesem Grund rennen sie zum etwa 200 Meter entfernten Eingang gegenüber des Hotels Kaiserhof. Dieser Eingang ist offen. Auf dem Bahnsteig der Halte Friedrichstraße befinden sich viele Zivilisten. Soldaten sitzen auf den Treppen des Bahnhofs. Von hier aus flieht Gruppe 1 weiter über die Schienen durch die unterirdischen Tunnel. Den meisten gelingt es den Sowjets über *einer Fußgängerbrücke* über die Spree zu entkommen.

**GRUPPE 2**

Die zweite Gruppe steht unter der Führung Erich Kempkas, Auch sie erreichen ohne Probleme die U-Bahnhalte Friedrichstraße. Kempka erinnert sich:

*Als Leiter meiner Gruppe, die aus sechzig Fahrern bestand, verließ ich die U-Bahnhalte über einen im Norden der Halte Friedrichstraße gelegenen Ausgang. Draußen war alles still. Gefahrlos liefen wir etwa zweihundert Meter zur Straßensperre an der Weidendammer Brücke (etwa dreihundert Meter nördlich der Halte Friedrichstraße). Einige Meter hinter der Straßensperre trafen wir einen Trupp Soldaten der uns erzählte, dass kurz zuvor eine Gruppe von etwa fünfzig oder sechzig Personen die Stelle passiert hatte und nordwärts gelaufen war. Das war die Gruppe Mohnkes.*

---

163. Constanze Manzialy verließ die Gruppe. Man hat nie wieder etwas von ihr gehört.

Am Abend nach Hitlers Flucht ist es noch immer einfach, aus dem Zentrum Berlins zu entkommen. Genau wie die "Gruppe 1" gelingt es auch der "Gruppe 2", den Sowjets über einer Fußgängerbrücke über die Spree zu entkommen.

Erich Kempka und Mitglieder seine Gruppe versteckten sich den ganzen nächsten Tag. Am Abend, während die Sowjets die Eroberung Berlins feierten, ergaben sie sich die Amerikaner. Kempka gelang es sich nach Berchtesgaden durchzuschlagen. Am 18. Mai 1945 wurde er dort durch die US-Armee verhaftet und bis zum 9. Oktober 1947 in verschiedenen Lagern inhaftiert.

**GRUPPE 3**

Diese Gruppe steht unter der Leitung des SS-Brigadeführer Johann Rattenhuber. Sie beschließen einem anderen Fluchtweg nehmen. Sie kommen nicht weiter als bis zur Invalidenstraße, wo die meisten von ihnen von den Sowjets gefangen genommen werden.

**GRUPPE 4**

Auch diese Gruppe besteht aus etwa sechzig Personen und steht unter der Leitung des SS-Generals und Staatssekretär Naumann.[164] Martin Bormann, Artur Axmann, Dr. Ludwig Stumpfegger und Beetz (Hitlers zweiter Pilot) sind Teil dieser Gruppe.

Den offiziellen Aussagen zufolge ist diese Gruppe in der Nähe der Weidendammer Brücke den Sowjets in die Arme gelaufen. Die meisten Mitglieder dieser Gruppe sind gefallen. Auch Martin Bormann und Dr. Stumpfegger wurden getötet. Nach der historisch akzeptierten Version habe Bormann sich im Schutze einen deutschen Tiger-Panzer bewegt, als ausgerechnet dieser Tank einen Treffer abbekam. Bormann sei durch die Explosion getötet worden. Diese offizielle Version ist wichtig, da man mit ihn zu belegen versucht, dass Martin Bormann während der Kämpfe getötet wurde. Die Wirklichkeit sieht jedoch anders aus, worauf wir später noch zurück kommen werden.

---

164. Laut Vernehmungsprotokoll (Vs 3/63 (A. G.)) war Naumann der Führer der Gruppe 4.

**21.30 Uhr:**

Radio Hamburg warnt das deutsche Volk, dass in Kürze eine ernste und wichtige Mitteilung folgen wird. Dieser Mitteilung folgt unmittelbar Musik aus Wagners Opern und der langsame Teil Bruckners siebter Symphonie.

**22.20 Uhr:**

Großadmiral Karl Dönitz gibt mit nüchterner Stimme den Tod Hitlers bekannt:

*Kämpfend an der Spitze seiner Truppen ist Hitler heute Mittag gefallen.*

Karl Dönitz hatte verschiedene Gründe dafür, die Geschichte die er erzählte an die Öffentlichkeit zu bringen. Er konnte nicht sagen, dass Hitler auf der Flucht gefallen war oder Selbstmord begangen hatte. Wenn die Deutschen Truppen hörten, dass Hitler Selbstmord begangen hatte, würden sie die Waffen niederlegen und sich ergeben. Dies hätte die Operation Testament gefährden können.

## 2. Mai 1945

**Ca. 0.20 Uhr:**

Rochus Misch befindet sich noch immer im Hauptbunker. Er drängt bei Goebbels darauf, dass er nicht länger im Bunker bleiben will. Nachdem Goebbels dem zugestimmt hat, macht sich Misch, nachdem er noch schnell Hitlers Lieblingsgemälde von Friedrich dem Großen von der Wand in dessen Unterkunft mitnimmt, so schnell er kann davon. Kurze Zeit später wird Misch festgenommen und verbringt die folgenden neun Jahre in sowjetischen Arbeiterlagern.

**Ca. 0.35 Uhr:**

Joseph Goebbels wird von der Gestapo ermordet und direkt verbrannt.

**Ca. 0.55 Uhr:**

Heinrich Müller und seine Gestapo-Männer verlassen den Bunker.

Elektroniker Meister Johannes Hentschel war für den Maschinenraum des Führerbunkers verantwortlich. Er war einer der letzten, die im Bunker zurück blieben, da das Feldhospital in der Kanzlei Wasser und Strom benötigte.

**6.00 Uhr:**

General Weidling unterzeichnet um 6.00 Uhr die Kapitulation Berlins.

Die ersten Sowjets, die den Bunker betraten, waren einige weibliche Soldatinnen. Hentschel hob die Hände um sich zu ergeben, doch sie kicherten nur. Ihr einziges Interesse galt der Unterkunft von Eva Braun. Ihre Kleider wurden unter den Damen aufgeteilt. Hentschel wurde von den Sowjets nach Moskau geflogen und im Jahr 1949 aus der Gefangenschaft entlassen.

Der Hauptbunker wird ab jetzt schwer bewacht. Jahrelang wird der Zutritt verwahrt. Während dieser Zeit war es verboten den Bunker zu betreten oder zu durchsuchen. Sowohl 1947 als 1959 versucht man vergeblich, den Bunker zu sprengen. Beweise über mögliche unterirdische Tunnel und Fluchtwege wurden hierdurch zerstört!

1973 wurden in der Nähe des "Führerbunkers" Grundbohrungen bis zu 16 Metern Tiefe durchgeführt. Man entdeckte hierbei mehrere Bunkertunnel. Auch der Führerbunker wurde zum ersten Mal anständig inspiziert. In einem versteckten Tresor wurden mehr als 15.000 geheime Dokumente gefunden. 1988 wurde der Führerbunker größtenteils entfernt.

Kapitel 11

# Russische Skepsis

Die Sowjets waren nach fast vier Kriegsjahren ausgeblutet. Auch die höheren militärischen Führer der Roten Armee waren ganz erschöpft.

Als sie am 2. Mai in Hitlers Bunker eindrangen waren sie äußerst angespannt. Wo war Hitler? Wenn Hitler tot war, dann musste seine Leiche irgendwo zu finden sein.

Die ersten Leichname, die am 5. Mai identifiziert wurden, waren die der Familie Goebbels. Joseph Goebbels war leicht an seinem Klumpfuß zu erkennen. Der Tod der Familie Goebbels war notwendig, um den Betrug glaubwürdig zu machen. Ihre Leichname würden jeden glauben machen, dass auch die Leichname von Hitler und Eva Braun echt waren. Die Leichen von Goebbels und seiner Familie sorgten dafür, dass das Szenario plausibel war.

**Sterbliche Überreste von Joseph Goebbels**

Die Leichen der gesamten Familie Goebbels wurden ausgestellt und aus jedem Winkel fotografiert, bis hin zum Autopsie-Tisch.

Im Garten der Kanzlei fand man weitere fünfzehn Leichen, darunter auch die Leichen einiger Frauen und 5 Doppelgänger Hitlers.

Einer der Doppelgänger hatte ein kleines 10,5 mm Einschussloch in der Stirn.[165]

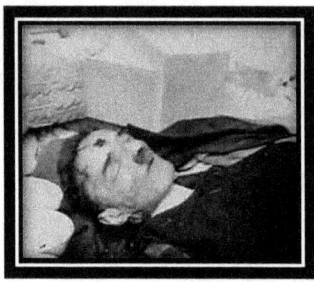

**Doppelgänger mit einem Einschussloch in der Stirn**

Einer der Männer im Hauptquartier der ersten russischen Armee bemerkte:

*Nein, das ist nicht Hitler. Er ist viel zu jung.*

Einige der gefangen genommenen Nazis bestätigten dies.[166] Einer der Nazis wusste, wo noch mehr Leichen zu finden waren. Ihm zufolge hatte er die Leichname einer Frau und eines Mannes auf etwa 12 Metern Abstand zum Eingang des Bunkers in einem Bombenkrater begraben. Die Leichname, die man hier ausgrub, waren beide bis zur Unkenntlichkeit verbrannt. Im Mund des männlichen Leichnams waren die meisten Zähne locker. Es machte den Anschein, als ob sie von jemand anderem waren. Neben dem Körper fand man ebenfalls einige Fragmente einer Prothese. Das linke Bein war vollständig verbrannt, als ob man ein Leiden verbergen wollte, dass der echte Hitler nicht hatte. Der Rest der Leichen war nur leicht verbrannt, doch dies genügte, um die Fingerabdrücke zu vernichten. Die Sowjets ließen Stalin wissen, was sie gefunden hatten.

---

165. Die meisten von Hitlers Doppelgängern wurden am 1. Mai rund um die Kanzlei getötet.
166. Giordan Smith, *Fabricating the Death of Adolf Hitler* in *Nexus* vom Dezember 2007 und Januar 2008.

Es wurde nur ein einziges Foto gemacht von dem Leichnam, den man für den Leichnam Hitlers hielt. Dieses Foto wurde aus einigem Abstand geschossen. Es zeigt eine Kiste, in der etwas nicht Erkennbares liegt.

Warum gibt es nur ein einzige nicht erkennbares Foto von Hitlers Leichnam? Warum hat sich niemand die Mühe gemacht, ein anständiges Foto zu machen, als Hitlers Leiche entdeckt wurde. Und warum geschah dies auch nicht während der Leichenbeschauung?

Die Autopsie der beiden Leichname fand am 8. Mai 1945 statt. An diesem Tag übernahmen zwei Russen, der leitende forensische Pathologe Faust Sherovsky und die Pathologin Major Anna Marantz, die Leichenbeschauung der sterblichen Überreste.

Der Leichnam, der Eva sein sollte, starb nicht durch eine Zyankali-Vergiftung. Dies wurde durch eine Blutuntersuchung bestätigt. Das Gift wurde erst nach ihrem Tod in ihren Mund geträufelt. Die Untersuchungen ergaben, dass sie an einem Granatensplitter in der Brustgegend gestorben war. Sie war eindeutig ein Kriegsopfer. Außerdem fand man heraus, dass diese Frau einige Löcher in den Zähnen hatte. Dies war einer der vielen Leichname, die für Eva Braun gehalten werden sollten. Wie bereits gesagt, wurde in den letzten Tagen des Krieges viel mit sterblichen Überresten gepfuscht. Leichen gab es genug. An jeder Straßenecke lagen sie aufgestapelt.

Viele Historiker haben gezeigt, dass auch der Körper, der für Hitler gehalten werden sollte, eine Fälschung war. So wurde am 8. Mai 1945 nicht der Schädel den man auf etwa 12 Metern Abstand zum Eingang des Bunkers in einem Bombenkrater gefunden hatte zur Autopsie vorgelegt, sondern eine andere Schädel.

Dem Russischen Leichen-Beschauerteam zufolge war der Mund des Opfers völlig intakt:

*Der Oberkiefer weist einige kleine Brücken auf. Die Zunge ist verdreht und klemmt zwischen einigen Zähnen des Ober- und Unterkiefers fest.*[167]

---

167. D. Marchetti, *The Death of Adolf Hitler - Forensic Aspects* im *Journal of Forensic Sciences* vom September 2005, 1148.

Der Autopsiebericht vom 8. Mai äußerte den Verdacht, dass dies "vielleicht" Hitlers Leichnam war.[168] Man untersuchte auch das Blut auf dem Sofa im Bunker. Das Blut, das man fand, war nicht das Blut von Hitler oder Eva Braun. Es war das Blut eines Mannes, wahrscheinlich des in Hitlers Zimmer ermordeten Doppelgängers.[169]

Die Sowjets beschlossen nun, die losen Zähne und Fragmente, die man bei dem Schädel auf etwa 12 Metern Abstand zum Eingang des Bunkers in einem Bombenkrater gefunden hatte, zu verwenden um Hitlers Identität festzustellen. Hierzu mussten sie zunächst Hitlers Zahnarzt, SS-General Hugo Blaschke, ausfindig machen. Als sie an dessen Praxis am Kurfürstendamm ankamen stellten sie fest, dass er verschwunden war.[170] Das war keine Überraschung. Blaschke hatte in Dachau, Buchenwald und Oranienburg Zahnarztpraxen errichtet. Zur Sicherheit war er geflohen. Seine Praxis wurde von Dr. Fedor Brück übernommen.

Professor Blaschkes Akten befanden sich zu diesem Zeitpunkt noch in der Praxis. Die Akten von Himmler, Goebbels und Göring waren vor Ort und wurden mitgenommen.[171]

Die Akten von Adolf Hitler und Eva Braun jedoch waren spurlos verschwunden.[172] Niemand fragte sich warum.

Die Suche war jedoch kein vollständiges Fiasko, denn Dr. Brück, *der Neue Inhaber* der *Zahnarztpraxis* konnte den Sowjetischen Offizieren genaue Informationen darüber geben, wo sie Blaschkes Assistentin Käthe Hauserman und den Zahnarzttechniker Fritz

---

168. Ein anderes 1946 entdecktes Schädelfragment wird seitdem in Russland ausgestellt als Beweis für Hitlers Selbstmord. Wissenschaftler der Universität von Connecticut hatten Gelegenheit das Schädelfragment zu untersuchen und schlussfolgerten, dass es einer jungen Frau gehörte, die zum Zeitpunkt ihres Todes zwischen zwanzig und vierzig Jahren alt gewesen sein ist.
169. Vgl. Giordan Smith, *Fabricating the Death of Adolf Hitler* in *Nexus*, Dezember 2007 und Januar 2008.
170. Greg Hallett, *British Agent*, Auckland 2006, 298.
171. Vgl. Giordan Smith, *Fabricating the Death of Adolf Hitler* in *Nexus*, Dezember 2007 und Januar 2008.
172. Hugh Thomas, *Doppelgangers: The Truth about the Bodies in the Berlin Bunker*, London 1995, 229.

Echtmann finden konnten.[173]

Hausermann und Echtmann wurden zur Reichskanzlei geführt, wo man eine ergebnislose Suche nach Hitlers zahnärztlichen Unterlagen startete.[174] Am darauffolgenden Tag, dem 10. Mai, brachte man sie zum SMERSH-Hauptquartier um die sterblichen Überreste zu untersuchen. Man hatte die Kiefer des Leichnams entfernt und bewahrte diese in einer Zigarrenkiste auf. Den Sowjets zufolge wurden die Kiefer in einer Zigarrenkiste aufbewahrt, um die Untersuchungen zu erleichtern.[175]

Es handelte sich also nicht um die Kiefer des falschen Schädels an dem am 8. Mai eine Autopsie durchgeführt worden war. Diese Mal handelte es tatsächlich um die Leiche in dem Bombenkrater, mit den lockeren Zähnen und die gefundenen Fragmente einer Prothese.

Käthe Hausermann bestätigte, dass es sich um das Gebiss von Hitler handelte.[176] Gemäß Hausermann erkannte sie eine Krone im Oberkiefer, die als Anker für Hitlers Prothese diente. Die Prothese war zerbrochen, da der andere Anker entfernt worden war.

Desweiteren erkannte Hausermann Bohrspuren die Professor Blaschke im Sommer 1944 beim Entfernen eines Zahnes, am vierten Zahn von Hitlers linkem Oberkiefer, verursacht hatte.[177] Die Operation hatte Spuren hinterlassen, die sie sofort erkannte.[178] Hausermann bekräftigte:

*Ich hielt einen Spiegel in Hitlers Mund und beobachtete die ganze Prozedur genau.*[179]

---

173. Kay Lutze, *Von Liegnitz nach New York: Die Lebensgeschichte des jüdischen Zahnarztes Fedor Brück* (1895-1982).
174. Die zahnärztlichen Unterlagen von Hitler und Eva Braun sind nie wieder aufgetaucht. Paul Manning behauptet in *Martin Bormann, Nazi in Exile* (New York 1981, 182): "Martin Bormann hat die zahnärztlichen Unterlagen aus dem Archiv der Kanzlei entfernt."
175. Vgl. Giordan Smith, *Fabricating the Death of Adolf Hitler* in *Nexus*, Dezember 2007 und Januar 2008.
176. *Hitler's Death: Russia's Last Great Secret from the Files of the KGB*, London 1995.
177. Ibidem, 97-99.
178. *Winnipeg Free Press* vom 3. Mai 1946.
179. Ibidem, 97.

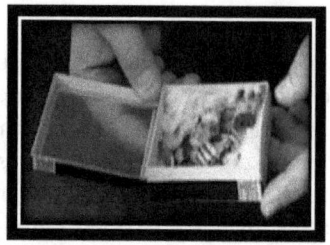 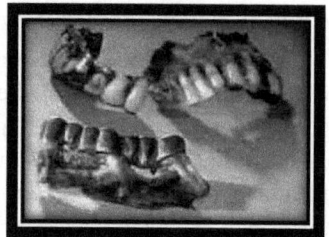

**Fragmente von Hitlers Gebiss?**

Das Problem ist jedoch, dass die Behauptungen Hausermanns, sie habe an Hitlers Gebiss gearbeitet, sich als falsch erwiesen.

Anfang 1948, gab Hitlers Zahnarzt Dr. Hugo Blaschke in Amerikanischer Gefangenschaft ein Interview in dem er aussagte:

*Hausermann kann Hitlers Gebiss unmöglich identifizieren, da sie lediglich einige Röntgenfotos seiner Zähne gesehen hat.*[180]

Im Gegensatz zu ihrer Aussage gegenüber ihren Russischen Vernehmern hat Hausermann, Dr. Blaschke nie assistiert.

Gegenüber den Sowjets behauptete Käthe Hausermann, sie habe auch an Eva Brauns Gebiss gearbeitet. Als man ihr eine Prothese mit vier Zähnen zeigte sagte sie, dass diese Eva Braun gehöre.

Hausermann sagte:

*Die haben wir vor sechs Wochen für Eva Braun angefertigt.*[181]

Die Brücke, die sechs Wochen zuvor angefertigt worden war, hatte jedoch nur einen Zahn, nicht vier.[182] Dies bestätigte der Zahntechniker Fritz Echtmann.[183]

Eine bemerkenswerte Tatsache ist, dass die kürzlich veröffentlichte Sammlung von Dokumenten aus den sowjetischen Archiven, die beweisen sollen, dass es sich bei den von den Sowjets gefundenen Leichen tatsächlich um Hitler und Eva Braun handelt, keine

---

180. *Dentist says Russians have Hitler's Jaw* in der *Oakland Tribune* vom 6. Mai 1948.
181. Vgl. Giordan Smith, *Fabricating the Death of Adolf Hitler* in *Nexus* vom Januar 2008.
182. Die Brücke mit einem Zahn passte nicht und wurde nie in Eva Brauns Gebiss angebracht.
183. Vgl. Giordan Smith, *Fabricating the Death of Adolf Hitler* in *Nexus* vom Januar 2008.

der Vernehmungsberichte von Käthe Hausermann enthält. Die Tatsache dass Käthe Hausermann mehrere Male vom russischen Geheimdienst verhört wurde weist darauf hin, dass mehr und mehr Informationen ans Tageslicht kamen und man an ihren Aussagen zu zweifeln begann.

Am 19. Mai wurde Hausermann fast fünf Stunden lang verhört.[184]

Der Bericht der fünfstündigen Befragung umfasst nur wenige Seiten und kann kaum länger als zehn Minuten in Anspruch genommen haben, was die Frage aufwirft, was in der übrigen Zeit besprochen wurde.[185]

Warum glaubten die Sowjets, dass Hausermann ihr wieder und wieder die gleichen Fragen stellen mussten? Ganz einfach: Weil sie Hitlers Leichnam immer noch nicht gefunden hatten.

Käthe Hausermann wurde beschuldigt Hitler und andere Mitglieder der Nazi-Spitze bis April 1945 behandelt zu haben und zu zehn Jahren in einem Russischen Straflager verurteilt.[186]

Wir können schwer annehmen, dass Hausermann tatsächlich für ihre Tätigkeit als Zahnarzthelferin verurteilt wurde. Viel wahrscheinlicher ist es, dass man sie für einen Täuschungsversuch – *das Verkaufen von dem, was die Russen gerne hören wollten* – bestrafte.

Hausermann ist niemals zurückgekehrt und wir können davon ausgehen, dass sie in Stalins umfassendem Gefängnisnetzwerk verschollen ist.

Wie bereits erwähnt, wurden einige Fragmente einer Prothese durch die Russen neben dem Körper einer der Doppelgänger in einem Bombenkrater auf etwa 12 Metern Abstand zum Eingang des Notausganges gefunden. Die aus Kunstharz bestehende Prothese war sehr gut erhalten. Der Körper volkommen verbrannt. Kunstharz schmilzt allerdings schon bei circa 200° Celsius.

---

184. *Hitler's Death: Russia's Last Great Secret from the Files of the KGB*, London 2005, 95-100.
185. Außerdem enthält der Bericht Informationen, die aus zwei in einem Abstand von zwei Jahren geführten Vernehmungen stammen (am 19. Mai 1945 und am 24. Juli 1947).
186. *Hitler's Death: Russia's Last Great Secret from the Files of the KGB*, London 2005, 96, 102.

Es sieht so aus als die Prothese absichtlich neben den fast Volkommen verbrannten Körper gelegt wurde.

Käthe Hausermann hat gewusst, dass die Zahnfragmente der Russen gar nicht mit den Zähnen Hitlers übereinstimmen. Die neben den verbrannten Körper aus Kunstharz bestehende gefundene Prothese war nämlich durch Hausermann selbst, zusammen mit Echtmann unter Leitung von Dr. Kunz am 20. April 1945 in der Reichskanzlei angefertigt. Die künstlichen Zähne bestanden aus Kunstharz.

Fritz Echtmann bestätigte 1954:

*Wir haben diese aus Kunstharz bestehende Skelettprothese zusätzlich zur bestehenden Zahnbrücke angefertigt. Es gab ebenfalls zwei Sätze an Röntgenaufnahmen.*

## Dr. Fedor Brück

Auch Dr. Brück spielte bewusst mit in dem betrügerischen Versuch, die falsche Leiche als die Leiche Adolf Hitlers zu identifizieren. Nachdem Dr. Blaschke geflohen war, hatte man mit Hilfe Hausermanns in Dr. Fedor Brück Ersatz gefunden. Hausermann hatte mit ihm zusammen gearbeitet als er als Schulzahnarzt in ihrem Heimatort Liegnitz tätig war.

Als die russischen Vernehmer in der Praxis eintrafen wusste Brück genau, wonach sie suchten. Er fragte, ob sie jemanden suchten, der ihnen dabei helfen könnte die Fragmente zu identifizieren.[187]

Obwohl es nicht schwer zu erraten war, dass sie versuchten einen Leichnam zu identifizieren, war der Gebrauch des Wortes "Fragmente" wohl ein Versprecher. Was oftmals als Hitlers Kiefer (Einzahl) bezeichnet wird sind in Wahrheit vier Fragmente. Dr. Brück musste bereits im Voraus gewusst haben, dass es nicht um die Identifizierung eines vollständigen Gebisses ging. Sein

---

187. Fedor Brück erinnerte sich: "Als ich fragte, ob sie die Dokumente, nach denen sie suchten, zur Identifikation von gefundenen Zahnfragmenten benötigten, setze der erste Leutnant eine verärgerte und offizielle Miene auf und hielt sich den Zeigefinder vor den Mund. Dies gab mir das Gefühl, dass ich auf der richtigen Spur war." (Aussage von Brücks Enkel Lutze Brück im Jahr 2006).

Versprecher deutet darauf hin, dass er Teil der Verschwörung war, die zum Ziel hatte, die Sowjets glauben zu machen sie hätten tatsächlich die sterblichen Überreste Hitlers und Eva Brauns gefunden. Den Sowjets viel dieser Versprecher jedoch nicht auf.[188]

Die beste Erklärung hierfür ist, dass Dr. Fedor Brück vorher einen Handel mit den Nazis eingegangen war. Im Austausch gegen seine Dienste, beispielsweise dass er Informationen über Hausermanns Aufenthaltsort an die Sowjets weitergegeben hat, erhielt Brück die Praxis von Professor Blaschke am Kurfürstendamm.

## Dr. Johann Hugo Blaschke

Die einzige Person die tatsächlich dazu imstande war Hitlers Gebiss zu identifizieren war Dr. Blaschke selbst. Nachdem die Sowjets bei Käthe Hausermann nicht weiterkamen, müssen sie sich sehr gefreut haben, als Dr. Blaschke im Juli 1945 in einem Amerikanischen Lager für wichtige Kriegsgefangene auftauchte. Sie schickten ihm unverzüglich alle notwenigen Materialien und befahlen ihm, so gut sein Gedächtnis dies zuließ, Hitlers Kiefer zu rekonstruieren.

Stimmte das Ergebnis Dr. Hugo Blaschkes mit der Aussage von Käthe Hausermann überein?

Die Information, die Dr. Blaschke den Sowjets verschaffte, wurde nie veröffentlicht. Dr. Blaschkes Rekonstruktion des Kiefers hat wie es scheint, den Sowjets bei der Identifizierung nicht weiter geholfen.

Auch in dem Buch *Hitler's Death: Russia's Last Great Secret from the Files of the KGB* glänzt Dr. Blaschkes Identifizierung des Kiefers durch Abwesenheit. Gab es einen Grund dies nicht im Buch zu nennen?

Es hat den Anschein, dass Dr. Blaschke nur bestätigen konnte was die Sowjets bereits wussten – dass Käthe Hausermann sie an der Nase herum geführt hatte. Es ist deutlich, dass sie nicht im Besitz von Hitlers Leichnam waren. Die Sowjets wussten, dass es sich nicht wirklich um Hitlers Kiefer handelte.[189]

---

188. Siehe ebenfalls Giordan Smith, *Fabricating the Death of Adolf Hitler* in *Nexus* vom Dezember 2007 und Januar 2008.
189. *Indiana Evening Gazette* vom 5. Mai 1948.

Obwohl die Amerikaner Hugo Blaschke vom Mai 1945 bis Ende 1948 in Gewahrsam hatten brachten auch sie nie Informationen, die er mit ihnen bezüglich des Gebisses von Hitler teilte, an die Öffentlichkeit. Am 5. Februar 1946 beispielsweise wurde Blaschke bezüglich dieser Angelegenheit vom amerikanischen Militär-Geheimdienst verhört. Der Bericht dieser Vernehmung wurde nie öffentlich gemacht und wird bis zum heutigen Tage geheim gehalten.[190]

Angesichts der Tatsache, dass den Amerikanern viel daran gelegen war Informationen an die Öffentlichkeit zu bringen aus denen hervorging, dass die Sowjets in der Tat Hitlers Leiche gefunden hatten, besteht keine andere Möglichkeit als die, dass Dr. Blaschke mit oder ohne sein Wissen Informationen preisgegeben hatte die dies widerlegten.

Auch aus einem Interview zu diesem Thema, das Dr. Blaschke Anfang 1948 in Gefangenschaft gab, kann man schwer Schlussfolgerungen ziehen. Er machte zwei Bemerkungen die es in Frage stellen, dass die Sowjets in der Tat Hitlers Kiefer in ihrem Besitz hatten. Zum Ersten sagte er aus, wie wir bereits zuvor gesehen haben, dass Hausermann den Kiefer Hitlers nicht hätte identifizieren können.

Zum Zweiten forderte Dr. Blaschke die Sowjets auf, ihm Hitlers Kiefer zu zeigen:

*Warum lassen die Sowjets mich den Kiefer nicht ansehen? Ich kann mit einem Blick sagen, ob es sich um Hitlers Kiefer handelt oder nicht.*[191]

Mit anderen Worten:

**Dr. Blaschke hatte den Kiefer um den es ging nie mit eigenen Augen gesehen**

Dies erklärt, warum Dr. Blaschkes Ergebnisse nie an die Öffentlichkeit gelangten. Es waren nichts als weitere Lügen. Die Sow-

---

190. *United States Forces in the European Theater: Military Intelligence Service Center, Final Interrogation Report* No. 31 (O1-FIR No. 31), *Hitler's Teeth*, 5. Februar 1946. Eine Kopie dieses Dokumentes befindet sich im Besitz der William Russell Philip Collection, Hoover Institution Archives, Stanford University, Stanford, Kalifornien.
191. *Oakland Tribune* vom 6. Mai 1948.

jets waren gar nicht im Besitz von Hitlers sterblichen Überresten! Dr. Blaschke wurde Jahre später freigelassen und arbeitete bis zu seinem Tod als Zahnarzt in Nürnberg. Er hat nie wieder etwas über das Gebiss Hitlers gesagt.

Die Leichname, die für Hitler und Eva Braun gehalten werden mussten, wurden von den Sowjets nicht weniger als drei Mal begraben und wieder exhumiert, einmal an einem geheimen Ort in Berlin, danach in Finov in der Sowjetunion. Hier wurde eine geheime Leichenbeschauung an den Leichnamen vorgenommen. Die wichtigsten Schlussfolgerungen bezüglich Hitlers Körper waren:

- Schwer beschädigt durch Brand, männlich zwischen 50 und 60 Jahren alt, 165 cm groß;
- Keine sichtbaren Anzeichen von tödlichen Verletzungen oder Krankheiten;
- Todesursache: Zyankalivergiftung.

Wenn die Sowjets wirklich im Besitz von Hitlers sterblichen Überresten waren, dann scheint es unwahrscheinlich, dass sie seinen Leichnam so mit sich herumgeschleppt haben. Das makabere Hin und Her ist nur schwer zu erklären, wenn die Überreste tatsächlich von Hitler stammten.

Nach der Leichenbeschauung wurden die Leichname zurück nach Deutschland gebracht, wo sie in Rathenau begraben wurden. Einen Monat später wurden sie wieder exhumiert und nach Friedrichshafen überführt, wo einer von Hitlers RSD-Leibwächtern, Harry Mengershausen, gebeten wurde sie sich zu Identifikationszwecken anzusehen. Hierbei blieb es dann auch. Die Identifikation fand aus unbekannten Gründen nicht statt. Mengershausen bekam die Leichname nie zu Gesicht.

Warum zeigte man die Leichname nicht den deutschen Augenzeugen, die von den Sowjets gefangen genommen wurden? Obwohl die Sowjets 1945 und während der Rekonstruktion der Ereignisse 1946 in Gegenwart von Heinz Linge, Otto Günsche, Hans Hofbeck und anderen immer wieder betonten, dass sie Hitlers Leichnam zur Identifikation zu sehen bekommen würden, ist dies nie passiert. In einem Interview am 20. Juni 1956 sagte Günsche: *Die Behauptung, dass Adolf Hitler mittels Benzin vollständig verbrannt wurde, ist korrekt. Die sterblichen Überreste wurden verstreut und die Bombenangriffe erledigten den Rest. Die schweren Angriffe und das*

*Napalmfeuer dauerten an bis zum 2. Mai. Es blieb nichts übrig, was einen Hinweis auf Hitler hätte liefern können. Ich kann oft nur den Kopf schütteln, wenn ich die Behauptungen von sogenannten Augenzeugen höre. Die meisten waren damals nicht einmal bei der Einäscherung anwesend. Andere sogenannte Zeugen stellen in ihrer Aussage dar, was sie von anderen gehört haben. Viele dieser Aussagen, die direkt nach dem Krieg gemacht wurden und in verschiedenen Abwandlungen wiederholt wurden, erklären vielleicht, warum niemand in der Lage war zu beweisen, was vom Leichnam des Führers übrig geblieben war und wo man es finden konnte. Keine einzige dieser Aussagen kann bewiesen werden, es sind alles Fälschungen. Die Leichname des Führers und seiner Frau waren aus verschiedenen Gründen komplett unkenntlich. Die Sowjets waren nie dazu in der Lage die Überreste von Hitlers Leichnam der Öffentlichkeit zu zeigen, was sie sicher getan hätten, wenn man sie gefunden hätte. Wenn sie Hitlers Leichnam gefunden hätten, wäre ich nicht so lange verhört worden - nicht nur ich, sondern auch andere. Die Vernehmungen dauerten sehr lang und man stellte wieder und wieder dieselben Fragen. Schlussendlich gab mir die Tatsache, dass sie den Leichnam nicht gefunden hatten, eine Art von Befriedigung.*

Bei einer anderen Gelegenheit erzählt Otto Günsche, dass beide Körper zu Asche verbrannt waren. Das ist aber unmöglich, da das verwendete Benzin höchstens fett verbrennt und dem Körper Flüssigkeit entzieht.

Ein Teil der Ergebnisse der russischen Leichenbeschauung wurde 1968 freigegeben. Hierin wurde angegeben, dass die Beschädigungen am Schädel nur durch Temperaturen von über 1000° Celsius erzeugt werden konnten. Eine Temperatur die unter freiem Himmel, im Garten der Reichskanzlei, unmöglich zu erreichen ist.[192]

Laut W.F. Heimlich, einem ehemaligen Offizier des Geheimdienstes der bei der amerikanischen Armee in Berlin eine hohe Position inne hatte, mussten die Leichname in einem abgeschlossenen Krematorium verbrannt worden sein um den Zustand zu er-

---

192. D. Marchetti, *The Death of Adolf Hitler - Forensic Aspects* im *Journal of Forensic Sciences*, September 2005, 1150.

zeugen, in dem sie aufgefunden wurden.[193]

Russische und amerikanische Militärs, die in der Reichskanzlei gewesen waren, stimmten einander zu, dass Hitler aus dem Bunker entkommen und noch am Leben war.

Nachrichtenagenturen in Berlin verkündeten selbstsicher, dass Hitler noch am Leben war. Einige Wochen später sagte General Eisenhower gegenüber einem niederländischen Radiosender, dass es Gründe dafür gab anzunehmen, dass Hitler entkommen war und in Freiheit lebte.[194]

Während der Potsdamer Konferenz (17. Juli bis den 2. August 1945) beschuldigte Stalin den spanischen General Franco dem Führer Unterschlupf zu gewähren.

James F. Byrnes, vormalig US Secretary of State, schreibt folgendes in seinem Buch *Speaking Frankly*:

*Während der Potsdamer Konferenz erhob sich Stalin vom Stuhl, kam auf mich zu und stieß freundlich mit seinem Drink und meinem an. Ich sagte zu ihm: 'Herr Marschall Stalin, was ist ihre Theorie über Hitlers Tod?' Stalin antwortete: 'Hitler ist nicht tot. Er entkam entweder nach Spanien oder Argentinien.'*[195]

Offiziell existiert der Leichnam Hitlers die von den Sowjets 1945 gefunden wurde nicht einmal mehr. Laut Russischen Quellen wurden die Überreste 1970 zusammen mit den Überresten von zehn anderen Personen vernichtet: Eva Braun, Goebbels und seine Frau Magda sowie ihre sechs Kinder und General Hans Krebs.

---

193. *Yank Intelligence Officer Says He doesn't believe Hitler is Death* in de *Charleston Gazette* vom 9. Februar 1947.
194. *Radio Herrijzend Nederland.*
195. James F. Byrnes, *Speaking Frankly*, New York 1947, 42.

### Kapitel 12
# Geheimdienste

Nachdem wir gesehen haben, dass Hitler auf Befehl seiner Hintermänner den Krieg verlieren musste, wird es sie nicht verwundern, dass die Nazis und die Geheimdienste der Alliierten während des Krieges miteinander in Kontakt standen.

Nach Ende des Krieges wurde der amerikanische Geheimdienst Office of Strategic Service (OSS) durch dessen Fusion mit dem Geheimdienst der Nationalsozialisten modernisiert. In Zusammenarbeit mit dem deutschen Geheimdienst unter SS-General Reinhard Gehlen wurde die Central Intelligence Agency (CIA) gegründet. Die National Archives gaben 2000 bekannt, dass die CIA die Verbindung zu Reinhard Gehlen fünfzig Jahre lang geheim halten konnte. Dies wurde im Zuge des *Freedom of Information Act* sowie des *Nazi War Crimes Disclosure Act* von Carl Oglesby offen gelegt.[196]

Viele Nazis wurden kurz vor dem Untergang des Dritten Reiches in die Vereinigten Staaten gebracht um hier in der Wissenschaft, der Armee, oder dem amerikanischen Raumfahrtprogramm tätig zu werden. Die Liste der deutschen Wissenschaftler wurde von Werner Osenberg, dem damaligen Kommandant der wissenschaftlichen Abteilung des Gestapo, zusammengestellt. So wurden beispielsweise Werner von Braun und all seine Angestellten in Fort Bliss nahe El Paso in Texas untergebracht.

Zwischen 1945 und 1948 wurde eine unbekannte Anzahl hochrangiger Nazis nach Lateinamerika ausgeflogen. Dies geschah unter anderem mit der niederländischen Fluglinie KLM. Der damalige niederländische Außenminister, Baron van Boetzelaer, unterstützte die KLM in ihrer Entscheidung, einige hochgradige Nazis über die

---

196. *Targets*, Oktober 2000, 4.

Schweiz nach Argentinien auszufliegen.[197]

Man schaffte nicht nur Wissenschaftler sondern ebenfalls Kriegsverbrecher aus Deutschland weg. Unter ihnen befand sich SS-Offizier Walter Emil Schreiber – der Mann, der an Gefangenen Gasbrand- und Typhus-Experimente durchgeführt hatte. Auch General Kurt Blome, spezialisiert in biologischer Kriegsführung, Dr. Joseph Mengele und Gestapo-Chef Heinrich Müller, verhalf die CIA zur Flucht.

Heinrich Müller wurde zum letzten Mal am frühen Morgen (Ca. 0.55 Uhr) von 2. Mai 1945 im Hauptbunker gesehen. Alle sicheren Spuren des Gestapo-Chefs verlieren sich im April 1945. Lediglich stand fest, daß seine Leiche im Herbst 1945 unter Trümmerschutt in der Nähe des Regierungsviertels gefunden wurde. Identifiziert wurde Müller anhand der bei dem Toten gefundenen Uniform, Müllers Dienstausweises und Orden. Am 15. Dezember 1945 wurde Müller in das Totenregister des Standesamtes Berlin-Mitte eingetragen.[198]

Viele Fachleute blieben skeptisch. War Müller wirklich tot oder hatte er seine Spuren mit einer Raffinesse verwischt? Wegen der Gerüchte um sein Untertauchen wurde auf Anordnung der Staatsanwaltschaft Berlin, 1963 sein Grab aufgegraben. Dabei wurde einwandfrei festgestellt, daß sich im Grab von Müller, nicht nur Skelett-Teile dreier verschiedener Menschen befanden, sondern der Schädel gehörte zu einem Mann im Alter von höchstens 35 Jahren. Müller war aber im angeblichen Todesjahr 1945 bereits 45 Jahre alt.

In den 1960er Jahren erschienen unterschiedliche Zeitungsberichte, die Heinrich Müller im Ausland vermuteten.

Das militärische Counter Intelligence Corps (CIC) soll jahrelang Jagd auf Müller gemacht haben. Immer wieder wurde behauptet, Müller arbeite nach dem Krieg für die Sowjets. Aber Zahlreiche US-Dokumente aus der Nachkriegszeit beweisen, daß Müller nicht für die Sowjets gearbeitet hat. Auch wurde er nicht gejagt.

In Wirklichkeit machte der ehemalige Leiter des Spionagedienstes der Gestapo Karriere bei der CIA. Zum Beispiel war er beschäf-

---

197. Internationales Institut für Geschichte, Amsterdam, 6. Juni 2009.
198. Aktenzeichen 11706/45.

tigt unter dem Deckmantel der CIA in der "Operation Paperclip" viele Nazis in die Vereinigten Staaten zu schaffen.

In geheimen Unterlagen der CIA gibt Heinrich Müller ausführliche Informationen über seine Flucht aus Berlin:

*Als ich aus Berlin floh habe ich das Gebiet um die Reichskanzlei sehr früh verlassen und eine Luftwaffenuniform angezogen. Ich gab mich als Major der Luftwaffe im Dienste des Luftfahrtministeriums und Fachmann für leichte Flugzeuge aus. Ich hatte auch schon einen Piloten. Eine Zeitlang hatte ich ihn eingesetzt, um Agenten in die Schweiz zu bringen und aus der Schweiz wieder herauszuholen. Er hatte einen leichten Storch organisiert, ein leichtes Verbindungs- und Kurier-Flugzeug, das nach 50 Metern abheben konnte und sehr zuverlässig war. Auch konnte es in einem Bereich von 130 Meter landen. Dieser Pilot legte die Strecke fest und flog mich bis kurz vor die Grenze mit der Schweiz. Nach der Landung habe ich die Grenze zu Fuß überquert.*[199]

Müller erklärte ebenfalls, dass er seine Flucht aus Deutschland und sein neues Leben in der Schweiz finanzierte, indem er Geld von geheimen Konten der SS abzweigte.[200]

Die Vernehmungsprotokolle über Heinrich Müller beruhen auf ausführlichen Vernehmungen, die 1948 in Genf stattfanden. Die Vernehmungen Müllers wurden größtenteils von James Speyer Kronthal, seit dem 21. April 1947 Amtschef des CIA in Bern, geleitet. Er genoss das volle Vertrauen seiner Vorgesetzten und war ein Protégé von Allen Dulles, dem späteren Chef des CIA. Gegen Ende der ausführlichen Niederschriften taucht ein weiterer, höherrangiger CIA-Beamter auf, der auf Bitte von Admiral Hillen-Koether, dem damaligen Direktor des CIA, aus Washington eingeflogen worden war.

Alle Gespräche fanden in Heinrich Müllers Haus in der Schweiz statt. Zwei Stenographen führten das Protokoll. Eins der Stenotypistinnen zur Zeit der Vernehmung war Irmgard Krieger. Sie hatte früher als eine der Sekretärinnen von Müller gearbeitet.[201]

---

199. Gespräche zwischen Heinrich Müller und den US-Geheimdienst, September/Oktober 1948. *US-Geheimarchiven MU 13-75-96: 16; S. 37-42.*
200. *US-Geheimarchiven MU 13-75-96: 16; S. 64.*
201. Heinrich Müller hatte nach dem Krieg für zahlreiche seiner Mitarbeiter Brot und Arbeit gefunden.

Die stenographischen Notizen erfolgten in deutscher Sprache und wurden später ins Englische zur Verwendung der Amerikaner übersetzt.[202] Müller gibt nicht nur ausführliche Informationen über seine Flucht aus Berlin, sondern ebenfalls gibt er die Passwörter geheimen Bankkontos in der Schweiz von verschiedenen Persönlichkeiten der Nazis preis.

Es ist wichtig nochmals daran zu erinnern, dass die CIA über Hitlers geplante Flucht niemals informiert oder darauf hingewiesen worden war. Es ist deshalb nicht verwunderlich, dass James Kronthal auch nach Hitler fragte. Er wollte wissen wo Hitler war.

Daß Hitler 1945 keineswegs Selbstmord begangen hat, sondern nach Spanien geflohen ist, wurde von Müller bestätigt. Wo Hitler wirklich war wollte er aber nicht sagen.[203]

**James Kronthal:** *Die Russen glauben nicht, dass Hitler in Berlin gestorben ist? Sie glauben er befindet sich vielleicht Spanien.*

**Heinrich Müller:** *Ich habe nicht die Absicht, ihren Leuten zu helfen, Hitler aufzuspüren. Dies können Sie sich aus dem Kopf schlagen. Haben Sie mich verstanden? Und erzählen Sie mir bitte nicht, der amerikanische Geheimdienst sei überrascht zu erfahren, daß Adolf Hitler verschwunden ist. Ich weiß genau, daß ihre Leute herumschnüffeln und nach ihm suchen. Sie würden ihre Zeit nicht verschwenden, wenn Sie wüssten, daß er tot ist, nicht wahr? Vielleicht können die Russen nach Madrid fliegen und zu Franco sagen: Wir suchen nach Hitler. Helfen Sie bitte? Und das wäre das Letzte, was man von diesen Russen hören würde. Wahrscheinlich würden sie dann als Dünger für Apfelsinenbaumen enden. Und wäre ich Sie, dann würde ich dieses Spielchen auch nicht versuchen, oder Sie könnten in einem Grab unter einem Apfelsinenbaum enden!*[204]

---

202. Daß die in diesem Kapitel aufgearbeiteten Gespräche stattgefunden haben, wird nicht nur von amerikanischer Seite sondern auch von ehemalige Mitarbeiter aus dem BND-Bereich, die noch zu Zeiten Reinhard Gehlens dort arbeiteten, bestätigt.
203. Wie schon erwähnt war Gestapo-Chef Heinrich Müller in die Operation Testament eingeweiht.
204. Die Zitate wurden dem Buch von Gregory Douglas *Geheimakte Gestapo-Müller: Dokumente und Zeugnisse aus den US-Geheimarchiven*, Druffel 1995, S. 293-294 entnommen.

## Hitler in Argentinien?

Immer mehr Leute sind der Überzeugung, dass Hitler keinen Selbstmord begangen hat. Viele glauben daran, dass er zusammen mit Eva Braun nach Argentinien geflohen ist. Als Beweis hierfür wird unter anderem die in diesem Buch aufgeführte russische Stellungnahme aus dem Jahr 1945 genannt. Adolf Hitler soll am 29. April 1945 mit dem Flugzeug vom Tiergarten in Richtung Hamburg aufgebrochen sein. Von Hamburg aus soll er seine Reise nach Argentinien per U-Boot fortgesetzt haben.

Wie wir bereits gesehen haben waren es nicht Hitler und Eva Braun, die mit dem Flugzeug vom Tiergarten aus gestartet sind, sondern General Ritter von Greim, Hanna Reitsch und der Pilot Jürgen Bosser. Wie ebenfalls bereits erläutert haben die russischen Beobachter, Reitsch und von Greim einsteigen sehen und diese fälschlicherweise für Hitler und Eva Braun gehalten.

Um Hitlers Zufluchtsort in Spanien geheim zu halten, wurden durch *Sektion M* mehrere falsche Fährten gelegt. Oftmals wurden Doppelgänger eingesetzt. Auch der Hitler, der von Hamburg aus per U-Boot nach Argentinien geflüchtet ist, war ein Doppelgänger. Er war kleiner als Hitler und man hatte mittels plastischer Chirurgie Veränderungen an seinem Gesicht vornehmen lassen.

Zwei Monate nach dem Fall Berlins wurde ein Schlauchboot, das zur Ausstattung des U-530 gehörte, in der argentinischen Küstenstadt Miramar gefunden. Ob der Doppelgänger hier das U-Boot verlassen hat, ist nicht zu beweisen.[205]

Zehn Tage später tauchte die U-530 in der Nähe der Hafeneinfahrt von Mar del Plata wieder auf. Hier bat Kapitän Wermuth um Erlaubnis, im Hafen anzulegen. Er und seine Mannschaft versicherten, dass niemand das U-Boot vor der Ankunft in Mar del Plata verlassen habe. Die Argentinier glaubten ihm.[206]

2010 berichteten verschiedene Tageszeitungen in Paraguay, dass Hitler lange in Südamerika gelebt hat. Auch gibt es viele Per-

---

205. Obwohl die Britische Admiralität am 28. Mai 1945 die Meldung hinaus schickte, dass die Schiffe im Atlantik wieder voll beleuchtet fahren können, waren viele Monaten nach dem Krieg immer noch mehrere U-Boote auf den Weltmeeren unterwegs.
206. Abel Basti, *El Exilio de Hitler*, Buenos Aires 2010, 152-158.

sonen die behaupten Hitler persönlich in Argentinien und Paraguay getroffen zu haben. Dazu gibt es verschiedene argentinische Militär-Dokumente und FBI-Akten die behaupten, dass Hitler sich nach 1945 in Argentinien aufgehalten hat. Auch die Regierung Perón soll davon gewusst haben. Eine FBI-Akte (Archiv Nr. 65-53615) erwähnt Hitlers Ankunft per U-Boot in Patagonien. Auf einer Ranch an der Grenze zwischen Chile und Argentinien soll er sich versteckt haben.

Wie bereits zuvor erwähnt, bei dem in Südamerika gesehenen Hitler handelte es sich um einen seiner Doppelgänger. Er war eins der vielen gelegten falschen Fahrten. Geflohene Nazi-Größen wussten Bescheid und erkannten ihn nicht als den echten Hitler an. Der Doppelgänger und seine Frau lebten in Armut. Der Doppelgänger starb 1961.[207]

Da sich viele ehemalige Nazis auf den Kanarischen Inseln aufhielten glauben auch viele, dass Hitler nicht in Barcelona sondern auf den Kanarischen Inseln Unterschlupf gefunden hatte. Nachgewiesen ist, dass es auf der Halbinsel Jandía (Fuerteventura) eine deutsche Festung gab, die nur mit einem Helikopter erreichbar war.

Von 1973 bis 1994 war ich Eigentümer eines Grundstücks in der Nähe von dieser Nazi-Festung. Gemäß Aussagen von Kanariern sollen Martin Bormann und andere Nazis hier längere Zeit gelebt haben. Es gibt aber keine Indizien, dass auch Adolf Hitler auf Fuerteventura Unterschlupf gefunden hat.

---

207. Ibidem, 152-155.

### Kapitel 13
# Martin Bormann starb nicht in Berlin

Wie bereits erwähnt behauptet man, dass die Gruppe 4 unter der Leitung von Staatssekretär Werner Naumann bei ihrer Flucht aus dem Bunker in der Nähe der Weidendammer Brücke den Sowjets in die Arme lief. Martin Bormann soll dort getötet worden sein.

Bei seine Vernehmung durch das Internationale Militärtribunal in Nürnberg am 3. Juli 1946 erzählte Hitlers Chauffeur Erich Kempka, er habe sich mit Bormann und anderen Männern im Schutze einen deutschen Tiger-Panzer bewegt, als ausgerechnet dieser Tank einen Treffer abbekam. Bormann sei durch die Explosion geradezu weggeflogen. Kempka sei sicher, dass Martin Bormann dabei getötet worden sei.[208]

Wie wir gesehen haben müssen Kempkas Aussagen mit einiger Skepsis betrachtet werden. Es hat sich herausgestellt, wie wir sehen werden, dass Kempkas Aussage über Bormanns Tod wieder einmal erlogen ist. Seine Aussagen haben dafür gesorgt, dass auch die wahren Umstände um Bormanns Tod sich bis heute in eine Rauchwolke hüllen. Jeder der versucht Nachforschungen anzustellen, sollte sein Vorhaben bereits in einem frühen Stadium aufgeben.

Auch ist es wichtig nochmals daran zu erinnern, dass Kempka *zur Gruppe 2 und nicht zu der Gruppe 4 von Martin Bormann gehörte.*

Wie wir gesehen haben, gelangte es die Gruppe 2 über die Spree zu entkommen. Die Gruppe 4 mit Martin Bormann und Artur Axmann erreichte die Weidendammer Brücke lange nachdem es Gruppe 2 unter Leitung von Kempka gelang den Sowjets zu entkommen.[209]

---

208. *Spiegel* 19/1998.
209. *Kempka und Mitglieder seine Gruppe 2 überquerten den Fluss an einer Fußgängerbrücke.*

Wie zuvor erwähnt, war Werner Naumann der Führer der Gruppe 4. Seine Gruppe bestand aus etwa sechzig Personen.

Am 18. Dezember 1963 gab Naumann der Frankfurter Staatsanwaltschaft detaillierte Auskunft über das, was wirklich bei der Weidendammer Brücke geschehen war.

Bei der Weidendammer Brücke kam es zu Kampfberührung mit den Sowjets. In diesem Moment seien mehrere Panzer und Panzerspähwagen gekommen, die Mitglieder der Gruppe 4 hätten sich hinter sie geklemmt. Laut *Vernehmungsprotokoll (Vs3/63A.G.)* wurde Werner Naumann während der Kampfberührung, als ein Tiger-Panzer explodierte, durch die Wucht der Explosion betäubt. Nachdem er erwachte ging er in Richtung Weidendammer Brücke zurück. Naumann erklärte:

*In einem Trichter neben der Weidendammer Brücke traf ich einen kleinen Rest unserer Gruppe (Gruppe 4). Es mögen ungefähr elf Mann gewesen sein. Zu ihnen gehörte Bormann und Axmann. Ferner erinnere ich mich noch an einen Arzt Dr. Stumpfegger.*

Mit dieser Aussage wurden die Bekundungen von Erich Kempka abqualifiziert.

Werner Naumann sagte folgendes über die Aussagen Kempkas:
*Es ist nicht richtig, wie von Hitlers Chauffeur Erich Kempka ausgesagt wurde, daß Herr Bormann bei der Panzer-Explosion ums Leben kam. Diese Aussagen sind falsch. Die Dinge haben sich so zugetragen, wie ich es geschildert habe.*

An Erich Kempka könnte Werner Baumann sich offenbar nicht erinnern. Das war natürlich auch nicht möglich. Kempka war mit seine Gruppe 2 schon längst über die Spree entkommen.

Alle Überlebenden der 4. Gruppe waren mit dem Schrecken oder leicht verletzt davongekommen.

An der Weidendammer Brücke war kein Durchkommen. Nach dem misslungenen Durchbruchsversuch wechselte Naumann die Richtung. Sie gingen zurück zum Bahnhof Friedrichstraße und von dort über die Gleise etwa 1,5 Kilometer zum Lehrter Stadtbahnhof.

### Arthur Axmann

Am 11. September 1962 wurde Reichsjugendführers Axmann, vernommen. Auch er bezeugte, daß Martin Bormann das Panzer-Debakel an der Weidendammer Brücke überlebt habe und bis zum Lehrter Bahnhof mit marschiert sei. Dort aber saßen ebenfalls bereits die Russen.

*Arthur Axmann*

Durch sowjetisches Feuer waren sie gezwungen die Gruppe 4 in drei Teile aufzuteilen. Werner Naumann sagte folgendes:

*Wir gingen über den Bahngeleisen in Richtung Lehrter Bahnhof. Dort kam es zu erneuter Kampfberührung mit den Russen. Hierbei spaltete sich unsere Gruppe in drei Teile auf. Ich blieb mit zwei Offizieren zusammen. Ich weiß nicht, wer mit Bormann zusammenging. Ich weiß aber, daß Herr Bormann in diesem Augenblick noch gelebt hat.*[210]

Gemäß Axmann gingen Bormann und Stumpfegger am Lehrter Stadtbahnhof eiligen Schritts in Richtung Invalidenstraße davon.

Artur Axmanns Gruppe ging Richtung Alt-Moabit. Durch sowjetisches Feuer waren sie aber zur Umkehr gezwungen. Gemäß Axmann, entdeckten sie eine Stunde später auf dem Rückweg, auf der Fahrbahn der Invalidenstraße, zwischen Lehrter Bahnhof und Lehrter Stadtbahnhof zwei Männer:

*Wir knieten bei ihnen nieder. Vielleicht waren sie ja verletzt. Als ich mich über sie beugte, erkannte ich sie eindeutig. Es waren Bormann und Dr. Stumpfegger. Sie lagen auf dem Rücken, Arme und Beine leicht ausgebreitet. Ich fasste Martin Bormann an und rüttelte ihn, aber er gab kein Lebenszeichen von sich. Wunden oder Blutspuren waren nicht zu entdecken. Allerdings hatten wir auch zu näherer Untersuchung keine*

---

210. Vom Lehrter Bahnhof aus gelang es Naumann zu flüchten und unterzutauchen, bis er im Jahre 1950 in Düsseldorf wieder auftauchte.

*Gelegenheit. Russische Scharfschützen hatten uns entdeckt, plötzlich pfiffen uns Gewehrkugeln um die Ohren.*

War Martin Bormanns Schicksal damit eindeutig geklärt? Die Leichname von Bormann und Dr. Stumpfegger wurden zum damaligen Zeitpunkt nicht gefunden. Obwohl angenommen wurde, dass Bormann ums Leben gekommen war, ging der Justiz von einer Flucht aus. Bei den Nürnberger Prozessen wurde Bormann in Abwesenheit zum Tode verurteilt. Die Justiz hatte die widersprüchliche Aussagen von Kempka und Axmann damals nicht geglaubt und startete eine internationale Fahndung nach Bormann.

## Bormanns Flucht aus Deutschland

Anfang 1945 führte Ernst Kaltenbrunner ein Gespräch mit Ian Fleming. Martin Bormann wusste, dass der Krieg verloren war und suchte einen Ausweg. Anlässlich dieses Gespräches fand ein geheimes Treffen mit Martin Bormann statt. Die Briten hatten, wie bereits zuvor gesagt, großes Interesse an Bormann.

In seinem ausgezeichneten Buch *Operation James Bond: Das letzte große Geheimnis des Zweiten Weltkriegs* (1996) berichtet der frühere britische Agent John Ainsworth-Davis (alias Christopher Creighton) ausführlich über Bormanns Flucht.

Ainsworth behauptet Bormann in letzter Sekunde aus Berlin herausgeholt zu haben. Sein Buch bietet einen wahren Schatz an Informationen. Viele Fragen, die sogenannten Historikern bis heute Rätsel aufgeben, werden hier beantwortet.

Der Englische Name von Bormanns Fluchtplan lautete *Operation James Bond*. Laut Ainsworth-Davis waren sie einige Tagen vor Bormanns Flucht in der Nähe von Berlin mit Fallschirmen gelandet. Mit Bormann hatten sie abgesprochen, sich in der Nähe der Haltestelle Friedrichstrasse zu treffen. Am 1. Mai gingen Ainsworth-Davis und Leutnant Barbara Brabenov zu der Stelle, an der sie sich mit Bormann verabredet hatten.[211] Dort versteckten sie sich und warteten auf Martin Bormann. Als Bormann auftaucht, mischen sie sich unauffällig unter den sechzig Personen (Gruppe 4)

---

211. Vgl. Christopher Creighton, *Operation James Bond. Das letzte große Geheimnis des Zweiten Weltkriegs*, Econ 1996, 197.

unter Leitung von Werner Baumann. Am Lehrter Stadtbahnhof wurde die Gruppe 4 durch Werner Baumann in "drei Teile" gespaltet.
1. Axmann ging mit seine Gruppe Richtung Alt-Moabit.
2. Werner Baumann gelang es zusammen mit zwei Offizieren vom Lehrter Stadtbahnhof aus zu fliehen. Baumann tauchte erst im Jahre 1950 in Düsseldorf wieder auf.
3. Bormanns Gruppe bestand aus Dr. Stumpfegger, Ainsworth-Davis, Brabenov und noch eine unbekannte Person.

Martin Bormanns Gruppe ging zurück an das Ufer der Spree, wo sie sich mit einer Gruppe Spezialisten des Special Boat Services (Royal Marines) traf.

Fleming löste sich hier vom Rest der Gruppe. Wie erwähnt, wurde er von seinem Chef Major Desmond Morton von der Operation abgezogen. Fleming wurde zurückgerufen und mit einer anderen Mission beauftragt. Zum ersten Mal erfährt Fleming von der Operation um Hitler.

Bormanns Gruppe mit Ainsworth-Davis durchquerten mit Kanus die russischen Frontlinien bis hin zur Elbmündung, wo die Britische Marine vor Anker lag. Man brachte Bormann nach England, wo er bis 1956 blieb.

Obwohl Bormann offiziell gefallen war setze man die internationale Suche nach ihm fort. Die Fahndung nach Martin Bormann bezeichnet ihn als Hauptkriegsverbrecher. Merkwürdigerweise war der Fahndung weder ein Bild des Gesuchten noch eine Personalbeschreibung beigefügt. Dabei sei noch erwähnt werden, dass dem Nürnberg Militärtribunal eine Menge guter Bormann-Bilder zur Verfügung standen, die aus dem Nachlass Eva Braun und Adolf Hitler den Geheimdiensten der Alliierten übergeben worden waren.[212]

Wie kein anderer Nazi wurde Bormann immer wieder für tot erklärt und ist stets wieder auferstanden. Dies liegt auch daran, dass die *Sektion M* wiederholt eingreifen musste um Bormann zu beschützen. Regelmäßig mussten falsche Fährten gelegt werden, wozu oftmals Doppelgänger eingesetzt wurden.

---

212. Werner Maser, *Adolf Hitler - Das Ende der Führerlegende*, Rastatt 1985, p 16.

Ein gutes Beispiel hierfür ist ein Gerücht, dass man im Herbst 1946 absichtlich verbreitete. Bormann, einige von Hitlers Leibwächtern und andere Nazis sollten sich hoch in den Alpen verstecken. Nach einem Bombenangriff durch die Amerikaner zogen die Nazis sich zurück. Drei Tage verfolgte man sie mit einer Spezialeinheit unter Befehl von Ian Bell.[213]

Bell erklärte, dass Bormann sich mit Sicherheit unter den geflohenen Nazis befand. Er hatte Bormann mit eigenen Augen gesehen. Bell fragte um Erlaubnis, die Gruppe Nazis festnehmen zu dürfen. Zu seinem Verwundern teilte man ihm mit, dass er Bormann laufen lassen musste.

Nach eingängigen Nachforschungen fand der bekannte Chirurg Hugh Thomas heraus, dass Bormann am 29. April 1956 unter dem Schutz der CIA von England über Argentinien nach Paraguay geflogen wurde.[214]

Dokumente der paraguayischen Polizei bestätigen, dass Bormann im Jahre 1956 nach Paraguay kam und 1959 in der Hauptstadt ist gestorben und auf dem Friedhof des Ortes Itá in Asunción (Hauptstadt von Paraguay) ist beigesetzt.

Ende 1958 erkrankte Bormann schwer an Krebs. Während seiner Krankheit wurde er von Dr. Joseph Mengele behandelt.

Dr. Joseph Mengele verschwand im Januar 1945 von Auschwitz. In Kalifornien führte er mit Unterstützung der höchsten Stufen des CIA, der U.S. Airforce und U.S. Navy, ultrageheime Experimenten die sich mit der Gedankenkontrolle (Monarch-Programm) befassten, an Kindern durch.[215] 1949 kam Mengele an Bord der *North King* nach Buenos Aires. Gemäß einer Bestätigung seiner "Einbürgerungsurkunde" aus 1959, lebte Joseph Mengele seit 1954 in Paraguay.[216] Dort war er längere Zeit der Leibarzt des

---

213. Oberstleutnant Ian Bell, *Eyewitness to Martin Bormann's Escape from Europe*, 19. November 2008. Bell erlangte nach dem Krieg als Nazi-Jäger Berühmtheit.
214. Hugh Thomas, *The Murder of Adolf Hitler: The Truth About the Bodies in the Berlin Bunker*, New York 1996, 101.
215. Siehe dazu Robin de Ruiter, *Die 13 satanischen Blutlinien* (Band 1): *Die Ursache vielen Elends und Übels auf Erden*, Durach 1999, 47.
216. Berichterstattung der paraguayanischen Polizei an das Innenministerium von Paraguay, 29 August 1961.

paraguayischen deutschstämmigen Diktators Stroessners.[217]

Joseph Mengele hatte bereits am 7. September 1940 offiziell die Staatsbürgerschaft von Paraguay angenommen.[218] Wie es scheint hat er schon damals gewusst dass Deutschland den Krieg verlieren würde und die nötigen Vorsorgemaßnahmen getroffen.

Anfang 1972, nachdem die Regierung Paraguays, die CIA und der deutsche Geheimdienst zu einer Einigung gekommen waren, flog man Bormanns sterbliche Überreste nach Berlin, wo sie auf dem früheren Landausstellungspark in der Nähe des Lehrter Bahnhofs, zusammen mit dem Leichnam eines Unbekannten Mannes, begraben wurden.[219]

Es war bestimmt kein Zufall, dass beide Skelette bei Erdkabelarbeiten am 8. Dezember 1972 auf dem Gelände des früheren Landausstellungspark gefunden wurden.

In den Gebißteilen beider Schädel fanden sich Glassplitterchen von Blausäureampullen. Der Zustand des Gebisses im Schädel Nr. 1 wies "mit an Sicherheit grenzender Wahrscheinlichkeit" auf Dr. Stumpfegger. Der Zahntechniker Fritz Echtmann identifizierte einige von ihm vor Jahren bei Bormann angebrachten Zahnkronen.[220]

Hatte man etwa grundlos jahrelang Jagd auf Bormann gemacht?

Viele Fachleute blieben skeptisch. Dr. Hugh Thomas hatte Gelegenheit Bormanns Schädel und Knochen zu untersuchen. Der Professor entdeckte Mikropartikel von roter Tonerde auf dem Schädel und andere Knochen von Bormann, eine Art Lehm, die es

---

217. Paraguay war eine Brutstätte für geflohene Nazis. Viele bedeutende Nationalsozialisten verließen Argentinien nach dem Fall Peróns und flohen nach Paraguay. Perón flüchtete aus Argentinien an Bord eines uruguayanisches Kriegsschiffs. Siehe ebenfalls, Robin de Ruiter, *El poder detrás del Nuevo Orden Mundial*, Mexico 1999, 44.
218. *Poder Judicial del Corte Suprema de Justicia* von 7. September 1940.
219. Hugh Thomas, *The Murder of Adolf Hitler: The Truth About the Bodies in the Berlin Bunker*, New York 1996, 99.
220. 1998 wurde Bormanns Skelett durch eine DNA-Analyse endgültig festgestellt.

in Berlin nicht gibt und die man nur in Paraguay findet.²²¹ Zufälligerweise auch auf dem zuvor genannten Friedhof Itá in Asunción, wo Bormann, nach Aussagen der paraguayanischen Polizei, 1959 beerdigt worden war.

Zum Schluss sei noch erwähnt, dass bei dem gefundenen Leichnam von Bormann einige Füllungen sowie eine Brücke erst nach 1945 angebracht waren. In den offiziellen zahnärztlichen Unterlagen von Bormann gab es keine Daten über Füllungen oder eine Brücke. Martin Bormann muss also noch nach 1945 gelebt haben.

---

221. Hugh Thomas, *The Murder of Adolf Hitler: The Truth About the Bodies in the Berlin Bunker*, New York 1996, 213.

Kapitel 14

# Rockefellers geheime Mission

Fünf Monate vor dem Angriff der Japaner auf Pearl Harbor und der Kriegserklärung der Vereinigten Staaten an Japan und die übrigen Achsenmächte, wurde unter der Leitung von Nelson Rockefeller der erste Schritt zur Errichtung eines geheimen und Illegalen Internierungsprogramms zur Identifizierung und Gefangennahme unschuldiger Deutsche Burger in Lateinamerika unternommen.

Am 17. Juli 1941 wurde auf Anweisung von US-Präsident Franklin Roosevelt eine von Nelson Rockefeller angefertigte sogenannte *Schwarze Liste*, erlassen.

Noch bevor die *Schwarze Liste* erlassen wurde, hatte Rockefeller 130 Journalisten aus allen lateinamerikanischen Ländern in die Vereinigten Staaten eingeladen.[222] Hier wurden sie auf ihre Aufgabe vorbereitet:

### Die Propaganda gegen den in Lateinamerika lebenden deutschen Bürger[223]

Des Weiteren wurden sie über die Planung der *Schwarzen Liste* in Kenntnis gesetzt. In nahezu allen lateinamerikanischen Zeitungen wurde Rockefellers Schwarze Liste veröffentlicht.

Die Liste beinhaltete die Namen zahlreicher kommerzieller Betriebe sowie die Namen in Lateinamerika lebender Bürger deutscher Herkunft, die von diesem Datum an keinen Zugriff mehr auf ihre Bankkonten haben sollten. Ihr Eigentum wurde beschlagnahmt und es wurde ihnen verboten, ohne Zustimmung der befugten Instanzen ihrer täglichen Arbeit nachzugehen.

---

222. Gilles Scott-Smith, *Networks of Empire: The U.S. State Department's Foreign Leader Program in the Netherlands, France and Britain 1950-1970*. Brüssel 2008.
223. Jenny Estrada, *Die Schwarze Liste der US-Regierung*, Enschede 2009.

## Schwarze Liste (Costa Rica)

Als Folge blieben diese Familien arbeitslos zurück. Die Existenzgrundlage hunderter deutscher Familien wurde stillgelegt. Tausende deutsche Bürger, sowie dutzende Einheimische Deutscher Abstammung, wurden unter dem Vorwand des Verdachts auf Spionage und der Zusammenarbeit mit dem Feind verfolgt und festgenommen.

Nachdem all ihr Vermögen und Eigentum beschlagnahmt worden war wurden Tausende unschuldige deutsche und ihre lateinamerikanische Familien in örtliche Internierungszentren gebracht. Hier wurden sie ohne Gerichtsprozess und Rechtsbeistand festgehalten. Unter erbärmlichen Bedingungen wurden sie später in US-amerikanische Konzentrationslager in Texas deportiert.

Nach ihrer Deportation in Konzentrationslager in den Vereinigten Staaten wurden viele Internierte gegen Hitlers gefangene US-Bürger ausgetauscht. Die Gefangenen aus Lateinamerika wurden in verschiedene deutsche Städte gebracht. Die meisten von ihnen sprachen nicht einmal Deutsch. Viele wurden nach Stalingrad geschickt.

Unter den Gefangenen aus Lateinamerika waren auch mehrere deutsch-jüdische Flüchtlinge die zum Teil bereits in Deutschland inhaftiert gewesen waren. Auch sie wurden gegen Amerikaner ausgetauscht. Was diese Familien bei ihrer Ankunft in Deutschland erwartete, ist bekannt.

```
Folgende Juden sind kürzlich nach ...
    90. A S C H E R, Benno
    91. F E I B U S C H, Gerhard H.
    92. F R A E N K E L, Erwin, Dr.
    93. H E I N E M A N N, Wilhelm
    94. K A L L M A N N, Martin
    95. L O E W E N T H A L, Emil
    96. M U C H A, Kurt
    97. S C H L E S I N G E R, Gerhard
    98. S I M O N, Ernst
    99. W O L F F, Walter

(Diese Namensliste wurde uns letztmalig am 31. Oktober und
 am 11. November 1942 zugestellt.)
```

**Liste mit Jüdischen Namen aus Panama**

## Nationale Sicherheit

"Nationaler Sicherheit" lautete die offizielle Erklärung der Regierung der Vereinigten Staaten. Aber das war eine Lüge!

Mit Ausnahme von Argentinien, die ihre Mitarbeit an den Plänen der *Schwarzen Liste* verweigerte, akzeptierten alle lateinamerikanischen Regierungen die *Schwarze Liste*. Diese Länder ließen es zu, dass US-Agenten der *Schwarzen Liste* unter Mitwissen der Polizei in jedem dieser Länder die Bürgerrechte missachteten.

Die gesamte Gummiindustrie Lateinamerikas wurde von den Rockefellers übernommen.

Gummi erzielte auf dem Markt einen sehr guten Preis von 540 Dollar pro Zentner. Durch die Unterzeichnung eines Handelsvertrages am 30. Juni 1942 in Quito (Ecuador) wurde jedoch der Gummihandel mit allen Ländern, abgesehen von den USA, wo der Preis pro Zentner bei lediglich 33 Dollar pro Zentner lag, verboten, wodurch auch die Exportreichtümer zunichte gemacht wurden.[224]

Man darf dabei nicht vergessen, dass Rockefellers *Standard Oil* eine Gummifabrik in Auschwitz betrieb, in der Zwangsarbeiter arbeiten mussten. Mit Zustimmung des Weißen Hauses wurden enorme Mengen an Öl und Gummi über spanische Häfen nach Deutschland geliefert.

Neben den Eigentümern der durch die *Schwarze Liste* gesperrten Fabriken wurden auch die Importeure von Erfrischungsgetränken, Kunst, Nahrungsmitteln, Glasverpackungen, Kleidung, Textilien, Draht, Tinte, Papier und vielen weiteren Produkten mittels des Importverbots für europäische Länder dazu verpflichtet, diese Produkte aus den Vereinigten Staaten zu importieren.

Wenn wir nun noch die Stagnation der industriellen und geschäftlichen Aktivität als Folge der Blockade durch die *Schwarze Liste* hinzufügen, sieht man wie die Rockefellers die lateinamerikanischen Länder mit einer abhängigen Wirtschaft in den Ruin getrieben haben.

## Argentinien

Seit dem Ende des 19. Jahrhunderts existierte eine besondere Freundschaft zwischen Deutschland und Argentinien. So gab es zum Beispiel wichtige Wirtschafts- und Militärabkommen. Es gab ebenfalls Austauschprojekte in den Bereichen Kultur und Wissenschaft. Die meisten in der Landwirtschaft und im Handel Tätigen waren Deutsche. Argentinien war für Deutschland einst der wichtigste außereuropäischen Handelspartner. In Buenos Aires gab es Niederlassungen von Bayer, Krupp, Thyssen, AEG und vielen anderen.[225]

---

224. *El Universo*, 1. Juli 1942.
225. Abel Basti, *El Exilio de Hitler*, Buenos Aires 2010, 43-46. Die Informationen in diesem Buch sind sehr interessant und als exakt zu bewerten. Nur ist Basti sich nicht bewusst, dass es bei dem Hitler in Argentinien um einen Doppelgänger handelt.

Während des Ersten- und Zweiten Weltkrieges gab es entlang der argentinischen Küste überall geheime deutsche Stützpunkte zur heimlichen Versorgung deutscher Kriegsschiffe und Unterseeboote (Treibstoff, Nachschub an Nahrungsmitteln und Austausch der Besatzungen).

Vielleicht verstehen Sie jetzt warum es Argentinien erlaubt war, ihre Mitarbeit an den Plänen der *Schwarzen Liste* zu verweigern?

## Kapitel 15
# Kriegsverbrechen

**"Unser Hauptziel ist die Vernichtung von so vielen Deutschen wie möglich. Ich rechne damit jeden Deutschen westlich des Rheins zu töten und ebenso in dem Bereich, den wir angreifen werden."** – *General Dwight D. Eisenhower*.[226]

Man spricht oft von der "Eroberung durch Russland", doch von der Art und Weise, bei der die russischen Truppen wie Tiere vorgegangen sind findet man in den Geschichtsbüchern wenig. Hunderttausende Polen und Ungarn flüchteten vor dieser barbarischen Lawine in den Westen, weil sie sich von den Westmächten eine menschlichere Behandlung erhofften.

Die Moldau war die Grenze, von der aus die Russischen und die amerikanischen Truppen in verschiedene Richtungen vorrücken sollten. Hier endete die Reise tausender Flüchtlinge. Die Amerikaner hinderten jeden daran, den Fluss zu überqueren. General Eisenhower, späterer US-Präsident, hatte seinen Truppen folgenden Befehl gegeben:

*Eröffnet das Feuer auf jeden Flüchtling und jede Flüchtlingsgruppe, die versucht über die östlichen Ufer Richtung Westen zu fliehen.*

Flüchtlinge, die dennoch lebend ans andere Ufer gelangten, wurden von Eisenhower als aus ihrem *Heimatland Vertriebene* klassifiziert. Im Mai 1945 erließ Eisenhower in Deutschland eine Richtlinie für diese aus ihrem Heimatland Vertriebenen. General Eisenhowers Richtlinie lautete:

*Nach der Identifizierung durch Russische Vertreter müssen die Vertriebenen ungeachtet ihrer Person und ungeachtet ihrer eigenen Wünsche zurück geschickt werden.*[227]

---

226. J. Kingsley Smith (INS) Paris, 24. Februar 1945.
227. Ibidem, 265.

Die Alliierten hatten sich geeinigt, die deutschen Kriegsgefangenen nicht als Kriegsgefangene, sondern, unter Nichtachtung des Völkerrechtes, als Strafgefangene zu behandeln. Die Gefangenen hatten somit keinen Schutz des internationalen Rechts und waren jeder Willkür des Siegers ausgeliefert.

Nach Überquerung des Rheins im März 1945 beginnen die Amerikaner auf Weisung Eisenhowers, entlang des westlichen Rheinufers Gefangenenlager anzulegen. Weiträumige Flächen wurden beschlagnahmt und mit Stacheldraht umzäunt.

Gefangenen wurden in täglich wachsender Zahl in den Lagern gezwängt, darunter schwer Verwundete, alte Leute, Frauen und mehr als 14.000 Kinder. Sie lebten unter extrem schlechten Bedingungen, eingesperrt in Käfigen aus Stacheldraht, in denen sie Wort wörtlich Schulter an Schulter saßen. Sie lebten unter freiem Himmel in einem Morast aus Dreck und Krankheit. Sie hausten auf nacktem Boden, der sich mit der Zeit in eine unergründliche Schlammwüste verwandelte.

Unterkünfte gab es nicht. Sie zu errichten, war verboten. Zelte wurden nicht ausgegeben, obwohl sie in den US-Depots reichlich vorhanden waren. Deshalb würden Löcher in den Boden gegraben, um sich vor dem Wind zu schützen. Fast jeder hatte sein eigenes Loch, aber es gab wenig Schutz, weil es die meiste Zeit regnete. Es gab viele Fälle von Schützengrabenfuß (Fußbrand), anschwellen der Füße verursacht durch fehlende Möglichkeit, die Füße zu trocknen.

Nahrungsmittelvorräte wurden von den Gefangenen hermetisch abgeschirmt. Schwerkranke und Sterbende wurden überhaupt nicht versorgt und Fluchtversuche haben sofortige Erschießung zur Folge. Einige waren nur wenige Kilometer von zu Hause entfernt. Viele versuchten, nach Hause zu kommen und verloren dabei ihr Leben. Die Wachen mussten schießen, oder sie wurden bestraft.

Es ist davon auszugehen, daß sich schließlich fünf bis sechs Millionen Deutsche in die US-Lager am Rhein befinden. Den Zuständen entsprechend kommt es bald nach Einrichtung der Rheinwiesenlager zum Massensterben. Es blieb hier jedoch nicht bei den berüchtigten Lagern entlang des Rheins. In ganz Deutschland und auch Nord Frankreich entstanden US-Gefangenenlager.

Das Internationale Rote Kreuz hat keinen Zutritt zu diesen Lagern. Nahrungsmittel und Hilfsgüter, welche das Schweizer Rote Kreuz in Eisenbahnwaggons an den Rhein transportieren lässt, werden auf Befehl Eisenhowers zurückgeschickt.

*General Dwight D. Eisenhower*

Die alliierten Besatzungsmächte begannen mit dem zielgerichteten Aushungern und Verseuchung des Deutschen Volkes, die einen langsamen aber sicheren Tod unter den erbärmlichsten Zuständen zur Folge hatten. Eisenhower ließ die Gefangenen schlichtweg verhungern.

Die zur Strafe aufgelegte Hungersnot begann 1945 und dauerte an bis 1948. Rund drei Millionen Deutsche Gefangene kamen hierdurch ums Leben. Ein bestialischer Umgang mit den Gefangenen war keine Ausnahme. Diese Tragödie wurde vierzig Jahre in den Archiven der Alliierten vor der Welt verborgen.

Der Kanadische Journalist James Bacque kam diesen Gräueltaten als erster auf die Spur. Drei Jahre später erregte er weltweites Aufsehen mit seinem Buch *Other Losses*.[228]

In seinem Buch macht James Bacque Eisenhower für diese Grausamkeiten verantwortlich. Laut Bacque hat Eisenhower mutwillig Millionen deutscher Kriegsgefangener den Zugang zu Nahrung und Medikamenten versagt, und so ihren Tod herbeigeführt.

---

228. James Bacque, *Other Losses: An Investigation into the Mass Deaths of German Prisoners at the Hands of the French and Americans after World War II*, Toronto 1989. Deutsche Fassung: *Der geplante Tod. Deutsche Kriegsgefangene in amerikanischen und französischen Lagern 1945-46*, Frankfurt am Main 1989.

Am 4. Juli 2004 sagte Bacque in einem Interview:

*Schon früh fand ich unwiderlegbare Beweise für die enorm hohe Sterblichkeitsrate in den amerikanischen Gefangenenlagern. Deutsche und alliierte Quellen geben an, dass die Todesfälle zwischen 1945 und 1950 in die Millionen gehen. Indem ich die alljährlichen Statistiken verglich fand ich heraus, dass zwischen 1946 und 1950 mindestens 5,7 Millionen Deutsche in den Lagern den Tod fanden. Diese Toten wurden nirgends offiziell erfasst. Der größte Teil von ihnen starb den Hungertod, obwohl es ausreichend Nahrung und Medikamente gab. Diese Begebenheit wurde nie offiziell bestätigt.*[229]

Offizier Dr. Ernest F. Fisher von der 101. Luftbrigade, Senior Historiker der amerikanischen Armee, sagte aus:

*Anfang April 1945 begann sowohl durch die Amerikaner als auch durch die Franzosen der kaltblütige Mord an Millionen von Deutschen.*[230]

William Langer, Senator der Vereinigten Staaten, reagierte entsetzt über die Nachkriegspolitik der Alliierten und schrieb:

*Wir sind verwickelt in eine fanatische Vernichtung des Deutschen Volkes, durch die wir die Schrecken des Dritten Reiches mit gleicher Münze zurückzahlen.*[231]

Die Gefangenen, die dazu noch imstande waren, verrichteten noch jahrelang Zwangsarbeit an verschiedenen Orten in Frankreich und England. Die Gefangenen in Frankreich traf ein besonders schweres Schicksal. Auf wahrhaftigen Sklavenmärkten konnten Bauern ihre Knechte und Arbeiter auswählen. Arme und Beine, selbst das Gebiss wurde bei der Auswahl in Augenschein genommen.

---

229. *Junge Freiheit* von 4. Juli 2004.
230. James Bacque, *Other Losses; The Shocking Truth behind the Mass Deaths of Disarmed German Soldiers and Civilians under General Eisenhower's Command.* Vorwort von Oberst der US-Army Dr. Ernest F. Fischer, ehemaliger Senior Historian der US-Armee, Arlington, Virginia, 1988.
231. Charles M. Barber, *The Isolationist as Interventionist Senator William Langer of the Subject of Ethnic Cleansing,* 29. März 1946, in *Ethnic Cleansing in the Twentieth Century Europe,* Columbia University Press, 2003, p. 403.

Kriegsgefangenen in Frankreich die sich freiwillig zur Räumung von Landminen meldeten sagte man schriftlich zu, dass sie nach vorab bestimmter Zeit in die Freiheit entlassen würden. Diesem Versprechen ist man jedoch nie nachgekommen.

Nachdem sie die lebensgefährliche Arbeit verrichtet hatten, erwartete sie ein anderes Schicksal: Schwerstarbeit in den Kohlebergwerken. Erschöpft und entmutigt wählte man oft die letzte Alternative: Freiwillig in den Vietnam-Krieg (die Fremdenlegion).

Erst viele Jahre nach Ende des Krieges ließ man die gefangenen frei. Insgesamt kamen 3.242.000 Deutsche Soldaten in Kriegsgefangenschaft ums Leben.

Der totale Verlust des Deutschen Volkes während und nach dem Zweiten Weltkrieg belief sich auf zehneinhalb Millionen Tote.

Die meisten von ihnen starben durch den Völkermord der alliierten Streitkräfte. Während des Krieges verloren mehr als drei Millionen Deutsche Soldaten ihre Leben, etwa eine Millionen Frauen, Kinder, und ältere Menschen starben während der schweren Bombenangriffe.

Eberhard Krehl (1915-2009) erlebte als deutscher Soldat den Zweiten Weltkrieg vom Anfang bis zum bitteren Ende mit. Vor einigen Jahren habe ich ein langes Gespräch mit Herrn Kehl geführt, in dem er mir Folgendes über seine Zeit in Kriegsgefangen-schaft erzählte:

*Bei unserer Ankunft im Lager nahe der Stadt Cherbourg nahmen sie uns alles weg, was wir bei uns trugen, und warfen es auf einen großen Haufen. Brot, Proviant, und Toilettenartikel, alles was wir bei uns trugen nahm man uns ab mit Ausnahme unserer Kleidung und unserer Schuhe. Jeder Kriegsgefangene erhielt eine Wolldecke. Sonst nichts. Ohne Matratze oder Isolierung schliefen wir auf dem nassen Boden.*

*Am nächsten Tag erhielten wir ein Frühstück, das aus Kaffee, gekocht aus ungemahlenen Kaffebohnenschalen, bestand. Zu essen bekamen wir nichts. Das Mittagessen bestand aus einer grausigen Wasserbrühe, die nur durch etwas Salz einen Geschmack erlangte.*

*Abends bekamen wir eine Scheibe Leberpastete vermischt mit Kartoffeln und etwa zweihundert Gramm Weißbrot. Das war unsere Tagesration. Wir konnten hieran etwas ändern, indem wir uns freiwillig für den Krieg in Vietnam meldeten, doch niemand tat das.*

Ernst Wanke war ein Kommunist mit leib uns Seele. Wegen seiner kommunistischen Aktivitäten wurde er von den Nazis als einer der Ersten in das Konzentrationslager Buchenwald deportiert. Nach dem Krieg sperrte man ihn zusammen mit Eberhard Kehl im Lager bei Cherbourg ein. Eines Tages ging er auf einen kleinen Hügel, entblößte seinen Oberkörper. Sein Brustkorb war mit blauen Flecken und tiefen Wunden übersät.

Wanke rief:

*Seht her Kameraden, so hat die Schutzstaffel (SS) in Buchenwald mich zugerichtet. Sie haben mir alle Rippen gebrochen und mich danach einfach zurückgelassen.*

Nach einer kurzen Pause führt Wanke fort:

*Es ist hier noch viel schlimmer als in Buchenwald, dort konnten wir wenigstens noch unser Geschäft verrichten. Ihr seid in viel besserer Verfassung als ich. Haltet darum durch, wir kommen hier raus.*

Mit der Beschreibung einiger Strafen gibt Wanke ein Bild von der verzweifelten, beinahe zum Selbstmord getriebenen Situation der Deutschen Gefangenen. Einige wurden gezwungen bis zum Äußersten zu gehen, nur um danach einfach erschossen zu werden.

**Rheinwiesenlager Remagen
mit Mehr als 350.000 Gefangenen**

**Kapitel 16**

# Das Dritte Reich

## Fundament der bevorstehenden Weltdiktatur

Hitlers Drittes Reich war ein Wendepunkt in der Geschichte, dessen Folgen wir bis über den heutigen Tag hinaus spüren. Dank Hitler konnten die Rothschilds, Rockefellers, DuPonts, Warburgs und andere Familien die gesamte politische Struktur der Welt untergraben. Das wahre Ziel dieser globalen Elite ist, wie bereits erwähnt, die Weltherrschaft. Sie streben eine totalitäre Weltdiktatur an, die sie "freundlich" eine "Neue Weltordnung" nennen.

Bereits seit Jahren wird der Ausdruck *Neue Weltordnung* tausendfach von Politikern und führenden Persönlichkeiten auf dem Gebiet der Bildung, Industrie, den Medien, dem Bankwesen sowie anderen wichtigen Bereichen verwendet. Viele von ihnen haben die Neue Weltordnung weltweit angepriesen. Es gibt eine Vielzahl von Artikel und Zustimmungsbekenntnissen von Menschen, die sich aktiv für eine Weltregierung einsetzen. Obgleich die Neue Weltordnung eine Welt der Demokratie, des Friedens und des Fortschritts gesehen wird, handelt es sich in Wahrheit um eine diktatorische Weltordnung. Eine demokratische Neue Weltordnung ist nicht das schlussendliche Ziel, sie ist ein Widerspruch in sich.

Unsere elitären Machthaber haben seit Ende des Zweiten Weltkrieges intensiv an der Zerstörung unserer heutigen Weltordnung zugunsten einer diktatorischen Neuen Weltordnung gearbeitet.

### Die Gründung der geplanten Neuen Weltordnung beinhaltet folgende Schritte:

- Eindämmen aller nationalen Einflüsse zugunsten einer diktatorischen Weltregierung
- Schaffung einer internationalen Wirtschaftsordnung durch Auslossung eine weltweiten ökonomische Krise
- Einführung eines Grundeinkommens
- Errichtung eines internationalen Weltparlaments
- Vollständige Kontrolle über alle Nahrungsmittellieferungen durch eine "Welternährungsautorität"
- Die vollständige Kontrolle über alle Rohstoff-, Öl- und Gasvorkommen
- Schaffung einer Weltarmee durch Zusammenschluss der amerikanischen Armee, der NATO und aller Armeen des Westens
- Aufbau eines auf demographischen Daten beruhenden, alle Aspekte des täglichen Lebens berücksichtigenden gesellschaftlichen Netzwerks mit Computerhilfe
- Angleichung und Fusionierung aller Religionen zu einer humanistischen Weltreligion

## Die Eroberung der Welt

Das Ende des Zweiten Weltkrieges war die Basis für einen neuen Krieg: den "Kalten Krieg". Der damalige General Eisenhower sorgte dafür, dass die Rote Armee die Deutschen langsam an der Ostfront zurückdrängen konnte. Auf seinen Befehl hin verweigerten die Alliierten den Angriff auf viele Orte um die Russen Gebiete einnehmen zu lassen, die die Amerikaner mit Leichtigkeit hätten einnehmen können.

Prag ist das beste Beispiel hierfür. Eisenhower begann seine Angriffe auf Deutschland erst als sich herausstellte, dass die Sowjets im anstehenden Frühjahr nach Deutschland durchstoßen könnten.

Heute wissen wir, dass General Eisenhower, nach Präsident Rooselvets Beschluss während der "Konferenz von Jalta", die britische und amerikanische Armee zurückhielt, sodass die Rote Armee halb Europa und Berlin besetzen konnte.[232]

Der sogenannten "Kalten Krieg" wurde um verschiedene Reden geführt. Zum Beispiel diente dieser Krieg dazu, die "Menschheit" in einen ständigen Zustand der Angst und Unruhe zu versetzen! Die westliche Welt wurde durch die Angst vor einem neuen Weltkrieg beherrscht! Die Zeit des Terrors und des "Kalten Krieg" wurde zum Teil auch dazu benutzt, um die Menschen von der Notwendigkeit einer "Neuen Weltordnung" zu überzeugen.

Gleichzeitig konnte man die seit vielen Jahren vorliegenden großen Pläne, welche zu einer Weltarmee führen mussten, verwirklichen. Die sogenannte Sowjetgefahr wurde systematisch übertrieben, um die enorme Entwicklung der zukünftigen Weltarmee (NATO) zu rechtfertigen. Während des "Kalten Krieg" wurden unzählige Milliarden für Rüstung und Massenvernichtungswaffen ausgegeben. Uns wurde ein apokalyptisches Bild von einer Sowjetgefahr aufgedrängt; eine Gefahr die es praktisch nie gegeben hat.

## Eine Weltarmee

Direkt nach dem Zweiten Weltkrieg war der Grundstein für eine "Weltarmee" gelegt. Um Westeuropa vor möglichen militärischen Aggressionen damaliger Ostblockländer zu schützen, wurde 1949 die Nordatlantische Vertragsorganisation (NATO) gegründet.

Es ist übrigens wichtig, darauf hinzuweisen, dass der große Feind "Warschauer Pakt" komischerweise erst sechs Jahre später (1955) gegründet wurde.

Nach Artikel 5 des "Nordatlantik-Vertrages" stellte die NATO seit ihrer Gründung funktionell und ausschließlich ein Verteidigungsbündnis dar. Die Vertragsparteien verpflichteten sich für den Fall eines bewaffneten Angriffs durch eine Nichtvertragspartei zur gegenseitigen Beistandsleistung, und zwar ausschließlich in Ausübung des in Artikel 51 der UN-Charta anerkannten Rechts der individuellen und kollektiven Selbstverteidigung.

---

232. E.R. Carmin, *Das Schwarze Reich, Geheimgesellschaften und Politik im 20. Jahrhundert,* Sphinx 1999, 187.

Der Fall der kommunistischen Regime in den Ostblockländern machte die NATO überflüssig. Ihr Bestandsrecht war damit aufgehoben. Allerhand neue Argumente wurden angeführt, um die NATO aufrechtzuerhalten.

In der *Frankfurter Allgemeine Zeitung*, erklärte der US-Verteidigungsminister Cohen, die künftige Strategie des Bündnisses müsse stärker auf "Machtprojektion" statt auf "starre Verteidigung" ausgerichtet sein.[233] In seiner Rede zur Amtseinführung am 20. Januar 1993 erklärte William Clinton als neugewählter Präsident der USA:

*Wenn jemand unsere vitalen Interessen bedroht, oder sich über den Willen oder das Gewissen der internationalen Gemeinschaft hinwegsetzt, werden wir handeln - wenn möglich mit friedlichen diplomatischen Mitteln, wenn nötig mit militärischer Gewalt.*

Es dauerte nicht lange, und man präsentierte eine neue Variante: *Krisen-Reaktions-Einsätze* oder *Krieg im Namen des humanitären Friedens*.

In dem *Neuen Strategischen Konzept* wird u. a. dazu aufgefordert:

- Militärische Fähigkeiten, die für das gesamte Spektrum vorhersehbarer Umstände wirksam sind, stellen auch die Grundlage für die Fähigkeit des Bündnisses dar, durch nicht unter Artikel 5 fallende Krisenreaktionseinsätze zur Konfliktverhütung und Krisenbewältigung beizutragen.

- Die Aufgaben der Streitkräfte des Bündnisses müssen auch bereit sein, einen Beitrag zur "Konfliktverhütung" zu leisten und nicht unter Artikel 5 fallende Krisenreaktionseinsätze durchzuführen.

- Diese Vorkehrungen ermöglichen es den NATO-Streitkräften ferner, nicht unter Artikel 5 fallende Krisenreaktionseinsätze durchzuführen, und stellen eine Voraussetzung für eine kohärente Reaktion des Bündnisses auf alle möglichen Eventualfälle dar.

- Die NATO-Streitkräfte müssen auch weiterhin fähig sein, die kollektive Verteidigung zu gewährleisten und gleichzeitig wirk-

---

233. *Frankfurter Allgemeine Zeitung* vom 2. April 1998.

same Krisenreaktionseinsätze, die nicht unter Artikel 5 fallen, durchzuführen.

- Indem sie ihren Beitrag zur Bewältigung von Krisen durch militärische Einsätze leisten, werden sich die Streitkräfte des Bündnisses mit einem komplexen und vielfältigen Spektrum von Akteuren, Risiken, Situationen und Anforderungen auseinanderzusetzen haben, darunter auch humanitäre Notfälle.

- Einige Krisenreaktionseinsätze, die nicht unter Artikel 5 fallen, können ebenso hohe Anforderungen stellen wie einige kollektive Verteidigungsaufgaben.

- Umfang, Bereitschaftsgrad, Verfügbarkeit und Dislozierung der Streitkräfte des Bündnisses werden sein Bekenntnis zur kollektiven Verteidigung und zur Durchführung von Krisenreaktionseinsätzen widerspiegeln. Dies kann manchmal kurzfristig, weit vom Heimatdorf und auch jenseits des Bündnisgebiets erfolgen.

- Multinationale Streitkräfte, insbesondere diejenigen, die rasch für die kollektive Verteidigung oder für nicht unter Artikel 5 fallende Krisenreaktionseinsätze disloziert werden können, stärken die Solidarität.

Bundeskanzler Gerhard Schröder erklärte auf einer Pressekonferenz am 25. April 1999 unmittelbar nach Unterzeichnung des Neuen Strategischen Konzepts:

*Wir waren uns einig, dass es auch in Zukunft nur dann Interventionen geben kann, wenn im Prinzip ein Sicherheitsratsbeschluß vorliegt. Eng begrenzte Ausnahmen können zugelassen werden, dürfen aber nicht die Regel werden und können überhaupt nur in Frage kommen, wenn sich zeigt, und zwar nachweisbar, dass der Sicherheitsrat nicht handlungsfähig ist.*

Seit dem 19. Mai 2000 kann die NATO auch außerhalb ihres Vertragsgebiets eingreifen, wenn es die Situation verlangt. Diese Aufgabenerweiterung der NATO beinhaltet im Kern den Übergang von der Verteidigung der Staatsgebiete ihrer Mitgliedsstaaten zu einer weltweiten (sogenannten euroatlantischen) Interessendurchsetzung mit militärischer Gewalt. Außerdem kann die NATO von diesem Tag an auch vorsorglich Gebrauch von Kernwaffen machen.

Dies alles steht in einem geheimen Dokument (NC-400/2), das in einer sogenannten *Stillen Prozedur* angenommen wurde. Dies wurde durch den deutschen Außenminister Joschka Fischer in einem Interview bestätigt. Das ehemalige *Verteidigungsbündnis* ist somit zu einer *offensiven* Armee umstrukturiert worden.

Die NATO bietet sich den Weltordnungsmächten als eigenes militärisches Instrument an. Im Rahmen der NATO können unverhohlen Interessen formuliert und durchgesetzt werden. So zählt seit der Reformierung der NATO-Doktrin 1992 etwa die Sicherung der Rohstoffversorgung für die Industriestaaten zu ihren expliziten Aufgaben (bzw. Einsatzgebieten).[234]

Die Grundidee ist die Errichtung einer Art weltweiten Armee durch die Verschmelzung der US-Armee, der NATO, einer möglichen Europäischen Eingreiftruppe und anderer selbstständiger Armeen Europäischer Länder. Zum jetzigen Zeitpunkt ist die NATO gewillt es mittels roher Gewalt mit den Feinden der neuen Weltordnung aufzunehmen. Ziel der NATO ist nicht etwa die Verteidigung moralischer Prinzipien oder der Menschenrechte, ihr Ziel ist es, die Interessen der globalen Elite zu verteidigen, wann immer diese bedroht werden.[235]

General John Craddock, Oberkommandierender des NATO-Hauptquartiers Europa, sagte:

*Die NATO-Eingreiftruppe (NRF) ist eine kampfbereite, bewegliche und flexible Kampftruppe, die in den kommenden Jahren einen großen Beitrag an die Gesundheit und den Erfolg unserer Allianz leisten wird. Als Kernelement unserer NATO-Militärkultur ermöglicht die NRF es der Allianz besser auf Bedrohungen der Sicherheit und Stabilität im einundzwanzigsten Jahrhundert zu reagieren. Die NRF hat von Beginn an als Motor für die Transformation der NATO in eine stärkere und effektivere Militäreinheit fungiert. In ihrer Schlüsselfunktion in der NATO-Militärkultur wird sie es der Allianz ermöglichen, besser auf Bedrohungen der Sicherheit und Stabilität in der neuen Weltordnung zu reagieren.*

---

234. Gerald Flinner, *Bomben für ein neue Weltordnung* in der *Neue Hanauer Zeitung* vom 4. April 1999.
235. *New York Times*, 21 Oktober 1997.

Der Start der NATO-Eingreiftruppe (NATO Response Force, NRF) wurde auf dem Gipfel in Prag im November 2002 bekannt gegeben.

Sie sehen, es braucht nur einen Knopfdruck, um das Land mit einem Schlag in einen Polizeistaat zu verwandeln.

## Der 11. September 2001

Jeder, der glaubt, Muslime seien die Hauptverantwortlichen an den Anschlägen auf das "World Trade Center" und würden auch hinter einigen anderen Terroranschlägen der letzten Jahre stecken, sollte seine Meinung noch einmal überdenken. Die Anschläge in New York gehen auf unsere Unsichtbare Elite zurück, von der die Spitze der amerikanischen Regierung und der Militärapparat ihre Befehle empfangen!

Durch die Ereignisse vom 11. September 2001 wurden unsere Machthaber in die Lage versetzt, Vorgänge zu beschleunigen, an deren Ende die ersehnte "Neue Weltordnung" steht. Nach den Anschlägen vom 11. September war der Weg geebnet für militärische Eingriffe in anderen Teilen der Welt, um insbesondere die militärische und industrielle Macht unter Kontrolle zu bringen.

Die erhobenen Fakten zeigen deutlich, dass höchste Regierungskreise der Vereinigten Staaten in die Ereignisse vom 11. September involviert waren. George W. Bush und andere Verantwortliche der amerikanischen Regierung wussten von den Anschlägen, lange "bevor" diese stattfanden. Die amerikanischen Geheimdienste hatten zahlreiche und glaubwürdige Hinweise erhalten, die vor einem bevorstehenden Angriff auf amerikanisches Gebiet warnten. Agenten des FBI, der CIA und anderer Geheimdienste hatten die Bush-Regierung schon vor einem bevorstehenden Terrorangriff gewarnt. Als Hauptziele wurden Gebäude in Washington, D.C. und New York genannt, als wahrscheinlichster Zeitpunkt Mitte September.

Zwischen Januar und Juli 2001 informierten die Geheimdienste George Bush über mindestens 40 Fälle möglicher Bedrohung durch Terroristen. Der Präsident und andere führende Regierungsmitglieder schlugen diese Warnungen jedoch in den Wind. In der Zeit vor dem 11. September wurde die Suche nach potentiellen

Terroristen und ihre Entlarvung von der Bush-Administration sogar systematisch behindert! Nachforschungen in dieser Richtung wurden von den Verantwortlichen – zum Ärger der Agenten – regelmäßig unterbunden. Irgendwann beschwerten sich die Beschäftigten der Geheimdienstgesellschaften über die Behinderung ihrer Arbeit.

In einer von der Nachrichtenagentur *United Press International* (UPI) verbreiteten Presseerklärung heißt es:

*Die Regierung hat es den mit der Aufklärung des 11. September betrauten Polizistinnen und Polizisten verboten, öffentlich die Frage aufzuwerfen, ob der Präsident oder ein anderer Regierungsbeamter vor Terroranschlägen gewarnt wurde.*

David Schippers, der unter anderem in der Zeit von US-Präsident Bill Clintons Befriedungsmaßnahmen als Jurist im Rechtsausschuss des Repräsentantenhauses gearbeitet hat, ließ zwei Tage nach den Anschlägen verlauten, er sei bereits sechs Wochen vorher von FBI-Agenten gewarnt worden.

Sie hätten dabei nicht nur den Tag genannt, an dem die Anschläge stattfinden sollten, sondern auch deren Ziele. Er sagte, die Agenten seien zu ihm gekommen, weil das FBI-Hauptquartier ihre Nachforschungen behindert und mit Verfolgung gedroht hätten für den Fall, dass sie mit den Informationen, die sie hatten, an die Öffentlichkeit gingen. Viele FBI Agenten hätten schon lange vorher von den Anschlägen gewusst. Schippers sei von ihnen gebeten worden, seinen Einfluss in Regierungskreisen geltend zu machen, um die Anschläge zu verhindern.

Trotz des hohen Ansehens, das Schippers genießt, seien seine diesbezüglichen telefonischen Anfragen bei Justizminister General Ashcroft ohne Antwort geblieben.[236]

---

236. *David Schippers Goes Public: The FBI was warned* (David Schippers geht an die Öffentlichkeit: Das FBI war gewarnt), in: *The Indianapolis Star* vom 30. Oktober 2001; außerdem: *Active FBI Special Agent Files Complaint Concerning Obstructed FBI Anti-Terrorist Investigations* (Aktiver FBI-Spezialagent reicht Beschwerde ein wegen Behinderung der FBI-Nachforschungen zur Aufklärung der Terroranschläge), in *Judicial Watch* vom 14. November 2001.

Man kann aber nicht nur beweisen, dass einige Regierungsmitglieder alle Versuche, die Anschläge zu verhindern, sabotierten, sondern auch, dass die Verantwortlichen gedeckt wurden. Verdächtige Personen wurden weder abgehört noch verhaftet. Bush reagierte nicht auf die wiederholten Warnungen hinsichtlich bestehender Pläne für einen Anschlag, vielmehr ließ er Beweise verschwinden und machte Manipulation zur offiziellen Methode. Dem FBI und der CIA waren die Hände gebunden: bestimmte Personen auf der höchsten Ebene hinderten sie daran, ihre Arbeit zu tun.

George W. Bush widersetzte sich auch der Einrichtung einer Kommission zur Untersuchung der Terroranschläge (offizielle Bezeichnung: *National Commission on Terrorist Attacks*).

Die Mitglieder seiner Regierung versuchten, solange es ging, dies zu verhindern. Der Herausgabe angeforderter Dokumente und der Befragung von Zeugen stimmten sie nur zu, wenn sie dazu gezwungen wurden.

Im November 2002 wurde der Ausschuss vom Präsidenten und vom Kongress der Vereinigten Staaten eingerichtet. Als dann die Kommission das Ergebnis ihrer Arbeit vorlegte, atmeten Bush und seine Regierungsleute auf. Die 567 Seiten umfassende Sammlung der Untersuchungsergebnisse des unabhängigen Ausschusses trägt den Titel *The 9/11 Commission Report: Final Report of the National Commission on Terrorist Attacks Upon the United States* (Berichte der Kommission 11. September: Abschlußbericht der Nationalen Kommission zur Erforschung der Terroranschläge auf die Vereinigten Staaten). Sie wurde am 22. Juli 2004 der Öffentlichkeit vorgelegt. Obwohl darin die Bush-Regierung und die Arbeit der Geheim- und Polizeidienste über weite Strecken kritisiert wurden, wird die Unfähigkeit des Landes, einzugreifen, mit fehlender Kompetenz und Missmanagement erklärt. Immer wieder versichert die Kommission, die Geheimdienste und die Bush-Administration hätten mit den besten Absichten und nach besten Kräften gehandelt. Was die Politik der Bushregierung betrifft, wird die amerikanische Invasion in Afghanistan und der Fall des Taliban-Regimes gelobt. Auffallend wenig weiß der Bericht über die Gründe für den Irakkrieg zu sagen.

Es war fast zu erwarten, dass die Nachforschungen der "unabhängigen" Kommission zu keinem wirklichen Ergebnis führen würden. Das Wort "unabhängig" ist ja auch schon verdächtig genug! In der Kommission saß eine Reihe von Verteidigern des amerikanischen Imperialismus. Alle zehn Kommissionsmitglieder unterstützen die Forderung nach einer amerikanischen Weltherrschaft; viele von ihnen sind Mitglied in einem der mächtigen "Denk-Tanks", die in der Politik der USA den Ton angeben.

Zwei Motive waren bei der Arbeit der Kommission bestimmend: Sie versuchte zum einen, die bedeutendsten staatlichen Stellen wie den Präsidenten, das Verteidigungsministerium und die Geheimdienste in Schutz zu nehmen, zum anderen so viele Hintergrundinformationen wie möglich geheim zu halten. Dies taten sie einerseits um den Eindruck der Glaubwürdigkeit zu erwecken, andererseits um die Öffentlichkeit und die Verwandten der Opfer zufriedenzustellen.

Interessant ist, dass die Kommission die wichtigste Frage, "Wem nützt das?", erst gar nicht stellte. Nicht nur die Bush-Administration und ihre globale Machtpolitik profitierten von dem Desaster im September 2001, auch (und vor allem) multinationale Konzerne, die Rüstungsindustrie und die Ölgesellschaften!

Ist es denkbar, dass die Mächtigen in Washington diese Gräueltaten planten und wurden sie dabei von Bush und seinen engsten Verbündeten unterstützt, die einen Vorwand brauchten für ihre Kriege in Zentralasien und im Nahen Osten, die sie schon lange planten? Hohe Sicherheitsbeamte aus der Bush- und Clinton-Administration haben bestätigt, dass es vor dem 11. September 2001 nur wenig Unterstützung in der amerikanischen Öffentlichkeit für ein militärisches Eingreifen im Nahen Osten und in Zentralasien gab. Erst nach den Anschlägen vom 11. September wurden solche Aktionen politisch durchsetzbar.

Die Anschläge sollten das Alibi für den schon lange geplanten Angriff auf die islamische Welt ebenso liefern wie für den Aufbau von Polizeistaaten in denjenigen Ländern, welche die Elite bereits unter ihrer Kontrolle hat.

# Die Kommandozentrale im WTC 7

Um zu beweisen, dass Muslime nicht die Hauptverantwortlichen an den Anschlägen auf das "World Trade Center" sind, brauchen wir uns nur kurz mit das Gebäude World Trade Center Nr. 7 (kurz WTC-7), auch bekannt unter dem Namen Salomon Brothers Gebäude) zu beschäftigen. Das Gebäude stand 100 Meter vom Nordturm des Welthandelszentrums entfernt. Nicht lange vor dem 11. September war sein 23. Stock renoviert und in eine gepanzerte Kommandozentrale (OEM-Bunker) verwandelt worden. Das Stockwerk war mit einer eigenen Wasser- und Luftversorgung ausgestattet und so wetterfest gemacht worden, dass es Stürmen in der Stärke von bis zu 160 Meilen in der Stunde standhielt. Im WTC-7 waren Büros des Verteidigungsministeriums, der CIA und anderer Geheimdiensten untergebracht.

Das WTC-7 stürzte um 17:20 Uhr Ortszeit, ungefähr 6,5 Stunden nachdem der Süd Turm eingestürzt war, in sich zusammen. Anfänglich wurde vom *National Institute for Standards and Technology* (NIST) behauptet, der Bruch einer einzigen Säule in den unteren Stockwerken habe zu weiteren Brüchen an darüber liegenden Stellen und dem Einsturz des im Ostteil gelegenen Penthouse geführt, gefolgt von der Ausbreitung weiterer Einbrüche in waagerechter Richtung, was schließlich zu dem Versagen aller 27 Säulen und dem Einsturz des ganzen Gebäudes geführt habe. Mit anderen Worten, das NIST erklärte, das WTC-7 sei wie ein Kartenhaus in sich zusammengefallen.

Dem amtlichen Bericht der *Federal Emergency Management Agency* (FEMA; Bundesagentur für Katastrophenhilfe), der Bestandteil des Forschungsberichts 9/11 ist, zufolge gibt es für die Ereignisse rund um das WTC-7 keine klar erkennbare Ursache:

*Die Ursache für den Einsturz des Gebäudes ist ein Rätsel.*[237]

---

237. Am 11. September 2001 war die Feueralarmanlage von 6:47:03 Uhr an acht Stunden lang im Testbetrieb. Normalerweise wird dies gemacht, wenn Wartungsarbeiten oder Tests am System durchgeführt wurden müssen. Alle Signale, die sonst einen Alarm auslösen würden, werden in diesem Fall ignoriert.

Der FEMA-Bericht führt den WTC-7-Einsturz hauptsächlich auf Brände im Gebäude zurück, obwohl dies nicht plausibel ist.

Wollte man der offiziellen Version, der zufolge das WTC-7 aufgrund von Bränden eingestürzt ist, Glauben schenken, wäre dies der erste Fall in der Geschichte gewesen, bei dem Brände den vollständigen Einsturz eines Gebäudes in Stahlbaukonstruktion bewirkt hätten. Wäre ein solch ungewöhnlicher Umstand, gerade auch unter Aspekten der Gebäudesicherheit, der Ersten Hilfe und der Brandbekämpfung, es nicht wert gewesen, über die Medien verbreitet zu werden? Es ist unglaublich: In den Medienberichten über die Anschläge vom 11. September, sei es in Zeitungen, Magazinen oder Rundfunksendungen, wird WTC-7 kaum erwähnt!

Wie bereits erwähnt, stürzte das WTC-7 ungefähr um 17:20 Uhr Ortszeit überraschend in sich zusammen. Für jeden überraschend mit Ausnahme eines Soldaten mit fremdem Akzent, der sich in der Nähe des WTC-7 aufhielt und ein Kamerateam warnte "Keine Aufnahmen – das Gebäude wird gleich einstürzen!" und eine Hand vor die laufende Kamera hielt.

Dies war nicht die einzige Ausnahme: 25 Minuten vor dem Einsturz berichtete die BBC bereits in einer Livesendung davon! Auch die Korrespondentin Jane Standley berichtete in einer Liveschaltung nach New York im Rahmen einer 15-minütigen Dokumentation über den Einsturz von WTC-7. Während sie spricht, ist im Hintergrund das voll intakte WTC-7 deutlich zu erkennen. Fünf Minuten vor dem Einsturz wird dann plötzlich die Sendung unterbrochen. Irgendjemand muss herausgefunden haben, dass das Gebäude ja noch steht, und will verhindern, dass die Zuschauer den Einsturz live miterleben.

Offensichtlich lag das "Drehbuch" für die Ereignisse bereits vor, der eine und andere neue Sender war aber etwas voreilig mit seiner Berichterstattung und brachte das Ganze in der Art einer Fernsehshow.

Fünf Jahre später gab die Pressestelle von BBC World mit Bezug auf die genannten Ereignisse folgende Erklärung (persönliches Schreiben mit dem Autor) ab:

*Das Gerücht, die BBC sei an einer Verschwörung beteiligt gewesen, ist einfach lächerlich. Wir berichteten von den Geschehnissen so authentisch wie möglich unter Verwendung aller erreichbaren Informationen. Was den Zeitpunkt der Ereignisse betrifft, wollen wir uns nicht festlegen - wir wurden erst jetzt auf Widersprüche aufmerksam gemacht und das Ganze liegt ja bereits fünf Jahre zurück. Wenn unser Korrespondent in dem Chaos und der Verwirrung dieses Tages tatsächlich vor dem Einsturz des Gebäudes über diesen berichtet hat, muss er sich wohl geirrt haben."*

Die Evakuierung der Umgebung von WTC-7 begann ungefähr um 16:00 Uhr und war erst wenige Minuten vor dem Einsturz um 17:20 Uhr abgeschlossen. Die in den Aufzeichnungen Dutzender Katastrophenmelder sich wiederfindenden Warnungen vor einem Einsturz belegen übereinstimmend, dass fest mit einem Einsturz gerechnet wurde.

Inzwischen wurde die Frage nach der Ursache des Einsturzes beantwortet. Larry Silverstein, der Eigentümer des WTC-7, gestand im Rahmen der PBS-Sondersendung *America Rebuilds* folgendes:

*Ich erinnere mich, einen Anruf vom Feuerwehrkommandeur des Viertels erhalten zu haben, der mir mitteilte, dass sie nicht sicher seien, ob sie imstande sein würden, das Feuer einzudämmen, und ich sagte: 'Wir haben solch einen schrecklichen Verlust an Menschenleben gehabt, vielleicht ist es das Beste, was man tun kann, es abzureißen.' Und sie trafen die Entscheidung, es abzureißen (pull it), und wir sahen zu, wie das Gebäude in sich zusammenfiel.*

Manche vertreten die Ansicht, Silverstein habe mit "pull it" das Abziehen der Feuerwehrleute aus dem Gebäude gemeint. Aber es besteht kein Zweifel darüber, in welchem Sinn Silverstein das Wort "pull" hier verwendet hat. "To pull" bedeutet im industriellen Fachjargon das Einebnen von Gebäuden durch Sprengung; es wird auch im allgemeinen Sprachgebrauch zur Bezeichnung von Sprengungen verwendet. Bei kontrollierten Sprengungen – wie im Fall des WTC-7 – fallen Gebäude senkrecht in sich zusammen.

Die kontrollierte Auflösung großer Strukturen ist ein Gegenstand fortgeschrittener Wissenschaft und Technik. Das Entfernen eines Hochhauses aus einem Stadtgebiet ohne die angrenzenden Strukturen in Mitleidenschaft zu ziehen – ein wahres Meisterstück der Ingenieurskunst –, ist eine Aufgabe, auf die sich nur eine Handvoll Sprengfirmen spezialisiert hat.

Unabhängige Wissenschaftler haben im Rahmen einer zweijährigen Forschungsarbeit den Staub von "Ground Zero" untersucht. Sie haben dabei unter anderem erhebliche Mengen Sprengstoff der Kategorie Nano-Thermit welcher nur vom Militär verwendet wird, nachweisen können.[238] Nano-Thermit kann Eisen sehr schnell schmelzen oder aber auch starke Explosionen hervorrufen. Nano-Thermit erklärt das von Hunderten von Helfern bezeugte geschmolzenes Metall am WTC. Sechs Wochen nach dem Anschlagen brannten die Trümmer immer noch. Man fand überall geschmolzenes Metall, mit einer rötlich-orangen Farbe. Einer der hervorragendsten Sprengmeister der Welt, Danny Jowenko, kommentierte ein Video über den Einsturz des WTC-7 geradeheraus:

*Das ist die beste Sprengdemo, die ich je gesehen habe - erste Klasse! Es war das erste Mal, dass Thermit-Sprengladungen zum Einsatz kamen.*[239]

Die praktischen Vorbereitungen zu einer kontrollierten Gebäudesprengung nehmen Wochen, manchmal auch Monate in Anspruch. So etwas kann unmöglich innerhalb von 8,5 Stunden durchgeführt werden! Die Sprengsätze müssen schon lange vor den Anschlägen angebracht worden sein. Bei der New Yorker Feuerwehr gibt es keine Spezialisten für die Sprengung von Gebäuden, und nur solche kommen hier in Frage! Wir müssen also annehmen, dass WTC-7 absichtlich gesprengt wurde und dass die Sprengsätze schon vor dem 11. September an dem Gebäude angebracht worden sind.

Dies wiederum legt die Vermutung nahe, dass auch die beiden WTC-Türme nicht aufgrund der "Terroranschläge" eingestürzt sind. Bei ihrer Sprengung scheinen unterschiedliche Sprengstoffe und Brandsätze im Einsatz gewesen zu sein. Bei einigen Videoaufzeichnungen lässt sich klar erkennen, dass die Sprengsätze nicht

---

238. Nano Experten findet man nur unter jene mit engen Verbindungen zum Militär. Es gibt keine Experten für Nano-Thermit außer jenen mit engen Verbindungen zum Militär.
239. Hanisch Danny Jowenko gehört zu einer Gruppe einiger hundert höchstqualifizierter Sprengexperten auf der Welt. Keiner aus dieser Gruppe hat die Aussage Jowenkos hinsichtlich des WTC-7 in Frage gestellt, die er - wie in einem Blindversuch - machte, ohne zu wissen, dass es sich dabei um eines der WTC-Gebäude handelte!

gleichzeitig, sondern nacheinander – wie ferngesteuert – explodiert sind. Dies war nötig, um die Zerstörung benachbarter Gebäude wie der Börse an der Wall Street durch ein Umfallen der Türme zu verhindern. In dem Videofilm ist klar zu erkennen, dass der Einsturz des Südturms geplant und von außen gelenkt stattgefunden hat.

Es gibt einen direkten Zusammenhang zwischen WTC-7 und den Flügen 011 und 175, die in den beiden WTC-Türmen endeten. Die These, dass der 23. Stock des WTC-7 als Kommandozentrale genutzt wurde gewinnt immer mehr Anhänger. Viele Forscher glauben, dass von der 23. Stock aus die beiden Flugzeuge in das WTC gelotst und die Sprengung der Zwillingstürme ferngesteuert wurden, Das Gebäude WTC-7 war erst renoviert und neu ausgestattet worden, um es gegen herumfliegende Teile von möglicher einstürzenden benachbarten Gebäude widerstandsfähig zu machen. Mit der Sprengung des WTC-7 wurden dann sämtliche Spuren auf einen Schlag in "Luft" aufgelöst!

Vielleicht interessant zu wissen, dass schon drei Wochen vor dem 11. September amerikanische und britische Streitkräften an den Grenzen von Afghanistan gebracht waren. Sie waren lange bevor das erste Flugzeug in das WTC in New York einschlägt, Einsatz bereit!

## Europa

Seit dem 11. September arbeitet man mit enormer Geschwindigkeit daran die Menschheit in die Neue Weltordnung einzugliedern. Zum Beispiel werden alle Kriege, alle Polizeigesetze und Freiheitseinschränkungen mit den 11. September 2001 begründet.

Nicht nur in Amerika, sondern auch in Europa wurden demokratische Grundrechte abgeschafft. Immer öfter resultieren neue Europäische Bestimmungen in der Abschaffung fundamentaler demokratischer Bürgerrechte.

Neue europäische Bestimmungen haben den Zugang zu EU-Dokumenten begrenzt und halten alle Europäischen Entscheidungen über Verteidigung und Sicherheit geheim. Niemand kann mehr kontrollieren was hinter den Kulissen geschieht.

Jeder der sich auch nur ein bisschen mit den Prozessen der Entscheidungsbildung der EU beschäftigt wird entdecken, dass die EU weit von einem demokratischen Institut entfernt ist. Die EU übergeht die grundlegendsten Regeln der parlamentarischen Demokratie. Neue Europäische Gesetze und Bestimmungen haben den Zugang zu EU-Dokumenten begrenzt und halten alle Entschlüsse über Sicherheit und Verteidigung geheim. Diese Dokumente sind nicht öffentlich und können durch niemandem angefordert werden. Einklagen vor Gericht sind nicht möglich.

Die Macht in Europa liegt nicht beim Europaparlament, sondern in erster Linie bei multinationalen Unternehmen und unserer Machtelite. Ein demokratischer Pakt jagt den anderen und die überwältigende Anzahl und die Betroffenheit Europas hierbei sind selbst für Mitglieder des Europäischen Parlaments nicht mehr zu übersehen.

Der Premierminister Luxemburgs, Jean-Claude Juncker, stellte im Jahre 1999 diese Europäische Demokratie gegenüber seinen EU-Kollegen wie folgt dar:

*Wir treffen eine Entscheidung, geben sie bekannt und warten ab, was passiert. Wenn kein nennenswerter Widerstand entsteht, weil die meisten Menschen doch nicht verstehen worum es geht, gehen wir schrittweise weiter bis es keinen Rückweg mehr gibt.*[240]

Hinter verschlossenen Türen werden Dinge ausgemacht in welche die Bürger keine Einsicht haben, jedoch die Folgen spüren werden.

Zum Beispiel den gegenwärtige Weltwirtschaftskrise. Schon 2002 habe ich in meinem Buch *Die kommende Transition - Der globale Zusammenbruch des gegenwärtigen Weltsystems steht unmittelbar bevor* gewarnt, dass in Europa die Wirtschaftskrise vor der Tür steht:

*Jedes Land, das einen Teil der Europäischen Union (EU) ausmacht, hat nicht nur seine Unabhängigkeit und Authentizität aufgegeben, sondern wird auch innerhalb kürzester Zeit auf eine stark verarmte Gesell-*

---

240. *Spiegel* 52/1999.

*schaft reduziert.*²⁴¹ *Beitritt zur EU bedeutet, dass alle Besitztümer und Schulden auf einen Haufen geworfen werden. Die Schatzkisten der reichen Länder werden geplündert und unter den armen EU-Ländern aufgeteilt. Für Deutschland bedeutet der Beitritt zum Euro und die Vereinigung Europas dass alles, was dieses Land aufgebaut hat, in kürzester Zeit verloren gehen wird.*

Wie vorhergesagt haben wir heute der Euro-Krise. Die Zinsen werden bald steigen, wir werden mit einer außergewöhnlichen Inflation kämpfen müssen und die Rücklagen für die Rente werden sich in Wohlgefallen auflösen.

Deutschland hatte eine gute stabile DM. Heute sehen Sie warum der DM umgetauscht wurde. Nur mit einen gemeinsame Währung – der Euro – war es möglich der geplanten heutigen Krise hervorzurufen. Endziel: ein neues Weltfinanzsystem.²⁴²

Die Vereinigung Europas stellt einen wichtigen Teil der Strategie zur Errichtung einer Weltherrschaft dar. Die meisten Menschen in Europa wurden niemals nach ihrer Meinung zu wichtigen Aspekten des Vertrages von Maastricht, wie die Einführung des Euros oder des Europäischen Haftbefehls, befragt.

Auch das Europäische Grundgesetz (Vertrag von Lissabon) hat katastrophale Folgen für die Bevölkerung. Es fördert Totalität anstelle ehrlicher Demokratie und individueller Freiheit. Ein demokratisches Grundgesetz schütz vor der Errichtung einer Diktatur durch einerseits die Gewaltentrennung und andererseits die Einsicht in die Gewalten, welche nicht in den Händen derer sein sollte, die die Gewalt ausüben.

Im Gegensatz hierzu bestimmt das Europäische Grundgesetz dass die gesetzgebende, ausübende und richterlichen Gewalt in den gleichen Händen sein sollen. Dieses System kann einzig und allein als eine offene Diktatur bezeichnet werden.

Das Europäische Grundgesetz organisiert die Sachlage so, dass

---

241. Robin de Ruiter, *Die kommende Transition - Der globale Zusammenbruch des gegenwärtigen Weltsystems steht unmittelbar bevor*, Enschede 2002, 261.
242. Gleichzeitig werden die Schatzkisten der reichen Länder durch unsere Machtselite geplündert. Mit Hilfe unserer Politiker, sind sie dabei ihr Kapital zu verdoppeln.

ein machtloses Parlament (das Parlament hat ausschließlich beratende Funktionen und sehr begrenzte Möglichkeiten zum direkten Eingreifen) es mit ausführenden Machtinstanzen, welche über alle Macht und Befugtheiten verfügen, aufnehmen muss. Die gesetzgebende, ausführende und richterliche Gewalt sind alle in den selben Händen!

Sie haben nicht nur exklusive Rechte hinsichtlich der Gesetzesfindung sondern können auch selbst entscheiden, ob diese Gesetze gebührend befolgt werden und auf Wunsch Strafen auferlegen.

Das Europäische Grundgesetz bestimmt, dass jegliche Macht in den Händen des "Rates der Europäischen Unions" und der "Europäischen Kommission" liegt. Obendrein gibt es diverse Organisationen, die Schlüsselpositionen innehaben, und einige Personen beschäftigen, die jedoch nie von der Bevölkerung gewählt wurden, so wie die Europäische Zentralbank und der Europäische Gerichtshof.

Es wird sich für die Bevölkerung als extrem schwer erweisen, sich zu organisieren um gegen die getroffenen Entscheidungen anzugehen. In Teil II, Charta der Grundrechte, finden wir in jedem Artikel einen Titel der eine grandiose Rechtfertigung zu versprechen scheint, doch diese wird in der Regel unverzüglich durch ergänzende Anmerkungen der Schlussakte, oder besser gesagt durch so genannte *Dienstrichtlinien,* in das Gegenteil verwandelt. Diese stellen einen essentiellen Teil der neuen Gesetzgebung dar. Die Artikel des Vertrages selbst verweisen nie nach diesen Texten der Schlussakte, über die *Dienstrichtlinien* wird in keiner Weise gesprochen!

Durch das Aussparen zahlreicher wichtiger Aspekte, das Weglassen von Details und das Auslassen der Verweise nach den Dienstrichtlinien im Haupttext des Vertrages hat man, mittlerweile unter dem Anschein dass es sich um einen rechtmäßigen Text handelt, die Türen für Missbrauch und Manipulation geöffnet.

Das Europäische Grundgesetz untergräbt jede Gesetzgebung auf dem Gebiet der sozialen Solidarität, dem sozialen- und dem Arbeitsrecht in der Form in der es in den Ländern der EU besteht. Während einerseits großen Firmen ein gesetzliches Instrument gegeben wird welches ihnen viele Freiheiten eingesteht, werden andererseits dem Einzelnen zahllose Rechte, sowie das Recht zu streiken oder zu demonstrieren, versagt. Dieser Vertrag macht eine Diktatur durch die großen Firmen und das große Kapital möglich.

Andere wichtige Aspekte des Vertrages sind:

In der Schlussakte (Titel I, Artikel 2, Nummer 3) wird die explizite Zustimmung an die Anwendung der Todesstrafe in besonderen Situationen gegeben, unter anderem um eine Aufruhr oder Revolte zu unterdrücken. Dies bedeutet, dass auf Demonstranten geschossen werden darf ohne dass im Vertrag festgelegt wird dass die Voraussetzung der Notwehr hierzu gegeben sein muss. (Man stelle sich vor was bei Demonstrationen wie der von Genua, dem Vertrag von Amsterdam, etc. passieren könnte...). Dieselbe Schlussakte (Titel II, Artikel 6) ermöglicht es zahlreiche Personen zu inhaftieren, so wie Minderjährige oder Menschen die man für geisteskrank erachtet.

Obendrein erlaubt es das Grundgesetz Menschen ohne Anklage oder bewiesene Straftat für neun Monate vorläufig in Untersuchungshaft zu behalten.

Ein anderes Beispiel für ein Grundrecht, das uns dank dieses Vertrages genommen wird, ist das Recht der frei- en Information und Meinungsäußerung (Artikel II-71) mittels dessen, was in der Schlussakte bestimmt wird (Titel II, Artikel 11, Erläuterung). Das Europäische Grundrecht verpflichtet die Regierungen jedes Mitgliedstaates dazu Kredite bei privaten Banken abzuschließen, selbstverständlich zu Wucherpreisen die von den Bürgern bezahlt werden müssen.

Das Resultat der Artikel III-209 und III-210 (Nummer 2, Paragraph b) wird ein stetig sinkender Mindestlohn sein.

Mit Artikel II-94, der Schlussakte (Titel IV, Artikel 34, Erläuterung) und Artikel III-209 schützt sich die EU gegen jegliche Verpflichtungen auf dem Gebiet der sozialen Unterstützung.

Trotz des Artikels II-91 wird es dank der Dienstrichtlinie 93/104 aus dem Jahre 1993 oder neuerer Versionen hiervon möglich sein die Arbeitszeiten der Arbeitnehmer auf 65 Wochenstunden oder sogar mehr zu verlängern.

Trotz des Artikels II-92 mit der Bezeichnung "Verbot der Kinderarbeit und Schutz der Jugendlichen am Arbeitsplatz" wird in

Wahrheit mit Hilfe der Schlussakte (Titel IV, Artikel 32, Erläuterung) und der Dienstrichtlinie 94/33 das Recht gegeben Kinder im Alter von dreizehn Jahren oder älter zu beschäftigen, unter bestimmten Voraussetzungen auch jüngere Kinder.

Artikel I-II, Paragraph 3 bestimmt dass die EU-Regierung eintreten kann wenn sie die den Eindruck hat, dass das Handeln eines Mitgliedstaates "nicht ausreichend" ist. Dies bedeutet, dass die EU-Regierung die Möglichkeit hat auf welchem Gebiet auch immer einzugreifen.

Die Pläne für die Neue Weltordnung liegen schon lange in den Schubläden unserer Regierungen. In vielen Ländern wartet man auf den passenden Moment um der Bevölkerung diese Pläne aufzuzwingen, unsere Politiker brauchen einzig und allein noch einen Grund hierfür.

Bevor die Menschheit es gemerkt hat werden ihr alle ihre Rechte genommen. Wir sind auf dem besten Wege die Gesellschaft so wie wir sie kennen zu verlieren.

Die zukünftigen Inquisitoren der gemeinschaftlichen Inquisition werden unbegrenzten Spielraum haben: ein grauenhafter Alptraum – ein totalitärer Polizeistaat – steht bevor!

Der Europäischen Union ist des Weiteren nur ein kurzes Leben gegönnt. Auf dem Weg zur neuen Weltordnung wird die Union, genau wie die Vereinigten Staaten von Amerika, in näherer Zukunft aufhören zu bestehen.

## Ökonomische Weltkrise

Nach den Anschlägen vom 11. September 2001 sagte Rockefeller während der alljährlichen Bilderberger Konferenz:

*Wir stehen am Scheideweg einer weltweiten Umkehr. Was wir brauchen, ist eine passende und allumfassende Krise, als Folge derer sich alle Länder der Welt der neuen Weltordnung ergeben.*

Im August 2008 kam es schließlich zu der erwarteten Rockefeller Krise Auf dem amerikanischen Immobilienmarkt hatten Banken ihren Kunden Kredite gewährt, ohne vorher deren finanzielle Situation zu überprüfen!

Glauben Sie daran? Die Hierarchie einer Bank gleicht der beim Militär. Warum? Um die Wirtschaft am Laufen zu halten und soziale Unruhen zu vermeiden. Menschen, die sich abschuften, haben schließlich keine Zeit für Demonstrationen.

Es interessiert die Banken kein Stück, ob die Hypotheken bezahlt werden. Die Immobilien gehören schließlich ihnen und laufen nicht weg. Sie befinden sich in der angenehmen Position, jederzeit die Reißleine ziehen zu können, wenn ihnen danach ist.

*Die Aufsicht der Banken hat versagt*, behauptete der Untersuchungsausschuss nach dem Ausbruch der Krise.

Wie kann das passieren? Banken, die Geld an Hauskäufer und -käuferinnen verleihen, holen sich das benötigte Geld von anderen Banken, die sich wiederum dieses Geld von der amerikanischen Zentralbank leihen. Diese Bank, die Federal Reserve, hat das alleinige Recht auf Geldschöpfung in den USA und hat, wie auch die EZB, mehrere Milliarden aus ihren Computern hervorgezaubert, um die Krise zu bremsen.

Durch den Crash in den Vereinigten Staaten befindet sich die Welt seit 2009 in einer Kreditkrise. Firmen können ihre Arbeit nicht verrichten, weil ihnen keine Kredite gewährt werden.[243] Regierungen sprechen über Sparmaßnahmen, die Arbeitslosigkeit nimmt überall zu und in vielen Ländern, wie beispielsweise in Griechenland und Spanien, leiden die Menschen immer öfter Hunger.

Doch was ist die tatsächliche Ursache dieser Krise? Die Krise ist aus einem Mangel an Geld entstanden. Am 11. September 2008 entzogen die Rothschilds und Konsorten, genau wie bereits im Jahre 1929, dem weltweiten Zahlungsverkehr Milliarden. Hierdurch entstand die gegenwärtige Wirtschaftskrise. Und das ist nur der Anfang. Es ist geplant, dass in naher Zukunft die Industrie zum völligen Stillstand kommt. Geld, Anteile, und andere Wertpapiere werden nichts mehr wert sein. Alle Kredite werden eingezogen und die Börsen geschlossen.

---

243. Geld entsteht aus dem Nichts. Es geht um Vertrauen, dessen Träger das Geld ist und durch das ein wirtschaftliches Leben überhaupt erst möglich gemacht wird.

# Psychologische Beeinflussung

Kriegsverursacher benötigen immer einen Anlass, um die Zusage von den Völkern für große militärische Operationen zu bekommen. Dazu ist die psychologische Beeinflussung ein gängiges Instrument.

In diesem schnellen Kommunikationszeitalter stehen ganz bestimmte "Konsultants" auf den Lohnlisten: Spindoctors. Sie sind speziell ausgebildete Medienberater, die im Namen unserer Regierungen alles verkaufen. Krieg im Afghanistan, Irak, Syrien oder Ukraine? Kein Problem!

Unsere Herrscher können lügen, Tag ein Tag aus, da wir dank unserer Geschichtsschreibung und der Presse ein Bild von der Wirklichkeit bekommen haben, das ihnen zuspielt. Diese Wirklichkeit ist in subtilen Grautönen gezeichnet, in der die Grenze zwischen Wahrheit und Lüge verschwimmt.

Man bevorzugt verworrene Lügengebilde. Simple Lügen werden nur dann verwendet, wenn es keine andere Möglichkeit mehr gibt, beispielsweise vor einem Untersuchungsausschuss. Dann greift man auf Antworten wie *Daran kann ich mich nicht mehr erinnern*, *Das habe ich so nicht gemeint* oder *Ich wurde falsch informiert* zurück.

Oder, wenn man wirklich keinen anderen Ausweg mehr sieht, sagt man *Entschuldigung*. Auf diese folgt noch ein *Wir dürfen nicht so sehr auf die Vergangenheit blicken, sondern in die Zukunft schauen.*

Und schließlich geht man wieder zur normalen Tagesordnung über.

Man verwendet bevorzugt Konzepte und Mythen. Sie überdauern die Generationen und man kann sie so kompliziert gestalten, wie man es möchte. Indem man die Schwerpunkte verändert, kann man den Fokus seiner Zielgruppe beeinflussen und diesen später ganz einfach über das Bildungssystem, die Medien oder die Lokalpolitiker, die oft nicht viel mehr wissen als wir selbst, verbreiten.

Die wichtigste Eigenschaft von Konzepten und Mythen ist die, dass man mit ihrer Hilfe ein Weltbild kreiert. Aus ihnen entstehen Schemata, die unser Denken begrenzen, ohne dass wir es merken, und so unser Leben bestimmen. Ein anschauliches Beispiel dafür, wie man auf hohem Posten denkt, ist die Äußerung eines anonymen Beraters von Präsident Bush, die einer Veröffentlichung des Journalisten Ron Suskind in der *New York Times* vom 17. Oktober 2004 entnommen wurde:

*Der Berater sagte zu mir, dass sich Menschen wie ich (Journalisten) in dem befänden, was wir eine wahrheitsbezogene Gesellschaft nennen. Er definierte diese als jene Menschen, die daran glauben, dass Lösungen aus unserer sorgfältigen Analyse der erkennbaren Realität entstünden. So funktioniert die Welt heute nicht mehr. Wir sind ein Imperium und wenn wir handeln, dann sind wir es, die die Realität erschaffen. Und während Sie diese Realität analysieren - sorgfältig wie Sie sind - handeln wir weiter und erschaffen neue Realitäten, die Sie wieder analysieren können. So laufen die Dinge. Wir schreiben die Geschichte und Sie, Sie alle, analysieren lediglich das, was wir tun.*[244]

Da sehen Sie es in einem einzigen Satz. Wir laufen den Fakten hinterher – Fakten, die wir nicht begreifen, die aber dennoch unser Leben bestimmen.

Es ist allgemein bekannt, dass das Bildungssystem in den Ländern des Westens keinen guten Ruf hat. Dabei wird auf die unterschiedlichsten Dinge hingewiesen, die daran schuld sein sollen: überfüllte Klassenzimmer, fehlendes Grundlagenwissen, Lehrer mit mangelnder Kompetenz usw. Diese Probleme sind jedoch zweitrangig. Selbst, wenn man sie alle in den Griff bekäme, bliebe der Zug nach unten bestehen. Weshalb? Weil genau dies der Zweck ist, zu dem die Schulen eingerichtet wurden!

Unsere Machthaber haben es fertiggebracht, das Denkvermögen bei Millionen von Kindern systematisch zu zerstören mit dem Ziel, sie auf den Eine-Welt-Staat vorzubereiten. Nur von einer verdummten Gesellschaft kann man erwarten, dass sie sich freiwillig der Weltelite unterwirft. Erst, wenn alle Kinder in einer seelenlosen Masse gleichgeschaltet sind, kann die "Neue Weltordnung" von allen Bürgerinnen und Bürgern angenommen werden.

---

244. *The New York Times* vom 17. Oktober 2004 (*Without a Doubt: Faith, Certainty and the Presidency of George W. Bush*).

Wir sind es gewohnt – bereits seit unserem ersten Schultag – Informationen auf eine passive Art und Weise hinzunehmen, zu akzeptieren, was uns der Lehrer erzählt, der selbst auch einmal ein Schüler gewesen ist und der sich bei der Informationsweitergabe selbst auch auf die Autoritäten verlässt. Fragen stellen? Lieber nicht. Das verzögert den Unterricht. Schüler, die viele Fragen stellen, werden als störend wahrgenommen. Wenn man auf diese passive und kritiklose Art und Weise Jahr für Jahr sein Weltbild aufbaut, so wird einem das selbstständige Denken automatisch abgewöhnt.

Fragen stellen bedeutet zeigen, dass die eigene Einsicht begrenzt ist. Das Zugeständnis dieser Begrenzung durch die Frage ist eine offene Bitte an den Lehrer darum, diese Einsicht zu vermitteln. Im Laufe der Zeit gewöhnen wir es uns ab, Fragen zu stellen, und fangen an, brav in der Maschinerie zu funktionieren. Und wenn man nach der Schule nach Hause kommt, dann steht dort der Fernseher. Die Fortsetzung des gleichen Prozesses.

Seien wir ehrlich zu uns selbst. So werden wir geformt. Und wenn doch einmal eine Meinung geäußert wird, die den geltenden Moralvorstellungen widerspricht, dann ist dies die Meinung eines Rebellen, eines Ketzers oder eines Verschwörungstheoretikers – in jedem Fall eine Meinung, die uns Kopfschmerzen bereitet und für die wir keine Zeit übrig haben, insbesondere dann nicht, wenn diese Meinung unser Weltbild infrage stellt. Jenes Weltbild, mit dem wir aufgewachsen sind und in dem wir uns sicher fühlen.

Man hat uns nicht nur das selbstständige Denken abgewöhnt. Wir werden als Kleinkinder behandelt. Wie schon erwähnt, wird unser Verstand modelliert, unsere Geschmäcker werden geformt und unsere Ideen vorgegeben. In jedem Aspekt unseres täglichen Lebens, sei es in der Politik oder in geschäftlichen Angelegenheiten, in unseren Sozialverhalten oder unserem Begriff von Ethik, werden wir dominiert.[245]

Doch was können wir daran verändern?

Zunächst einmal ist es erforderlich, sich bewusst zu werden, dass was wir als "Wahrheit" akzeptieren, dem entstammt, was wir

---

[245] Edward Bernays, *Propaganda*, Routledge 1926, 66.

als eine "offizielle Quelle" bezeichnen: dem Bildungssystem und den täglichen Medien. Beide werden von diejenigen, die an den Hebeln der Macht sitzen, kontrolliert. Sie lassen uns springen wie Lemminge - und sie bestimmen in welche Richtung wir springen.

Zusätzlich müssen wir lernen, unserem eigenen Denken kritisch gegenüberzustehen. Informationen werden uns in einfachen, mundgerechten Happen vorgelegt. Unkonventionelle Meinungen sollen wir grundsätzlich auf ihren Wahrheitsgehalt überprüfen – etwas, in dem wir sehr schlecht sind, denn das lernt man nicht in der Schule oder in den Medien. Versuchen wir es trotzdem, dann erweist es sich als so schwierig, dass wir die Orientierung verlieren und es schließlich doch sein lassen.

Versucht jemand, uns deutlich zu machen, dass wir möglicherweise manipuliert werden, dann werden wir sauer und streiten es ab, mit *Was denkst du eigentlich, wer du bist?; Du meinst wohl, dass du alles weißt* und so weiter. Die betreffende Person wird in eine Schublade gesteckt und wir haben wieder unsere Ruhe.

Das Bildungssystem und die täglichen Medien scheinen über jede Beweislast erhaben zu sein. Dagegen muss der "Fantast" mit seiner unkonventionellen Meinung alles "beweisen". Wenn dies dann gelingt, schenkt man ihm dennoch keine Beachtung und zieht ihn ins Lächerliche. Für unsere Herrscher ist es so natürlich ein Leichtes, uns zu manipulieren.

Das System schöpft seine Macht aus der Angst, der Unsicherheit, der fehlenden Orientierung unsererseits und natürlich aus der Macht der Masse, legitimiert durch Demokratie und Kommerz. Die Eigenschaften: Gleichmäßigkeit, Gesetzmäßigkeit und Logik.

Die psychologischen Konsequenzen nach mehreren Jahrhunderten? Durch stetige Wiederholung wurden Erwartungen kreiert und es entstand eine immer größer werdende Abhängigkeit des Einzelnen vom System. Kooperation lohnt sich, wenn man einer Zukunft in Armut, im Gefängnis oder im Irrenhaus entkommen will. Sie sind derjenige oder diejenige, der oder die es falsch sieht, im Land der Blinden.

Früher haben wir uns in unserem Verhalten aneinander orientiert. Unsere Rollenmodelle waren unsere Eltern in unserem sozialen Kontext. Heute diktieren die Medien unser Verhalten. In Filmen und im Fernsehen werden Rollenmodelle und Lebensstile propagiert, mit denen wir sonst niemals in Berührung gekommen wären.

Die Folge? Die Kluft zwischen den Generationen wächst und die Verfremdung nimmt zu. Unsere Kinder sind schnell emotional isoliert, haben das Gefühl, nicht verstanden zu werden. Um Aufmerksamkeit zu bekommen, tun sie die verrücktesten Dinge. Welche das sind? Das zeigt ihnen das Fernsehen. Hauptsache, sie landen damit auf YouTube oder in der Zeitung.

Auch die Soaps beeinflussen unser Verhalten. Sie tragen diesen Namen, weil sie, als sie 1937 zum ersten Mal ausgestrahlt wurden (zunächst im Radio, später im Fernsehen), von multinationalen Konzernen wie Procter & Gamble und Colgate-Palmolive finanziert wurden. Massenmedienexperten der Princeton-Universität führten Regie. Sie waren Teil des "Radio Project", eines sozialen Forschungsprojekts über den Einfluss der Massenmedien auf die Gesellschaft mit finanzieller Unterstützung der Rockefeller Foundation. Zur Beeinflussung der Gesellschaft und des Verhaltens der Menschen waren Soaps außerordentlich interessant. Manche Serien wurden bis zu dreißig Jahre lang ausgestrahlt und viele Menschen sind vertrauter mit den Soaps als mit dem, was sich in ihren eigenen Familien abspielt. Schlimmer noch, die Soap wird zu ihrer virtuellen Familie. Was lernen wir in den Soaps? Das gesamte Repertoire an miesen Tricks, die man in sozialen Konflikten anwendet. Wie betrügt man einander, wie geht man fremd usw. Nach siebzig Jahren sind die Spuren hiervon in der Gesellschaft deutlich sichtbar. Menschen spielen ihre Rolle, bewusst oder unbewusst: monkey see, monkey do!

In den Medien begegnen uns viele widersprüchliche und unbegründete "Meinungen", ganz nach dem "Stimmt ja gar nicht, stimmt jawohl"-Prinzip. Osama bin Laden war es, Osama bin Laden war es nicht. Grippeimpfung ja, Grippeimpfung nein. Sind Impfungen gefährlich oder nicht? Klimaveränderung und Erderwärmung ja, Klimaveränderung und Erderwärmung nein. Und so weiter und so fort.

Die Folge: Man verliert die Orientierung. Gute und deutliche Informationen gibt es nicht, es sei denn, man sucht bewusst nach ihnen. Hierdurch werden wir stets gereizter. Wir haben schließlich schon genug eigene Probleme. Aus Eigennutz werden wir gleichgültig. "Wird schon alles stimmen."

Wenn wir vor einem moralischen Dilemma stehen, dann greifen wir für gewöhnlich auf den Rat der Menschen in unserer direkten soziale Umgebung zurück, die uns die Folgen unseres möglichen Handelns deutlich machen. Seit dem Entstehen der Generationenkluft in den Sechzigerjahren des letzten Jahrhunderts (zusammen mit Drogen, Popmusik, Massenmedien oder der von den Massenmedien gesteuerten "Jugendkultur") wendet man sich nicht mehr an sein soziales und kulturelles Umfeld, wenn man vor einem moralischen Dilemma steht. Man wird nicht mehr von seinen Eltern, sondern von seinen Altersgenossen (Jugendkultur) und von Fernsehsendern wie MTV, TMF oder VIVA erzogen. Ältere Menschen können ihre Lebenserfahrung und ihr Wissen nicht mehr weitergeben. Sie sind nicht "cool", sie sind "alt" und ein gesellschaftlicher Klotz am Bein: Vergreisung. Zu langsam – auch im Umgang mit Computern und technischen Neuerungen.

Schulen sind zu großen anonymen Kinderlagerhallen geworden. Anonymität führt zu grenzenlosem und gewissenlosem Verhalten. Eltern können sich nicht vorstellen, was dort alles geschieht. Bei Familien mit Migrationshintergrund wächst die Kluft zwischen den Generationen noch schneller und traumatischer. Genau wie im Deutschland der Sechzigerjahre wissen Familien mit Migrationshintergrund heute nicht, wie ihnen geschieht.

Früher hatte man einen einzigen Telefonanschluss im Haus. Eltern wussten, mit wem ihre Kinder telefonierten. Es gab einen Fernseher und die Eltern bestimmten, was geschaut wurde. Heutzutage haben Mobiltelefone (zusammen mit Facebook, usw.) der sozialen Fragmentierung einen Schub gegeben. Eltern haben keinen Einblick in die Netzwerke, die ihre Kinder aufbauen. Man ist machtlos und gleichgültig.

Jede weitere Generation ist unwissender als ihre Vorgängerin. Die heute allgegenwärtige Popmusik ist zur Übermittlerin von Materialismus, Gewalt und Sex geworden. Selbstbewusste Musiker mit einer Botschaft werden von den Medien fachkundig aus dem Scheinwerferlicht gezogen.

In diesen hektischen Zeiten der aufgebauschten Gegensätze, der Hypes und der sinnlosen Gewalt gibt es nur einen Ausweg: "politisch korrektes Verhalten" und "Meinungsbildung". Brav sein, dann kann man dir (als Elternteil, Lehrer oder Bürger) wenigstens nichts anlasten.

Die Kluft zwischen den Generationen fing zunächst an, sich im Alter zwischen achtzehn und einundzwanzig Jahren zu entwickeln. Mittlerweile liegt dieses Alter zwischen zehn und vierzehn Jahren. Diese Jugend richtet sich nur noch nach einer Autorität: dem "System". Sie hört nicht mehr auf die Eltern, sie hört nur noch auf den "Staat".

Weil die Jugend durch die Eltern oder das Bildungssystem immer weniger unter Kontrolle zu bringen ist, übernimmt der Staat Schritt für Schritt die Erziehung.

Kinderbetreuung, Krabbelgruppen, Bildung, Sport, Kultur, usw. – alles unter einem Dach. Gut für Doppelverdiener und alleinerziehende Eltern.

Der Arbeitsmarkt wurde so umstrukturiert, dass beide Eltern oder Alleinerziehende arbeiten MÜSSEN. Eltern haben entweder kein Geld und/oder keine Zeit, um ihre Kinder selbst zu erziehen. Die Generationenkluft tut ihr Übriges.

Sie sehen, Kinder und Eltern leben sich auseinander. Kinder, wehrlos und unbefangen wie sie sind, sind der Indoktrination der Medien und der durch den Staat übernommenen Erziehung ausgeliefert. Und die Eltern? "Ach, früher war alles besser." Sie verlieren ihr Selbstvertrauen und wenden sich an eben diesen Staat. In einigen Generationen wird das Phänomen "Erziehung" der Vergangenheit angehören.

Diese gesellschaftlich nicht wünschenswerten Entwicklungen haben uns nicht zufällig überkommen. Diejenigen, die die Gesellschaft tatsächlich kontrollieren, haben viel in die Verhaltenswissenschaft investiert. Genau wie in der Finanzwelt gibt es auch hier keine Zufälle.

Unser Welt wird langsam, aber sicher zu einem Irrenhaus voller desorientierter Menschen, die immer weniger wissen und einander immer weniger zuhören, ganz zu schweigen von einer Autorität in Form eines Mitmenschen.

# Der Grundstein der Gesellschaft

Neben ihrem Bestreben die Erziehung unserer Kinder und Jugendlichen zu beherrschen ist eines der Ziele unserer elitären Machthaber die "Beseitigung der Familie". Wie sie sicher wissen ist die Familie der Grundstein der Gesellschaft. Aus diesem Grund ist die Ausrottung der Ehe als Institution und der Familie als souveräne Einheit eines der wichtigsten Ziele unserer Machtelite.

Die Ehe und die Gründung einer Familie sind nicht jedem gegönnt, doch sind sie für die meisten Menschen der natürliche Lebensweg. Dieser gottgegebene Lebensweg ist notwendig, um uns als menschliche Wesen zu entfalten. Die Familie gibt dem Menschen ein Ziel, eine Identität und ein Gefühl der Zusammengehörigkeit. Sie geben dem Menschen Werte sowie soziale, spirituelle und finanzielle Unabhängigkeit.

In der Ehe werden zwei Menschen Eins. Sie ist eine heterosexuelle Institution mit dem Ziel zwei Menschen zueinander zu bringen und eine Familie zu gründen. Sie ist eine Partnerschaft, die auf gegenseitigem Vertrauen und Respekt basiert.

Der Krieg, den man der heterosexuellen Ehe erklärt hat, wurde von unserer Elite sorgfältig geplant. Seit den sechziger Jahren des letzten Jahrhunderts bringt man uns bei, dass traditionelle Wertvorstellungen altmodisch sind. Veränderungen fanden auf allen Ebenen statt mit unter anderem der Folge, dass eine Epidemie von flüchtigem Sex und Drogenkonsum die Jugendlichen der gesamten westlichen Welt erfasste.

In einigen Ländern beginnt das Untergraben der traditionellen Wertvorstellungen bereits in der Grundschule. Viel von dem, was sich in den Klassenzimmern abspielt, scheint den Eltern verborgen zu bleiben. In England werden Kinder im Alter von 5 Jahren dazu ermutigt jemanden zu spielen der denkt homosexuell zu sein, dies aber noch niemandem erzählt hat. In einer anderen Übung werden Kinder dazu ermutigt, sexuelle Handlungen wie Analverkehr oder "Analfingern" zu besprechen.

*Beyond a Phrase* ist sehr kontroverses Unterrichtsmaterial für Lehrer. Es beinhaltete ein Video für dreizehnjährige Schüler, welches sie dazu ermutigt, mit anderen Jungen und Mädchen zu experimentieren um herauszufinden, von welchem Geschlecht sie sich mehr angezogen fühlen. Es empfiehlt Lehrern die Schüler vorgeben zu lassen sie seien homosexuell, bisexuell, Transvestiten, Sado-Masochisten und Prostituierte.

Eine der Unterrichtsmethoden lässt Schüler ihre eigene Sexualität hinterfragen indem man ihnen folgende Fragen stellt:

*Wie hat man uns beigebracht heterosexuell zu sein?*
*Ist deine sexuelle Orientierung unveränderlich festgelegt?*
*Hast du das Gefühl, deine sexuelle Orientierung selbst gewählt zu haben?*

Dass Sex aus Liebe und bestenfalls innerhalb einer Ehe praktiziert werden sollte wird schon lange nicht mehr gelehrt. Das ist zu altmodisch.

Immer bunter treiben es unsere unsichtbaren Machthaber, um ihre Zielen zu verwirklichen. In Deutschland forderte die *ARD-Themen-woche* sogar "Toleranz für Sodomie".[246] Unter dem Motto "Toleranz", bot der ARD-Sender am 22. November 2014 ein sogenannter Animal-Lover eine Plattform um seine extremen Pervertismus zu rechtfertigen.

Um was ging es genau? Um die gesetzliche Freizügigkeit von Sex mit Tieren. Die ersten Schritte in eine Welt ohne Tabus! Schon heute gibt es in Europa Länder, wo man sich straffrei das passende Tier zum Sex aussuchen kann.

Es ist wichtig zu erinnern, dass die Marionetten der ARD nur die Weisungen unserer geheimen Oberen befolgen und diese ARD Ausstrahlung nur der Versuchsballon ist wie die Öffentlichkeit reagiert.

Und wie immer - wir reagieren nicht.

Der große Fehler den wir immer wieder begehen ist der, dass wir Dinge geschehen "Lassen". Wir übernehmen keine "Verantwortung".

Niemals zuvor hat die Welt eine derartige Manifestation von Gottlosigkeit, Unrecht und moralischem Verfall gesehen. Es scheint, als hätte die Menschheit jedes Gefühl für Moralität verloren.

---

246. *ARD-Themenwoche* von 22. November 2014.

Dinge geschehen nicht einfach so. Was wir hier sehen ist nicht etwa Zufall, sondern ein sorgfältig geplantes Programm unserer Machtelite.

Der Verfall der Ehe scheint ein nicht mehr zu kontrollierendes Naturereignis zu sein. Viele junge Frauen und Männer, die nach einer ernsten Beziehung suchen, befinden sich in einer Krise. Aufgrund der sexuellen Revolution sehen die meisten Frauen und Männer nun Sex als ein eigenes, unabhängiges Ziel an und jagen diesem nach. Die meisten Frauen heutzutage denken, dass Sex der einzige Weg ist einen Mann an sich zu binden. Sie versuchen sexuelle Anziehungskraft einzusetzen um auf ihr eine langfristige Beziehung und eine Familie aufzubauen. Das ist sinnlos und gibt Männern mit ernsthaften Absichten die falschen Signale. Wenn eine Frau auf der Suche nach Liebe und einer Familie ist darf sie sich nicht als Sexobjekt darstellen. Haltet euch von Männern fern die keine Zeit haben euch den Hof zu machen oder euch zu heiraten.

Wir leben in einer künstlich erschaffenen Kultur die Sex als ein mystisches Erlebnis ansieht, dass wir brauchen um uns zu entfalten. So wird beispielsweise durch Pornographie die Art und Weise, in der Männer, Frauen und Mädchen wahrnehmen, beeinflusst. Sex wird überbewertet und Pornographie vergiftet die Heterosexualität. Viele Männer sehen Frauen als machtgeile Wesen, die von der männlichen sexuellen Leistung besessen sind. Männer müssen aufhören nach Sex zu suchen und anfangen, nach der richtigen Frau zu suchen.

## Unser natürlicher Instinkt

Ein Blick in die Tierwelt zeigt uns, dass Männern und Frauen eine bestimmte Rolle zugedacht sind. Die Natur ist perfekt aufeinander abgestimmt, und hierbei spielt der Instinkt eine wichtige Rolle. Das gilt auch für uns Menschen. Ob Sie dem nun zustimmen oder nicht, Männer und Frauen sind nun einmal so programmiert, dass sie einander brauchen um sich "vollständig" zu fühlen. Die Frau gibt ihre "Unabhängigkeit" auf im Tausch gegen die Liebe ihres Ehemannes. Weibliche Macht im Tausch gegen männliche Macht in Form von Liebe ist die Essenz einer heterosexuellen Beziehung.

Aufgrund seines Instinktes sucht der Mann von Natur aus Macht. Das ist eine unvermeidbare Tatsache. Der männliche Instinkt gibt ihm das Gefühl, dass er unentbehrlich ist. Seine Rolle ist die eines Beschützers, Ernährers, und Anführers. Das Beschützen von Frau und Kindern liegt in der Natur des Mannes. Männlichkeit definiert sich durch Macht und Führung.

Frauen suchen nach Liebe und einem Mann der sie liebt. Sie wollen treu sein und sich dem Mann widmen. Der Instinkt jeder Frau sagt ihr, dass sie heiraten und Kinder kriegen muss. Weiblichkeit definiert sich über die Liebe einer Frau zu ihrem Mann und ihren Kindern und dem Heim, dass sie so für die ganze Familie schafft. Echte Frauen widmen sich ihrem Mann und ihren Kindern und erfahren Erfüllung wenn sie sehen, dass es ihrem Mann und ihren Kindern gut geht und sie ihre Liebe, Dankbarkeit und ihren Respekt spüren. Eine Frau widmet sich so nur einem einzigen Mann, der sie umsorgt und seine Familie ernährt.

Für Frauen ist die männliche Stärke das ultimative Aphrodisiakum. Das soll jedoch nicht heißen, dass Frauen keine Karriere machen können oder Männer kein Essen kochen oder keine Windeln wechseln können.[247] Frauen und Männer sind gleich in ihrem Recht auf Wertigkeit und Selbstverwirklichung. In seinem einzigartigen Buch *Cruel Hoax: Feminism and the New World Order* nennt Henry Makow folgendes Beispiel:

*Die Geste eines Mannes die Tür für eine Frau zu halten illustriert, wie Männer und Frauen miteinander umgehen müssen. Wir wissen alle, dass eine Frau auch alleine eine Tür öffnen kann, doch wenn ein Mann es für sie tut betont er ihre Weiblichkeit, ihre Schönheit und ihren Charme. Indem sie diese Geste akzeptiert bestätigt sie seine männliche Stärke. Dieser Austausch - eine Frau, die körperliche Stärke gegen männlichen Schutz und Liebe eintauscht - ist die Essenz der Heterosexualität. Um sich emotional entwickeln zu können brauchen Männer wie auch Frauen diese Bestätigung.*

Heutzutage öffnen die meisten Frauen die Tür selbst. Keine der beiden sexuellen Identitäten wird bestätig und keines der beiden Geschlechter wird emotional erwachsen. Männer fühlen sich überflüssig und impotent, Frauen fühlen sich abgewiesen und ge-

---

247. Henry Makow, *Cruel Hoax: Feminism and the New World Order*, Canada 2007.

schlechtslos.[248] Die Beziehung zwischen Mann und Frau gerät ins Ungleichgewicht, doch was ist die Ursache hierfür?

# Feminismus

Der Feminismus der nach dem Zweiten Weltkrieg Einzug hielt ist eine der vielen grausamen Erfindungen der Neuen Weltordnung. Er wurde von den Rothschilds und Rockefellers erfunden um die Beziehungen zwischen Männern und Frauen zu vergiften (verteile und herrsche), um beide Geschlechter zu entmachten, um Frauen die Eignung zur Heirat und Mutterschaft zu nehmen und um es Männern unmöglich zu machen für ihre Familie Opfer zu bringen.

In weniger als fünfzig Jahren hat der Feminismus der Institution Familie großen Schaden zugefügt und Millionen Leben ruiniert. Der Feminismus in Form von "Frauenrechten" lässt Frauen glauben, dass ihre natürlichen biologischen Instinkte in Wahrheit eine "soziale Erfindung" sind mit dem Ziel sie zu unterdrücken.

Millionen Frauen bekamen zu hören, dass sie ihre Küche verlassen müssen um sich ihrer Karriere zu widmen. Auch sollten sie unabhängig werden. Doch in der Ehe geht es nicht um Unabhängigkeit.

Der Feminismus untergräbt die Ehe indem er Frauen dazu anspornt ihre Männer herauszufordern. Der Feminismus erlaubt es Frauen nicht, männliche Führung zu akzeptieren. Feministinnen wollen ihre Ehemänner ersetzen. Am Arbeitsplatz kann ein Mann die Führung einer kompetenten Frau akzeptieren, doch zu Hause ist ein Mann, der den Befehlen seiner Frau Folge leistet, kein "echter" Mann. In der Regel kann er so auch nicht funktionieren. Sein Instinkt verhindert dies.

Frauen vergessen, dass sie einen Mann, den sie kontrollieren, nicht respektieren können. Und sein wir einmal ehrlich, welche Frau fühlt sich von einem Mann angezogen, den sie herumkommandieren kann? In vielen Fällen führt solch eine Situation zum Zerbrechen der Ehe, und das kann doch nicht das Ziel sein.

---

248. Ibidem.

Indem der Feminismus Frauen dazu anspornt ihre Weiblichkeit zu verleugnen und die Rolle des Mannes einzunehmen hat er die natürlichen heterosexuellen Mechanismen durcheinander gebracht. Millionen Frauen sind zu einem Leben in Einsamkeit und Frustration verdammt. Obendrein wird Männern, die ihrer traditionellen Rolle beraubt sind, die Liebe versagt die sie brauchen, um sich entwickeln und verwirklichen zu können.

## Umerziehung genannte Volksverdummung

Ein Ziel unsere Machthaber besteht darin, alle Menschen zu kontrollieren und zu beherrschen. Sie haben Milliarden ausgegeben, um dieses Ziel zu verwirklichen. Die Menschen und ihre Wünsche und Ängste wurden gründlich studiert.

Redefreiheit und Selbstverwirklichung werden heutzutage unterdrückt und bekämpft. Den Menschen wird nach und nach beigebracht freies Denken zu vermeiden. Wir werden gezüchtet um wie Roboter in das System zu funktionieren. Wir sind eine Rasse programmierter Kreaturen geworden, die genau das tun und glauben, was ihnen das jeweilige politische System, die Massenmedien und die Bildungseinrichtungen weismachen. Mittels dieser drei Einrichtungen wird der Einzelne nicht nur kontrolliert und beeinflusst, sondern können auch Veränderungen in bestehenden politischen, gesellschaftlichen, moralischen und familiären Grundsätzen mühelos realisiert werden.

Es gibt kein Entkommen! Es ist kein Zufall, dass man den Eltern die Erziehung ihrer Kinder so früh wie möglich versucht zu entziehen. Die individuelle Meinungsbildung und Persönlichkeitsentwicklung wird vom Elternhaus in die Schulen und Universitäten verlegt.

## Zukunft

Der seit dem Zweiten Weltkrieg fortschreitende Prozess ist nun beinahe an seinem Ende angelangt. Wir stehen der "Transition", der " Paradigmaveränderung ", vor der in den Medien schon seit längerer Zeit von diversen Hochrangigen gewarnt wird, unmittelbar bevor. Die "Transition" ist nicht der Beginn einer neuen Gesellschaft mit einer neuen Art des Lebens, sondern eine technokratische Diktatur.

Man plant die totale "Integration" von Mensch und Technik. Der Moment, an dem diese Entwicklungen unumkehrbar werden, nennt man die "Transition". Nach ihr besteht keine individuelle Bestimmung mehr.

Dee Hock, Gründer der VISA Credit Card Association (1968), des ersten großen Scheckkarten Unternehmens, der Alternative zu Bargeld, sagte:

*Wir stehen derzeit an einem Punkt, an dem eine Ära von 400 Jahren ihr Ende finden und ein neues Zeitalter geboren werden wird - eine Transition der Kultur, der Wissenschaft, der Gesellschaft und aller institutionalisierten Bereiche unseres Lebens; eine Veränderung größer als alles, was die Welt jemals gesehen hat.*[249]

Dee Hock bezieht sich mit oben stehender Aussage auf den bereits hinter uns liegenden Übergang zu einem globalen zentralisierten Geldsystem und das Ende des Zeitalters der Industrialisierung: zwei Dinge, die unser gesamtes Leben bestimmen.

Bargeld steht für unsere Entscheidungen und Bedürfnisse. Es reflektiert unseren Lebensstil und verleiht unserer Freiheit Form.

Genau dies ist der Kern der kommenden "Transition". Man bearbeitet uns, damit wir sie akzeptieren.

Schon heute wird daran gearbeitet – ökonomische Krise – Bargeld Schritt für Schritt abzuschaffen, um so den Weg frei zu machen für die totale Abhängigkeit vom weltweiten Computersystem. Mithilfe eines Chips in einem Plastikkärtchen (oder in Ihrem Körper) bekommen Sie Zugang zu diesem System. Ihr Chip ist Ihre Zugangsberechtigung zu allem, was sie benötigen, wie Nahrungsmittel, Transportmittel, Bildung, medizinische Versorgung usw.

Das Zeitalter des Rechts auf individuelle Selbstbestimmung ist vorbei. Es wird keine Kriminalität oder illegalen Machenschaften mehr geben. Vor dem Gesetz sind alle gleich. "Schwarzes" und "weißes". Geld wird es nicht mehr geben. "Reich" und "arm" werden zu relativen Begriffen: Alle sind in gleichem Maße von diesem finanziell-digitalen System abhängig.

---

249. Mitchell Waldrop, *The Trillion Dollar Vision of Dee Hock*, 18. Dezember 2007.

Jede Art von auffälligem Verhalten wird registriert. Sollte das System etwas als nicht tolerierbar klassifizieren: *Access Denied* (Zugang verweigert). Die Polizei wird nicht nach Ihnen suchen. Im Gegenteil, Sie werden zu ihr kommen, denn sie ist die einzige Einrichtung, die Ihnen sagen kann, warum Sie "ausgeloggt" wurden. Sie haben gar keine Wahl: Die öffentlichen Verkehrsmittel verweigern Ihnen den Zugang, der Supermarkt öffnet gar nicht erst seine Türen und selbstverständlich ist auch Ihre EC-Karte gesperrt.

Da stehen Sie dann also: hungrig und pleite. Das waren Sie bereits seit Jahrzehnten, doch das Fernsehen machte Ihnen weiß, dass alles bestens lief (Fortschritt!).

Mit dem Hinterhaus von Anne Frank im Hinterkopf suchen Sie Unterschlupf und Hilfe bei Familie und Freunden. Da kann man es aushalten. Jedoch werden deren wirtschaftliche Aktivitäten ebenso wie die Ihren vollständig registriert. Ihr illegaler Aufenthalt wird den Vorwurf des normabweichenden Verhaltens und den Verdacht auf missbräuchliche Nutzung von Einrichtungen zur Folge haben. Alles, was man Ihnen anbieten wird, ist eine Mitfahrgelegenheit zum nächsten Polizeihelpdesk.

Welche politische Gruppierung oder Interessengemeinschaft wird Sie vertreten? Sie können keinem Menschen mehr trauen! Das System hat zur Folge, dass sich die Beweislast umkehrt: Erklären Sie sich! Niemand, der es mehr wagt, nach vorne zu treten. Niemand ist verantwortlich.

## Reduzierung der Menschheit

In den vergangenen Jahren sind viele völlig neue hochansteckende Krankheiten aufgetaucht. Viele von dieser neue Krankheiten, wie z.B. AIDS, eine ganz neue Art von Cholera, ein neuer, tödlich verlaufen der Typ einer Streptokokkeninfektion, das tödliche hämorrhoische Fieber und schließlich das Ebola-Virus in Laboratorien entwickelt wurden um das Bevölkerungswachstum auf unserem Planeten zu reduzieren.

Am 28. Dezember 2004 sagte Dr. Leonard Horowitz während Das Nazigrippen-Interview:

*Die gleichen Menschen, die sowohl Blut- als auch finanzielle Banken beherrschen, haben historisch gesehen die Rassenhygiene, den Völker-*

*mord, die Entvölkerung, Geburtenregelungen, Impfungen für Mütter und Kinder sowie kontaminierte Bluttransfusionen unterstützt. Sie haben viel Geld in die Dezimierung der Weltbevölkerung investiert.*

Bevölkerungsreduktion ist eines der grundlegenden Ziele der elitären Elite. Vor einigen Jahren führte diese Elite drei unabhängige Studien darüber durch, inwieweit eine Bevölkerungsexplosion ihre Pläne beeinträchtigen würde. Die Ergebnisse dieser Studien ließen nur eine Schlussfolgerung zu, das Bevölkerungswachstum musste drastisch reduziert werden. Unsere unsichtbaren Herrscher trafen in Reaktion hierauf jede Maßnahme die nötig war um das Bevölkerungswachstum einzudämmen. Publikationen und Zitate der herrschenden Elite ließen keinen Zweifel daran, dass sie ein Völkermord nie da gewesenen Ausmaßes plante.

Der Weltbevölkerung steht ihr Untergang bevor und viele werden der neuen Weltordnung um Opfer fallen.

Das Dritte Reich kehrt mit all seinen Facetten zurück. Was derzeit überall in der Welt passiert ruft Erinnerungen hervor. Wir sind ebenso gleichgültige eingestellt wie die Deutschen von damals. Einzig stehen die Verbrennungsöfen nun um die Ecke. Es ist diesmal alles etwas besser geregelt. Zur "Vernichtung" der im Zweiten Weltkrieg Getöteten brauchte man damals Jahre. Mit der heutigen Vernichtungskapazität und den heutigen Zugverbindungen erreicht man Gleiches in einer Woche.[250] Außerdem haben wir nun eine wirtschaftliche Entschuldigung: Wir sind lediglich politisch korrekt!

Haben wir überhaupt unsere Lehre aus dem Dritten Reich gezogen? Es hat nicht den Anschein.

Wir sehen wie die Welt und die Gesellschaft, wie wir sie in der Vergangenheit gekannt haben, rasant um uns herum zerfallen. Wenn wir nicht aufpassen, wird es bald keine Freiheit mehr geben. Nicht allein die Freiheit der einzelnen Völker sondern auch die, eines jeden Menschen. Die "Neue Weltordnung", die sie aushe-

---

250. In den Niederlanden genügen zwei Verbrennungsöfen um allen Abfall des Landes zu beseitigen. Nichtsdestoweniger wird bald der dreizehnte Verbrennungsofen des Landes in der Nähe der Stadt Harlingen in Betrieb genommen.

cken, wird eine Weltdiktatur werden. Konservative werden sie Sozialismus oder Kommunismus nennen, Liberale Faschismus. Welches Etikett dafür gewählt wird, macht kaum einen Unterschied: Es wird ein weltweiter Archipel Gulag sein!

Die herrschende Macht hinter der Neuen Ordnung lenkt schon seit vielen Jahren den weltweiten Geldfluss, die Zentralbanken und größten multinationalen Konzerne der Welt. Diese globalen Riesen sind, wie schon erwähnt, nicht nur Unternehmen, sie sind Weltmächte.

Durch ihre Kontrolle der Medien bestimmen unsere Herrscher, wer die "demokratischen" Länder regiert. Durch ihre weitreichende Kreditpolitik sind fast alle Länder von ihr abhängig. Regierungen, die unabhängig bleiben wollen, werden mit Gewalt auf ihre Knie gezwungen: ihre Vertreter werden gedemütigt, wenn nicht mit Hilfe politischer Propaganda, dann mit Wirtschaftssanktionen oder Waffengewalt.

In der Neuen Weltordnung wird es keine Unabhängigkeit, keine Regierungen, keine Königshäuser und keine Republiken, Staaten oder Provinzen mehr geben.

## NOCHMALS

*Der große Fehler den wir, die Uneingeweihten, begehen ist der, dass wir Dinge geschehen "Lassen". Wir übernehmen keine "Verantwortung".*

Erinnern Sie sich noch an die Einführung des Euro? In den meisten Ländern Europas wurden die Menschen nicht um ihre Zustimmung gefragt. Eine Volksabstimmung war nicht notwendig. Heute wissen Sie warum... Wer einen Putsch plant, der hält meist nicht erst eine Volksabstimmung ab.

Erinnern Sie sich an die EU-Verfassung? Dieses Abkommen ermöglicht nicht nur die Diktatur von multinationalen Konzernen und großen Geschäftsleuten, sie wird bald auch das Freiheitsrecht des einzelnen Bürgers ins Lächerliche ziehen. Dies alles geschah mit unserer Erlaubnis, wir leben schließlich in einer Demokratie.

Die Zeit ist gekommen, dass wir unser Sofa, unser Bier und unseren Fernseher vergessen müssen. Wir müssen anfangen unser Gehirn zu benutzen, sonst ist es zu spät und werden wir bald in einer Art modernem Mittelalter enden.

# Appendix

# Erklärung

Während meines jahrelangen Aufenthaltes auf Gran Canaria und Fuerteventura habe ich verschiedene ehemalige Nazis persönlich getroffen. Unser Nachbar war ein ehemaliger Messerschmitt Me109 Pilot der Luftwaffe und erzählte immer wieder von den spannenden Abenteuern, die er mit seinem Flugzeug, einer Messersmitt Bf109, erlebt hatte.

Seine Geschichten über den Zweiten Weltkrieg fesselten mich besonders. Ich kannte die Geschichten meiner Großeltern über den Krieg und die Geschichte meines Vaters, dem es gelang aus einem Konzentrationslager in Polen zu entkommen. Ich interessierte mich für alles, was mit den Zweiten Weltkrieg zu tun hatte.

Als unser Deutscher Nachbar fragte ob ich Zeit hätte, seiner Frau Spanisch Unterricht zu geben, willigte ich gerne ein. Nach und nach lernte ich andere Deutsche kennen, die ebenfalls Spanisch lernen wollten. Einer von ihnen, ein widerlicher kleiner Kerl mit einem steifen Bein und einer SS-Tätowierung wollte ebenfalls Spanisch Unterricht, was ich jedoch ablehnte. Insgesamt unterrichtete ich vier Deutsche. Später stellte sich heraus, dass sich unter ihren Bekannten auch jemand befand, der behauptete Hitler persönlich gekannt zu haben. An einem Abend, wo wie immer zu viel spanische Wein getrunken wurde, behauptete er steif und fest, einer der Letzten gewesen zu sein, die Hitler lebend gesehen hat. Auf meine Fragen über Hitlers Tod reagierte er geheimnisvoll. Später wurde mir klar, dass ich niemand anderem als Artur Axmann, den ehemaligen Reichsjugendführer, kennengelernt hatte. Er hatte viel Geld in einen Ferienort auf Gran Canaria investiert, doch wie bei vielen ausländischen Investoren waren die Spanier mit dem Geld durchgebrannt. Das Projekt ging schief und er kehrte 1976 zurück nach Deutschland.

Ich hatte mehrere Gespräche mit Artur Axmann und seine Freunde. Seine Deutschen Freunde zufolge hatte Axmann regelmäßig angegeben, dass Hitler keinen Selbstmord begangen hat. Er hatte mit eigenen Augen gesehen wie Hitler den Bunker verlassen hat.

Verschiedene Geständnisse von Artur Axmann und seine Freunde sind in diesem Buch aufgenommen.

Der deutschen Übersetzung dieses Buches liegt ein vom mir autorisiertes Manuskript in spanischer (1989-2014) Sprache zugrunde.

Zum Schutz des Herausgebers erkläre ich mich voll verantwortlich für den Text und Inhalt dieses Buches.

# Teilnehmer an der Operation Testament

**Hauptakteure des sogenannten Selbstmordes Hitlers:**
Adolf Hitler
Reichsminister Joseph Goebbels
Reichsleiter Martin Bormann
Reichsjugendführer Artur Axmann
SS-Obersturmbannführer Ludwig Stumpfegger
SS Brigadeführer Wilhelm Mohnke
Gestapo-Chef Heinrich Müller

**Mitarbeiter:**
SS-Sturmbannführer Heinz Linge
SS-Standartenführer Otto Günsche
SS-Obersturmbannführer Erich Kempka
SS Oberscharführer Rochus Misch
SS-Brigadeführer Johann Rattenhuber
Verschiedene Sekretärinnen
Eine Vielzahl Doppelgänger

**Zahnmedizinisches Personal:**
SS-Arzt Dr. Helmut Kunz
Zahnarzthelferin Käthe Hausermann
Zahntechniker Fritz Echtmann

**Nichtsahnende Augenzeugen:**
SS-Obersturmbannführer Harry Mengershausen
SS-Oberscharführer Hans Hofbeck
SS-Unterführer Hermann Karnau
SS-Hauptscharführer Erich Mansfeld
SS-Obersturmbannführer Franz Schädle

**Routenkundschafter vom Bunker bis zur Insel Schwanenwerder:**
SS-Obersturmbannführer Nicholaus von Below
SS-Sturmbannführer Heinz Matthiesing

**Hitler Begleiter bis an die Spree:**
SS-Obersturmbannführer Bernd von Freytag-Loringhoven
SS-Rittmeister Gerhardt Boldt
SS-Obersturmbannführer Hans Weiss
SS-Obersturmbannführer Heinz Lorenz
SS-Obersturmbannführer Wilhelm Zander

SS-Obersturmbannführer Willi Johannmeier
SS-Obersturmbannführer Peter Hummerich

**Hitlers Begleiter bis auf die Insel Schwanenwerder:**
SS-Obersturmbannführer Bernd von Freytag-Loringhoven
SS-Rittmeister Gerhardt Boldt
SS-Obersturmbannführer Hans Weiss

**U-Boot 794 - WK202:**
Kapitän Philipp Becker und drei Besatzungsmitglieder.

**Wasserflugzeug zum Großen Müggelsee:**
Hanna Reitsch

**Vom Großen Müggelsee bis nach Barcelona:**
Hanna Reitsch, Ian Fleming, Caroline Saunders und Hugh Verity.

**Ständige Bewohner des Führerbunkers**
Adolf Hitler, Eva Braun, Reichsminister Joseph Goebbels mit seiner Ehefrau und ihren sechs Kindern, SS-Sturmbannführer Heinz Linge, Constanze Manzialy, Ludwig Stumpfegger und Krankenschwester Erna Flegel. Desweiteren Adolf Hitlers Sekretärinnen Gerda Christian, Gertrud Junge, Christa Schröder, Johanna Wolf und Bormanns Sekretärin Else Krüger.

**Täglich anwesend:**
SS-Standartenführer Otto Günsche
Johannes Hentschel (Belüftungsmonteur)
SS-Oberscharführer Rochus Misch (Telefonist)
SS-Obersturmbannführer Erich Kempka (Hitlers Fahrer)
SS-Reichsführer Werner Naumann

**Reichssicherheitsdienst (RSD) und SS-Wache:**
Haupt-Reichssicherheitsdienst SS-Brigadeführer Rattenhuber
SS-Obersturmbannführer Harry Mengershausen
SS Oberscharführer Hans Hofbeck
SS-Unterführer Hermann Karnau
SS-Hauptscharführer Erich Mansfeld
SS-Hauptscharführer Franz Schädle
Sowie eine große Anzahl Wachleute (Namen unbekannt)

**Desweiteren gab es einige Leute, die im Bunker ein und aus gingen:**
General Wilhelm Burgdorf
SS-Brigadeführer Hans Krebs
General Helmuth Weidling
Vizeadmiral Hans-Erich Voss
SS-Obersturmbannführer Hans Baur
SS Standartenführer Willem Zander

# Literatur

**Arendt, Hannah:** *Eichmann in Jerusalem: Ein Bericht von der Banalität des Bösen*, München, 1965.

**Aretz, Emil:** *Hexen einmal eins einer Lüge*, Pähl, 1970.

**Avernery, Uri:** *Israel ohne Zionisten*, Gütersloh, 1969.

**Baaren, J.J. van:** *Identiteit van Israël*, Hilversum, 1992.

**Bacque, James:** *Other Losses: An Investigation into the Mass Deaths of German Prisoners at the Hands of the French and the Americans after World War II*, Toronto, 1989.

**Barkai, Avraham:** *Vom Boykott zur Entjudung - Der Wirtschaftliche Existenzkampf der Juden im Dritten Reich 1933-1943*, Frankfurt, 1988.

**Basti, Abel:** *El Exilio de Hitler*, Buenos Aires, 2010.

**Basti, Abel, Van Helsing, Jan:** *Hitler überlebte in Argentinien*, Fichtenau, 2011.

**Bauer, Yehuda:** *Freikauf von Juden? - Verhandlungen zwischen dem national-sozialistischen Deutschland und jüdischen Repräsentanten von 1933 bis 1945*, Frankfurt, 1996.

**Bellamys, Edward:** *Looking Backward 2000-1887*, Main, 1888.

**Bernstein, Jack:** *Das Leben eines amerikanischen Juden im rassistischen, marxistischen Israel*, Steinkirchen, 1985.

**Black, Edwin:** *The Transfer Agreement - The untold story of the Secret Agreement between the Third Reich and Jewish Palestine*, New York, 1984.

**Burg, Josef G.:** *Schuld und Schicksal*, Oldenburg, 1972.

**Carmin, E.R.:** *Das Schwarze Reich, Geheimgesellschaften und Politik im 20. Jahrhundert*, Sphinx, 1999.

**Coleman, John:** *Tavistock Institute of Human Relations: Shaping the Moral, Spiritual, Cultural, Political and Economic Decline of the United States of America*, Herausgeber, 2005.

**Collon, Michel:** *Bluf Poker - De grootmachten: Joegoslavië en de komende oorlogen*, Berchem, 2000.

**Colvin, Ian:** *Chief of Intelligence, Victor Gollancz*, London, 1951.

**Coston, Henry:** *Les financiers qui mènent le monde*, Paris, 1996.

**Crane Eveland, Wilbur:** *Ropes of Sand - America's Failure in the Middle East*, Norton, 1980.

**Creighton, Christopher:** *Operatie JB - Het laatste grote geheim van WO II*, Amsterdam, 1996.

**Dall, Curtis B.:** *Amerikas Kriegspolitik: Roosevelt und seine Hintermänner*, Tübingen, 1975.

**Deutscher, Isaac:** *Die ungelöste Judenfrage*, Berlin, 1977.

**Douglas, Gregory:** *Geheimakte Gestapo-Müller: Dokumente und Zeugnisse aus den US-Geheimarchiven*, Druffel, 1995.

**Dowling, Bridget Elisabeth:** *The Memoirs van Bridget Hitler*, Duckworth, 1979.

**Eggert, Wolfgang:** *Im Namen Gottes*, Band 3, München, 2001.

**Engdahl, William:** *Mit der Ölwaffe zur Weltmacht - Der Weg zur neuen Weltordnung*, Wiesbaden, 1993.

**Fahey, Denis:** *Money Manipulation and Social Order*, Palmdale, 1992.

**Farrer, David:** *The Warburgs*, New York, 1975.

**Feilchenfeld, Werner; Michaelis, Dolf; Pinner, Ludwig:** *Haavara-Transfer nach Palästina und Einwanderung deutscher Juden 1933-1939* (Leo Baeck Institut), Tübingen, 1972.

**Final Interrogation Report n° 31 (O1-FIR n° 31):** *United States Forces in the European Theater: Military Intelligence Service Center. Hitler's Teeth*, 5/2/1946.

**Finkelstein, Norman:** *De Holocaustindustrie - Bespiegelingen over de exploitatie van het Joodse lijden*, Amsterdam, 2001.

**Finkelstein, Norman:** *Drogreden van het antisemitisme – Israël, de Verenigde Staten en het misbruik van de geschiedenis*, Amsterdam, 2006.

**Frank, Hans:** *Im Angesicht des Galgen*, Gräfelfing, 1953.

**Freedman, Benjamin:** *Facts are Facts*, New York, 1954.

**Friedman, Isaiah:** *The Question of Palestine: British-Jewish-Arab Relations 1914-1918*, London, 1992.

**Fröhling, Ulla:** *Vater unser in der Hölle*, Hamburg, 1996.

**Giladi, Naeim:** *Ben-Gurion's Scandals - How the Haganah and the Mossad Eliminated Jews*, Tempe, 2003.

**Gilbert, Martin:** *Jewish History Atlas*, Collier Books, 1976.

**Graf von Krockow, Christian:** *Hitler und seine Deutschen*, München, 2001.

**Griffin, Des:** *Die Absteiger - Planet der Sklaven?*, Herausgeber, 1988.

**Griffin, Des:** *Fourth Reich of the Rich*, Clackamas, 1994.

**Griffin, Des:** *Wer regiert der Welt*, Düsseldorf, 1996.

**Grossman, Dave:** *On Killing*, Boston, 1996.

**Güdemann, Moritz:** *Nationaljudentum*, Wien, 1897.

**Hallett, Greg:** *Hitler was a British Agent*, Auckland 2006.

**Hanisch, Reinhold:** *I was Hitlers Buddy*, 1939.

**Heim, Susanne:** *Die reine Luft der wissenschaftlichen Forschung: Zum Selbstverständnis der Wissenschaftler der Kaiser-Wilhelm-Gesellschaft*, Göttingen 2002.

**Heim, Susanne:** *Research for Autarky - The Contribution of Scientists to Nazi Rule in Germany,* Berlin, 2001.

**Herzberg, Arthur:** *Wer ist Jude? - Wesen und Prägung eines Volkes,* München, 2000.

**Herzl, Theodor:** *Tagebücher,* Berlin, 1922.

**Herzog, Herman:** *Deutschland: Schrift für neue Ordnung,* München, 1996.

**Huber, Michaela:** *Multiple Persönlichkeiten: Überlebende extremer Gewalt,* Francfort, 1995.

**Independent Committee of Eminent Persons,** *Report on Dormant Accounts of Victims of Nazi Persecution in Swiss Banks,* Bern, 1999.

**Irving, David:** *Die geheimen Tagebücher des Dr Morell - Leibarzt Adolf Hitlers,* München, 1983.

**Kempka, Erich:** *Ich habe Adolf Hitler verbrannt,* München, 1950.

**Koestler, Arthur:** *Der dreizehnte Stamm - Das Reich der Khasaren und seine Erbe,* Herrsching 1991.

**Landmann, Salcia:** *Die Juden als Rasse,* München, 1991.

**Lange, Walter C.:** *The Secret Wartime Report - The Mind of Adolf Hitler,* New York, 1972.

**Lazare, Bernard:** *L'Antisémitisme: Son histoire et ses causes Ligugé,* Wien, 1969.

**Lina, Jüri:** *Under the Sign of the Scorpion - The Rise and Fall of the Soviet Empire,* Stockholm, 1998.

**Lindenberg, Christoph:** *Die Technik der Bösen - Zur Geschichte und Vorgeschichte des Nationalsozialismus,* Stuttgart, 1978.

**Linge, Heinz:** *In het voetspoor van de Führer: Onthullingen van Hitler's privé-adjudant,* Utrecht, 1985.

**Lutze, Kay:** *Von Liegnitz nach New York: Die Lebensgeschichte des jüdischen Zahnarztes Fedor Brück* (1895–1982).

**Macrakis, Kristie:** *Wissenschaftsförderung durch die Rockefeller Stiftung im Dritten Reich - Die Entscheidung, das Kaiser-Wilhelm-Institut für Physik finanziell zu unterstützen 1934-1939*, in *Gesichte und Gesellschaft*, Dezember 1986.

**Magnus, Laurie:** *Aspects of the Jewish Question*, London, 1902.

**Marchetti, D.:** *The Death of Adolf Hitler - Forensic Aspects* im *Journal of Forensic Sciences*, September 2005.

**Maiski, Iwan:** *Wer half Hitler?* Wuppertal, 1992.

**McCarthy, Tony:** *Irish Roots*, n° 1, 1992, 1$^{er}$ trimestre, *Hitler: His Irish Relatives*.

**Meiser, Hans:** *Gescheiterte Friedensinitiativen 1939-1945*, Tübingen, 2004.

**Miers, Horst E.:** *Das Lexikon des Geheimwissens*, Freiburg, 1970.

**Misch, Rochus:** *De laatste getuigen - Onthullend oorlogsboek van Hitler's koerier en lijfwacht*, ´s Graveland, 2008.

**Nicosia, Francis:** *Hitler und der Zionismus*, Leoni am Starnberger See, 1990.

**Patai, Rafael:** *Encyclopaedia Britannica*, vol. n° 1, 1960.

**Peters, Joan:** *From Time Immemorial: The Origins of the Arab-Jewish conflict over Palestine*, Chicago, 1984.

**Ponting, Clive:** *Churchill*, London, 1994.

**Protsch, Dieter:** *Be All You Can Be: From a Hitler Youth in WWII to a US Army Green Beret*, London, 2004.

**Reitsch, Hanna:** *Fliegen - mein Leben*, Berlin, 1979.

**Roberts Glyn,** *The Most Powerful Man in the World - The Life of Sir Henry Detering*, Covici Friede, 1938.

**Rockefeller Foundation:** *The Rockefeller Foundation Annual Report 1946.*

**Rothkranz, Johannes:** *JA zu Europa heißt NEIN zu Maastricht*, Durach, 1994.

**Ruppin, Arthur:** *Die Juden der Gegenwart*, Köln, 1911.

**Sampson, Anthony:** *The Money Lenders*, Middlesex, 1985.

**Scheidl, Franz:** *Israel - Traum und Wirklichkeit*, Wien, 1962.

**Schroeder, Christa:** *Er war mein Chef*, München, 1989.

**Segev, Tom:** *Die Siebte Million - Der Holocaust und Israels Politik der Erinnerung*, Hamburg, 1995.

**Shahak, Israël:** *Jewish History: Jewish Religion - The Weight of Three Thousand Years*, London, 1995.

**Thomas, Hugh:** *Doppelganger: The Truth about the Bodies in the Berlin Bunker*, Fourth Estate Limited, 1995.

**Thomas, Hugh:** *The Murder of Adolf Hitler*, New York, 1996.

**Thorwald, Jürgen:** *Die Saga der Juden in Amerika*, Locarno, 1978.

**Toland, John:** Adolf Hitler, Amsterdam, 1977.

**Trevor-Roper, Hugh:** *The Last Days of Hitler*, London, 1947.

**Ullrich, Viktor:** *Reichshauptstadt Berlin 1941-1945*, Kiel, 2010.

**Veen, Ine:** *Bedrog om de kroon - Het geheim van Juliana en Beatrix*, Deventer, 2010.

**Vermeeren, Marc:** *De jeugd van Hitler (1889-1907)*, Soesterberg, 2007.

**Vermeeren, Marc:** *Adolf Hitler: Zwerver, Soldaat, Politicus (1908-1923)*, Soesterberg, 2009.

**Villems, Richard:** *The Matrilineal Ancestry of Ashkenazi Jewry: Portrait of a Recent Founder Event: The American Journal of Human Genetics*, Vol. n° 78, März 2006.

**Von Below, Nicolaus:** *Als Hitlers Atjutant 1937-1945*, Mainz, 1980.

**Weckert, Ingrid:** *Feuerzeichen*, Tübingen, 1989.

**Werner Feilchenfeld, Werner ; Michaelis, Dolf ; Pinner, Ludwig:** *Haavara-Transfer nach Palästina und Einwanderung deutscher Juden 1933-1939* (Leo Baeck Instituts Nr. 26), Tübingen, 1972.

**Woolfson, Marion:** *Prophets in Babylon: Jews in the Arab World*, London, 1980.

**Yéhouda, Josué:** *La Vocation d'Israel*, Boudry-Neuchatel, 1948.

# Zeitungen und Nachrichtenagenturen

*Agence France Press (AFP), Allgemeine Wochenzeitung, BBC World Service, Berliner Zeitung, Berchtesgadener Anzeiger, Charleston Gazette, Collier's, Daily Telegraph, De Antifascist, Der Spiegel, De Standaard, De Telegraaf, De Volkskrant, Die Woche, Die Zeit, El Mundo, El País, Forbes, Foreign Affairs, Frankfurter Allgemeine Zeitung, Frontier Magazine, Globe, Hamburger Abendblatt, Hamilton Spectator, Illustrated Sunday Herald, Indiana Evening Gazette, International Herald Tribune, Journal of Forensic Sciences, Le Figaro, Le Soir, Le Temps, Lectures Françaises, London Independent, Long Beach Press-Telegram, Neue Freie Zeitung, Neue Züricher Zeitung, New York American Journal, New York Times, Nexus, Oakland Tribune, Pravda, Reuters, San Diego Union, San José Mercury, Star Tribune, Stern, Sunday Times, Tagesspiegel, Targets, The American Hebrew, The Guardian, The Lancet, The New Republic, The Sunday Times, The Times, Valley Morning Star, Vrij Nederland, Washington Post, Winnipeg Free Press.*

# Abbildungen

*Archiv Preußischer Kulturbesitz*
*Archiv des Bundesbeauftragten für die Stasi-Unterlagen (BStU)*
*Berlin (Fotobestand HA IX/11 UTA 6/2)*
*Bundesarchiv*
*Deutsches National Archives*
*IMT Dokument 3358-PS*
*Landesarchiv Berlin*
*TimePix/ Hugo Jäger*
*Ullstein Bild*
*Walter Frentz*

Die Abbildungen in diesem Buch wurden unter fairen Bedingungen genutzt. Sie werden lediglich zu Informationszwecken verwendet da ihre Abbildung maßgebend zum Verständnis und erlangten Wissen beiträgt.

Die Aufnahme von Material mit eingeschränkten Bildrechten ist laut Urheberrechtes erlaubt. Deshalb sind alle Abbildungen in einer geringeren Auflösung als ihre Originale abgedruckt.

# Von Robin de Ruiter sind erschienen

### Englisch
- *Worldwide Evil and Misery: The Legacy of the 13 Satanic Bloodlines*, (Special hardcover with the original manuscript), Enschede 2008.
- *Worldwide Evil and Misery: The Legacy of the 13 Satanic Bloodlines*, Michigan, 2011.
- *Unveiled: The Protocols of the Learned Elders of Zion*, Michigan, 2012.

### Brasilianisch
- *O Anticristo: Poder oculto por trás da Nova Ordem Mundial*, São Paulo, 2005.
- *Poder oculto por trás dos Testemunhas de Jeová*, São Paulo, 2006.

### Serbisch
- *Tribunal za bivšu Jugoslaviju: Slobodan Milošević, Ko je ubio Slobodana Miloševića i zašto?* Beograd, 2013.
- *Razotkriveni protokoli sionskih mudraca - Dodatak: Protokoli skupova sionskih mudraca.* Beograd, 2013.
- *Svetsko Zlo I Beda - Nasleđe 13 Dinastija Iluminata*, Beograd, 2013.

### Italienisch
- *11 Settembre 2001, Il Reichstag di Bush*, Verona, 2003.
- *Yugoslavia, Prima Vittima del Nuovo Ordine Mondiale*, Verona, 2003.
- *Osama bin Laden Eroe o Marionetta della CIA?* Milano, 2007.

### Kroatisch
- *Svjetsko zlo i patnja - Naslijede 13 loza iluminata*, Zagreb, 2014.

### Türkisch
- *13 Seytani kan bagi: Illuminati hanedanligi*, Istanbul, 2005.

## Französisch
- *Le livre jaune No. 7: Les 13 lignées sataniques*, Nice, 2004.
- *Les 13 lignées sataniques: La cause de la misère et du mal sur Terre*, Guayaquil, 2012.
- *Les 13 lignées sataniques: Les Illuminati et les Protocoles des Sages de Sion*, Guayaquil, 2013.
- *Témoins de Jéhovah - Les missionnaires de Satan*, Paris, 2013.
- *Hitler n'est pas mort à Berlin - Comment les services secrets britanniques l'ont aidé à quitter l'Allemagne*, Guayaquil, 2014.

## Polnisch
- *Świadkowie Jehowy wobec polityky USA syjonizmu i wolnomularstwa*, Kraków, 2007.
- *Globalna Skaza - Spadek Trzynastu Iluminackich Dymastii*, Wroclaw, 2013.

## Tsjechisch
- *11. září 2001, Usama bin Ladin, George W. Bush a skrytá moc v pozadí*, Prag, 2005.
- *Satanovi potomci, průkopníci antikrista*, Prag, 2005.
- *BSE: Nemoc šílených krav a likvidace zemědělství: Osud nebo záměrně vytvořené zlo?*, Prag, 2005.
- *Haagský tribunál: Zavražděná nevina Slobodana Miloševiče*, Prag, 2008.
- *Třináct satanských pokrevních dynastií - Konec svobody náro-dů se blíží 2. díl*, Prag, 2012.

## Mazedonisch
- *Суд за поранешна Југославија, Слободан Милошевиќ, кој загина на Слободан Милошевиќ и зошто?*

## Spanisch
- *Preparando el camino para el Anticristo*, Chihuahua, 1989.
- *¡Precaución! ... Testigos de Jehová*, Chihuahua, 1991.
- *El Poder detrás de los testigos de Jehová*, Chihuahua, 1994.

- *La Venidera Transición Mundial: Causa de muchas desgracias humanas*, Mexico 1994.
- *Detrás de la sonrisa de los testigos de Jehová*, México, 1999.
- *El poder oculto de los testigos de Jehová*, México, 2000.
- *El poder oculto detrás de los testigos de Jehová*, México, 2002.
- *El 11 de Septiembre del 2001: Mito y Mentiras - El poder detrás de Osama bin Laden y George W. Bush*, Españã, Iberamérica, 2004.
- *El Anticristo 1: Poder oculto detrás del Nuevo Orden Mundial*, México, 2002.
- *El Anticristo 2: El fin de la libertad de los pueblos se acerca*, México, 2005.
- *El Anticristo 3: Conspiración contra Dios*, México, 2011.
- *El Anticristo 4: Salvación*, Guayaquil, 2013.
- *Adolf Hitler no se suicidó: Crónica de su fuga con la ayuda del Servicio de Inteligencia Británico*, Guayaquil, 2015.

### Niederländisch

- *De verborgen macht achter de Jehovah's getuigen*, Hoornaar, 2001.
- *George W. Bush en de Mythe van al-Qaeda: De verborgen macht achter de terroristische aanslagen van 11 september 2001*, Enschede, 2005.
- *Het Joegoslavië Tribunaal: De vermoorde onschuld van Slobodan Milosevic - Wie vermoordde Slobodan Milosevic en... waarom?* Enschede, 2006.
- *Wegbereiders van de Antichrist*, Enschede, 2006.
- *Ontsluierd: De Protocollen van de Wijzen van Sion*, Enschede, 2007.
- *De 13 Satanische Bloedlijnen: De oorzaak van veel ellende en kwaad op aarde*, Guayaquil, 2008.
- *Adolf Hitlers vlucht uit Berlijn met ondersteuning van de Britse inlichtingendienst*, Enschede, 2011.
- *Trilogie: De 13 Satanische Bloedlijnen*, Enschede, 2011.

## Deutsch

- *Die geheime Macht hinter den Zeugen Jehovas*, Durach, 1995.
- *Die 13 Satanischen Blutlinien* (Band 1) *Die Ursache vielen Elends und Übels auf Erden*, Durach, 1999.
- *BSE, Der Rinderwahnsinn und die Vernichtung der Landwirtschaf: Schicksal oder hausgemachtes Übel?* Durach, 2001.
- *Der 11. September 2001, Osama bin Laden und die okkulten Kräfte hinter den terroristischen Anschlägen auf die USA*, Durach, 2002
- *NATO Eingreiftruppe des Großkapitals: Die kolonisierung Jugoslawiens*, Durach, 2003
- *Die Köder des Satanskultes: Die Musikindustrie, Hollywood und Illuminati-Gedankenkontrolle*, Durach, 2004.
- *Der 11. September 2001: Der Reichstag des George W. Bush*, Frankfurt, 2004.
- *The Watchtower Society: Die Zeugen Jehovas zwischen US-Politik, Zionismus und Freimaurerei*, Durach, 2006.
- *Die 13 Satanischen Blutlinien*, Band 2, Durach, 2008.
- *Die kommende Transition - Der globale Zusammenbruch des gegenwärtigen Weltsystems steht unmittelbar bevor*, Enschede, 2011.
- *Adolf Hitler. Chronik seiner Flucht aus Berlin mit Hilfe des Britischen Geheimdienstes*, Guayaquil, 2012.

# Ebooks

### Spanisch

- *Los 13 Linajes Satánicos - Causa de muchas desgracias humanas*, Guayaquil, 2010.
- *El Anticristo 3*, México, 2011.
- *¿En busca de Dios? - Dos tipos de conocimientos; porqué Dios no puede ser encontrado*, Guayaquil, 2012.
- *Adolf Hitler no se suicidó: Crónica de su fuga con la ayuda del servicio de inteligencia británico*, Guayaquil, 2015.

### Niederländisch

- *De 13 Satanische Bloedlijnen: De oorzaak van veel ellende en kwaad op aarde*, Enschede, 2011.
- *De komst van de transitie - Het einde van ons individueel zelfbeschikkingsrecht?*, Enschede, 2011.
- *Adolf Hitler. Kroniek van Hitlers vlucht uit Berlijn met ondersteuning van de Britse inlichtingendienst*, Guayaquil, 2011.

### Deutsch

- *Die 13 Satanischen Blutlinien*, Enschede, 2011.
- *Wer ermordete Slobodan Milosevic und warum?*, Guayaquil, 2011.
- *Auf der Suche nach Gott? - Zwei Arten des Wissens warum Gott unauffindbar ist*, Guayaquil, 2012.
- *Adolf Hitler. Chronik seiner Flucht aus Berlin mit Hilfe des Britischen Geheimdienstes*, Guayaquil, 2012.

### Französisch

- *Les 13 lignées sataniques: La cause de la misère et du mal sur Terre*, Guayaquil, 2012.
- *Les 13 lignées sataniques: Les Illuminati et les Protocoles des Sages de Sion*, Guayaquil, 2013.
- *Témoins de Jéhovah - Les missionnaires de Satan*, Paris, 2013.

- *Hitler n'est pas mort à Berlin - Comment les services secrets britanniques l'ont aidé à quitter l'Allemagne*, Guayaquil, 2014.

## Englisch
- *Worldwide Evil and Misery - The Legacy of the 13 Satanic Bloodlines*, Michigan, 2011.
- *Unveiled: The Protocols of the Learned Elders of Zion*, Michigan, 2011.
- *Looking for God? Two kinds of knowledge, why God cannot be found*, Guayaquil, 2012.

Hat Ihnen *Hitlers Flucht aus Berlin* gefallen?
Zum weiterlesen empfehlen wir...

Robin de Ruiter

# Die kommende Transition

*Der globale Zusammenbruch des gegenwärtigen Weltsystems steht unmittelbar bevor*

ISBN 978-90-79680-05-4

www.ingramcontent.com/pod-product-compliance
Lightning Source LLC
Chambersburg PA
CBHW050137170426
43197CB00011B/1872